CHINA TRANSPORT STATISTICAL YEARBOOK 2012

2012 中国交通运输统计年鉴

中华人民共和国交通运输部 编
Compiled by Ministry of Transport of the People's Republic of China

人民交通出版社

图书在版编目（CIP）数据

2012中国交通运输统计年鉴/中华人民共和国交通运输部编. —北京：人民交通出版社，2013.9
ISBN 978-7-114-10857-0

Ⅰ.①2… Ⅱ.①中… Ⅲ.①交通运输业—统计资料—中国—2012—年鉴 Ⅳ.①F512.3-54

中国版本图书馆CIP数据核字（2013）第200356号

书　　名：	2012中国交通运输统计年鉴
著　作　者：	中华人民共和国交通运输部
责任编辑：	张征宇　刘永芬
出版发行：	人民交通出版社
地　　址：	（100011）北京市朝阳区安定门外外馆斜街3号
网　　址：	http://www.ccpress.com.cn
销售电话：	（010）59757973
总 经 销：	人民交通出版社发行部
经　　销：	各地新华书店
印　　刷：	北京市密东印刷有限公司
开　　本：	880×1230　1/16
印　　张：	16.75
字　　数：	497千
版　　次：	2013年10月　第1版
印　　次：	2013年10月　第1次印刷
书　　号：	ISBN 978-7-114-10857-0
定　　价：	300.00元

（有印刷、装订质量问题的图书由本社负责调换

本书附同版本CD-ROM一张，光盘内容以书面文字为准）

《2012 中国交通运输统计年鉴》
编委会和编辑工作人员

编 委 会

主　　　任：	杨传堂	交通运输部	部　长
副 主 任：	翁孟勇	交通运输部	副部长
编　　　委：	孙国庆	交通运输部综合规划司	司　长
	梁晓安	交通运输部政策法规司	司　长
	陈　健	交通运输部财务司	司　长
	陈瑞生	交通运输部人事劳动司	司　长
	李　华	交通运输部公路局	局　长
	宋德星	交通运输部水运局	局　长
	李　刚	交通运输部道路运输司	司　长
	王金付	交通运输部安全监督司	司　长
	洪晓枫	交通运输部科技司	副司长
	杨　赞	交通运输部国际合作司	司　长
	柯林春	交通运输部直属机关党委	常务副书记、纪委书记
	翟久刚	交通运输部搜救中心	总值班室主任
	李彦武	交通运输部工程质量监督局	局　长
	钟　华	交通运输部纪检组监察局	局　长
	陈爱平	交通运输部海事局	局　长
	王振亮	交通运输部救助打捞局	局　长
	李作敏	交通运输部科学研究院	院　长
	邢小江	国家邮政局政策法规司	司　长

编辑工作人员

总 编 辑：孙国庆

副 总 编 辑：任锦雄　王晓曼　崔学忠

编 辑 部 主 任：陈　钟

编辑部副主任：付冬梅　郑文英

编 辑 人 员：李永松　余芳芳　姚　飞　杨华雄　许宝利　李　奇
　　　　　　刘　斌　黄窈蕙　刘秀华　胡希元　曹　沫　刘　方
　　　　　　王　哲　武瑞利　王望雄　王　涛　余丽波　梁仁鸿
　　　　　　张子晗　冯　宇　程　长　张若旗　徐瑞光　夏　丹
　　　　　　龙博学　陈　捷　赵　源　史　颖　潘　伟　宋肖红
　　　　　　张　赫　马海燕　林成功　宋晓丽　王静静　王英平

编 者 说 明

一、为全面反映我国公路、水路交通运输业发展状况，方便各界了解中国交通运输建设与发展现状，交通运输部组织编辑了《2012 交通运输统计年鉴》，供社会广大读者作为资料性书籍使用。

二、《2012 交通运输统计年鉴》收录了 2012 年交通运输主要指标数据，正文内容具体分为交通运输综合指标、公路运输、水路运输、城市客运、港口吞吐量、交通固定资产投资、交通运输科技、救助打捞八篇。附录简要列示了 1978 年以来的交通运输主要指标；各篇前设简要说明，简要概述该部分的主要内容、资料来源、统计范围和统计方法，以及历史变动情况等；各篇末附主要统计指标解释。

三、本资料的统计数据来自于交通运输部综合规划司、道路运输司、科技司、救捞局、中国海上搜救中心、中国民用航空局、国家邮政局等；个别指标数据引自国家统计局的统计资料。统计数据由交通运输部科学研究院交通信息中心负责整理和汇总。

四、本资料中所涉及的全国性统计资料，除国土面积外，均未包括香港和澳门特别行政区以及台湾省的数据。

五、本资料部分数据对因计算单位取舍不同或计算时四舍五入而产生的计算误差未做调整。

六、本资料的符号使用说明：

"–" 表示该项数据为零，或没有该项数据，或该项数据不详；

"/" 表示该项不宜比较；

"…" 表示该项数据不足最小单位数；

"#" 表示其中的主要项；

"*" 或 "①、②、…" 表示有注解。

中华人民共和国交通运输部

二〇一三年八月

目 录 CONTENTS

一、交通运输综合指标

    简要说明 ·· (2)
    1–1   国民经济主要指标 ··· (3)
    1–2   交通运输主要指标 ··· (4)

二、公路运输

    简要说明 ··· (10)
    2–1   全国公路里程（按行政等级分）··· (11)
    2–2   全国公路里程（按技术等级分）··· (12)
    2–3   国道里程（按技术等级分）··· (13)
    2–4   省道里程（按技术等级分）··· (14)
    2–5   县道里程（按技术等级分）··· (15)
    2–6   乡道里程（按技术等级分）··· (16)
    2–7   专用公路里程（按技术等级分）··· (17)
    2–8   村道里程（按技术等级分）··· (18)
    2–9   全国公路里程（按路面类型分）··· (19)
    2–10 国道里程（按路面类型分）··· (20)
    2–11 省道里程（按路面类型分）··· (21)
    2–12 县道里程（按路面类型分）··· (22)
    2–13 乡道里程（按路面类型分）··· (23)
    2–14 专用公路里程（按路面类型分）··· (24)
    2–15 村道里程（按路面类型分）··· (25)
    2–16 全国公路养护里程 ··· (26)
    2–17 全国公路绿化里程 ··· (27)
    2–18 全国高速公路里程 ··· (28)
    2–19 全国公路密度及通达率 ··· (29)
    2–20 公路桥梁（按使用年限分）··· (31)
    2–21 公路桥梁（按跨径分）··· (32)
    2–22 公路隧道、渡口 ·· (34)
    2–23 全国公路营运车辆拥有量 ··· (36)

2-24	公路客、货运输量	(38)
2-25	交通拥挤度情况	(39)
2-26	道路运输经营业户数	(40)
2-27	道路运输相关业务经营业户数	(42)
2-28	道路客运线路班次	(44)
2-29	道路运输从业人员数	(46)
2-30	汽车维修业及汽车综合性能检测站	(47)
2-31	2012年、2011年出入境汽车运输对比表	(50)
2-32	出入境汽车运输——分国家（特别行政区）运输完成情况	(52)
2-33	出入境汽车运输——中方完成运输情况	(54)
	主要统计指标解释	(56)

三、水路运输

	简要说明	(58)
3-1	全国内河航道通航里程数（按技术等级分）	(59)
3-2	全国内河航道通航里程数（按水系分）	(60)
3-3	全国内河航道通航里程数（按水域类型分）	(61)
3-4	各水系内河航道通航里程数（按技术等级分）	(62)
3-5	各水域类型内河航道通航里程数（按技术等级分）	(62)
3-6	全国内河航道枢纽及通航建筑物数（按行政区域分）	(63)
3-7	全国水路运输工具拥有量	(64)
3-8	远洋运输工具拥有量	(68)
3-9	沿海运输工具拥有量	(72)
3-10	内河运输工具拥有量	(76)
3-11	水路客、货运输量	(80)
3-12	水路旅客运输量（按航区分）	(81)
3-13	水路货物运输量（按航区分）	(82)
3-14	海上险情及搜救活动	(83)
	主要统计指标解释	(84)

四、城市客运

	简要说明	(86)
4-1	全国城市客运经营业户	(87)
4-2	全国城市客运从业人员	(89)
4-3	全国城市客运设施	(90)
4-4	全国公共汽电车数量	(91)
4-5	全国公共汽电车数量（按长度分）	(92)
4-6	全国公共汽电车数量（按燃料类型分）	(93)
4-7	全国公共汽电车数量（按排放标准分）	(94)
4-8	全国公共汽电车场站及线路	(95)

4-9	全国公共汽电车客运量	(96)
4-10	全国出租汽车车辆数	(97)
4-11	全国出租汽车运量	(98)
4-12	全国轨道交通运营车辆数	(99)
4-13	全国轨道交通运营线路条数	(100)
4-14	全国轨道交通运营线路里程	(101)
4-15	全国轨道交通运量	(102)
4-16	全国城市客运轮渡船舶及航线数	(103)
4-17	全国城市客运轮渡运量	(104)
4-18	中心城市城市客运经营业户	(105)
4-19	中心城市城市客运从业人员	(107)
4-20	中心城市城市客运设施	(108)
4-21	中心城市公共汽电车数量	(109)
4-22	中心城市公共汽电车数量（按长度分）	(110)
4-23	中心城市公共汽电车数量（按燃料类型分）	(111)
4-24	中心城市公共汽电车数量（按排放标准分）	(112)
4-25	中心城市公共汽电车场站及线路	(113)
4-26	中心城市公共汽电车客运量	(114)
4-27	中心城市出租汽车车辆数	(115)
4-28	中心城市出租汽车运量	(116)
4-29	中心城市轨道交通运营车辆数	(117)
4-30	中心城市轨道交通运营线路条数	(118)
4-31	中心城市轨道交通运营线路里程	(119)
4-32	中心城市轨道交通运量	(120)
4-33	中心城市客运轮渡船舶及航线数	(121)
4-34	中心城市客运轮渡运量	(122)
	城市客运主要统计指标解释	(123)

五、港口吞吐量

	简要说明	(126)
5-1	全国港口生产用码头泊位拥有量	(127)
5-2	全国港口吞吐量	(128)
5-3	全国港口货物吞吐量	(129)
5-4	规模以上港口旅客吞吐量	(130)
5-5	规模以上港口货物吞吐量	(134)
5-6	规模以上港口分货类吞吐量	(138)
5-7	沿海规模以上港口分货类吞吐量	(139)
5-8	内河规模以上港口分货类吞吐量	(140)
5-9	规模以上港口煤炭及制品吞吐量	(141)
5-10	规模以上港口石油、天然气及制品吞吐量	(145)
5-11	规模以上港口原油吞吐量	(149)
5-12	规模以上港口金属矿石吞吐量	(153)

5-13	规模以上港口钢铁吞吐量	(157)
5-14	规模以上港口矿建材料吞吐量	(161)
5-15	规模以上港口水泥吞吐量	(165)
5-16	规模以上港口木材吞吐量	(169)
5-17	规模以上港口非金属矿石吞吐量	(173)
5-18	规模以上港口化学肥料及农药吞吐量	(177)
5-19	规模以上港口盐吞吐量	(181)
5-20	规模以上港口粮食吞吐量	(185)
5-21	规模以上港口机械、设备、电器吞吐量	(189)
5-22	规模以上港口化工原料及制品吞吐量	(193)
5-23	规模以上港口有色金属吞吐量	(197)
5-24	规模以上港口轻工、医药产品吞吐量	(201)
5-25	规模以上港口农、林、牧、渔业产品吞吐量	(205)
5-26	规模以上港口其他吞吐量	(209)
5-27	规模以上港口集装箱吞吐量	(213)
5-28	规模以上港口集装箱吞吐量（重箱）	(217)
	主要统计指标解释	(221)

六、交通固定资产投资

	简要说明	(224)
6-1	交通固定资产投资额（按地区和使用方向分）	(225)
6-2	公路建设投资完成额	(226)
6-3	公路建设投资完成额（按设施分）	(228)
	主要统计指标解释	(230)

七、交通运输科技

	简要说明	(232)
7-1	交通运输科技机构数量（按地区分）	(233)
7-2	交通运输科技活动人员数量（按机构性质分）	(234)
7-3	交通运输科研实验室及研究中心数量（按地区分）	(235)
7-4	交通运输科技成果、效益及影响情况	(236)

八、救助打捞

	简要说明	(238)
8-1	救助任务执行情况	(239)
8-2	救捞系统船舶情况	(240)
8-3	救助飞机飞行情况	(241)
8-4	捞、拖完成情况	(241)
	主要统计指标解释	(242)

附录 交通运输历年主要指标数据

简要说明 ·· (244)

附录 1-1　全国公路总里程（按行政等级分）·· (245)

附录 1-2　全国公路总里程（按技术等级分）·· (246)

附录 1-3　全国公路密度及通达情况 ·· (247)

附录 1-4　全国内河航道里程及构筑物数量 ·· (248)

附录 1-5　公路客、货运输量 ··· (249)

附录 1-6　水路客、货运输量 ··· (250)

附录 2-1　沿海规模以上港口泊位及吞吐量 ·· (251)

附录 2-2　内河规模以上港口泊位及吞吐量 ·· (252)

附录 3-1　交通固定资产投资（按使用方向分）··· (253)

一、交通运输综合指标

简 要 说 明

本篇资料反映我国国民经济和交通运输的主要指标。

国民经济和综合运输主要指标包括：国内生产总值、固定资产投资、人口数等。

交通运输主要指标包括：公路基础设施、港口设施、公路及水路运输装备、公路及水路运输量、城市客运、港口生产、交通固定资产投资等。

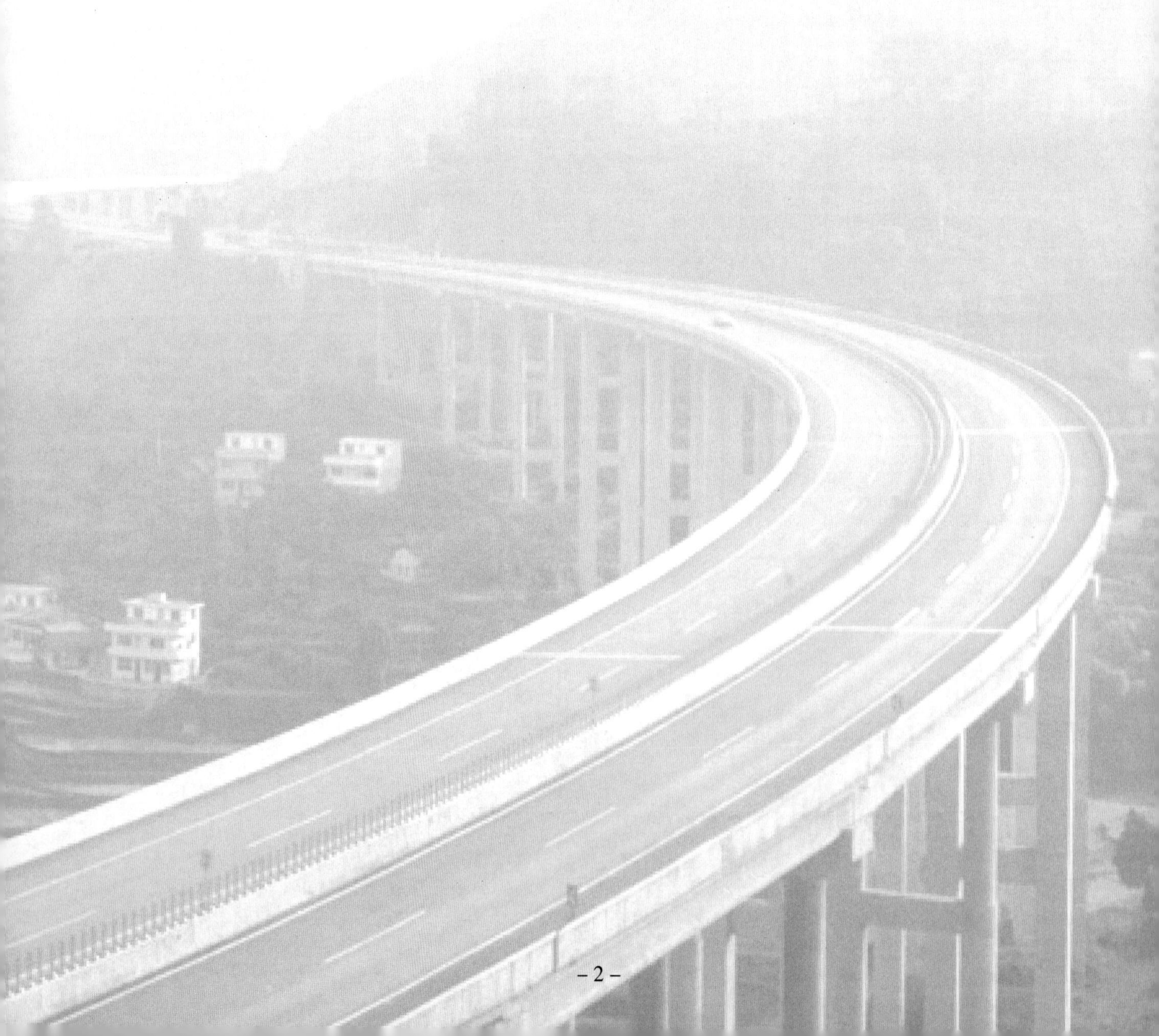

1-1　国民经济主要指标

指　　标	单　位	2009年	2010年	2011年	2012年
一、国内生产总值（按当年价格计算）	亿元	340 903	397 983	471 564	519 322
第一产业	亿元	35 226	40 497	47 712	52 377
第二产业	亿元	157 639	186 481	220 592	235 319
第三产业	亿元	148 038	171 005	203 260	231 626
二、全社会固定资产投资额	亿元	224 599	278 140	311 022	374 676
东部地区	亿元	95 653	115 970	130 319	151 742
中部地区	亿元	49 846	62 894	70 783	87 909
西部地区	亿元	49 662	61 875	71 849	88 749
三、全社会消费品零售总额	亿元	125 343	156 998	183 919	210 307
四、对外贸易总额	亿美元	22 075	29 728	36 421	38 668
进口	亿美元	10 059	13 948	17 435	18 178
出口	亿美元	12 016	15 779	18 986	20 489
五、全国公共财政收入	亿元	68 477	83 080	103 740	117 210
其中：税收收入	亿元	59 515	73 202	89 720	100 601
六、广义货币供应量	万亿元	60.6	72.6	85.2	97.4
七、全国人口数	万人	133 474	133 972	134 735	135 404
其中：城镇	万人	62 186	66 558	69 079	71 182
乡村	万人	71 288	67 415	65 656	64 222
八、社会物流总费用	万亿元	6.1	7.1	8.4	9.4
其中：运输	万亿元	3.4	3.8	4.4	4.9
全国社会物流总额	万亿元	96.7	125.4	158.4	177.3
全国物流业增加值	万亿元	2.3	2.7	3.2	3.5

注：本表数据源自国家统计局。

1-2 交通运输主要指标

指 标 名 称	计算单位	2012年	2011年	2012年比2011年增减	2012年为2011年%
一、交通设施及运输线路拥有量					
1. 铁路营业里程	万公里	9.76	9.32	0.44	104.69
国家铁路	万公里	6.63	6.60	0.02	100.38
合资铁路	万公里	2.69	2.28	0.41	118.02
地方铁路	万公里	0.45	0.44	…	100.59
2. 公路线路里程	万公里	423.75	410.64	13.11	103.19
其中： 高速公路里程	万公里	9.62	8.49	1.13	113.25
高速公路车道里程	万公里	42.46	37.59	4.87	112.96
二级及以上公路里程	万公里	50.19	47.36	2.83	105.98
等级公路里程	万公里	360.96	345.36	15.60	104.52
3. 公路桥梁　数量	万座	71.34	68.94	2.40	103.48
长度	万米	3 662.78	3 349.44	313.34	109.36
4. 公路隧道　数量	万处	1.00	0.85	0.15	117.60
长度	万米	805.27	625.34	179.93	128.77
5. 全国公共汽车、无轨电车运营线路总长度	万公里	71.46	67.29	4.16	106.18
6. 全国公交专用车道长度	公里	5 256	4 426	830	118.76
7. 全国轨道交通运营线路长度	公里	2 058	1 699	359	121.15
8. 内河航道通航里程	万公里	12.50	12.46	0.04	100.31
#等级航道	万公里	6.37	6.26	0.11	101.71
9. 港口生产用码头泊位	个	31 862	31 968	-106	99.67
沿海	个	5 623	5 532	91	101.64
内河	个	26 239	26 436	-197	99.25
#万吨级及以上码头泊位	个	1 886	1 762	124	107.04
10. 邮路总长度	万公里	585.51	514.03	71.48	113.91
其中：航空邮路	万公里	316.03	271.83	44.20	116.26
铁路邮路	万公里	32.01	30.90	1.11	103.60

1-2（续表一）

指 标 名 称	计算单位	2012年	2011年	2012年比 2011年增减	2012年为 2011年 %
汽车邮路	万公里	228.91	201.75	27.16	113.46
二、交通运输工具拥有量					
1. 铁路					
客车	万辆	5.77	5.47	0.30	105.46
国家铁路	万辆	5.58	5.28	0.29	105.54
合资铁路	万辆	0.18	0.17	0.01	103.67
地方铁路	万辆	0.02	0.02	-	100.00
货车	万辆	67.07	65.12	1.95	102.99
国家铁路	万辆	66.43	64.47	1.97	103.05
合资铁路	万辆	0.48	0.49	-0.01	97.06
地方铁路	万辆	0.15	0.16	…	98.09
机车	万台	2.08	2.07	0.01	100.37
国家铁路	万台	1.96	1.96	…	100.18
合资铁路	万台	0.09	0.08	…	104.67
地方铁路	万台	0.03	0.03	…	100.68
2. 公路					
公路营运汽车	万辆	1 339.89	1 263.75	76.14	106.02
货车	万辆	1 253.19	1 179.41	73.77	106.26
	万吨位	8 062.14	7 261.20	800.94	111.03
客车	万辆	86.71	84.34	2.36	102.80
	万客位	2 166.55	2 086.66	79.90	103.83
3. 城市客运					
全国公共汽车、无轨电车运营车辆数	万辆	47.49	45.33	2.16	104.77
	万标台	52.82	49.99	2.83	105.66
全国轨道交通运营车辆数	辆	12 611	9 945	2 666	126.81
	标台	30 672	24 330	6 342	126.07

1-2（续表二）

指 标 名 称	计算单位	2012年	2011年	2012年比2011年增减	2012年为2011年 %
全国出租汽车运营车辆数	万辆	129.97	126.38	3.59	102.84
全国客运轮渡营运船舶	艘	590	1061	-471	55.61
4.全国营业性民用运输轮驳船拥有量					
艘数	万艘	17.86	17.92	-0.07	99.64
净载重量	万吨	22 848.62	21 264.32	1 584.30	107.45
载客量	万客位	102.51	100.84	1.67	101.65
集装箱箱位	万 TEU	157.36	147.52	9.84	106.67
总功率	万千瓦	6 389.46	5 949.66	439.80	107.39
（1）机动船					
艘数	万艘	15.83	15.80	0.04	100.23
净载重量	万吨	21 879.37	20 260.28	1 619.10	107.99
载客量	万客位	102.13	100.46	1.66	101.66
集装箱箱位	万 TEU	157.14	147.30	9.84	106.68
总功率	万千瓦	6 389.46	5 949.66	439.80	107.39
（2）驳船					
艘数	万艘	2.03	2.13	-0.10	95.26
净载重量	万吨	969.25	1004.05	-34.80	96.53
载客量	万客位	0.38	0.38	…	100.80
集装箱箱位	万 TEU	0.22	0.22	…	98.90
三、客货运输量					
1.铁路运输					
（1）客运量	亿人	18.93	18.62	0.31	101.65
国家铁路	亿人	18.79	17.92	0.87	104.86
非控股合资铁路	亿人	0.09	0.10	-0.01	90.82
地方铁路	亿人	0.06	0.05	0.01	113.64
（2）旅客周转量	亿人公里	9 812.33	9 612.29	200.04	102.08

1-2（续表三）

指　标　名　称	计算单位	2012 年	2011 年	2012 年比 2011 年增减	2012 年为 2011 年 %
国家铁路	亿人公里	9 783.99	9 582.71	201.28	102.10
非控股合资铁路	亿人公里	21.46	22.97	−1.51	93.43
地方铁路	亿人公里	6.88	6.62	0.26	103.93
（3）货运总量	亿吨	39.04	39.33	−0.29	99.27
国家铁路	亿吨	32.36	32.95	−0.59	98.20
非控股合资铁路	亿吨	4.40	4.15	0.25	105.90
地方铁路	亿吨	2.29	2.22	0.07	103.25
（4）货运总周转量	亿吨公里	29 187.09	29 465.79	−278.70	99.05
国家铁路	亿吨公里	27 220.50	27 631.67	−411.17	98.51
非控股合资铁路	亿吨公里	1 830.41	1 695.40	135.01	107.96
地方铁路	亿吨公里	136.18	138.72	−2.54	98.17
2. 公路运输					
（1）全国营业性公路客运量	亿人	355.70	328.62	27.08	108.24
（2）全国营业性公路旅客周转量	亿人公里	18 467.55	16 760.25	1 707.30	110.19
（3）全国营业性公路货运量	亿吨	318.85	282.01	36.84	113.06
（4）全国营业性公路货物周转量	亿吨公里	59 534.86	51 374.74	8 160.12	115.88
3. 城市客运					
全国公共交通客运量	亿人次	1 228.44	1 165.55	62.89	105.40
＃公共汽车、无轨电车客运总量	亿人次	749.80	715.79	34.01	104.75
轨道交通客运总量	亿人次	87.29	71.34	15.95	122.36
出租汽车客运总量	亿人次	390.03	376.71	13.32	103.54
客运轮渡客运总量	亿人次	1.31	1.72	−0.41	76.16
4. 水路运输					
（1）全国营业性水路客运量	亿人	2.58	2.46	0.12	104.87
（2）全国营业性水路旅客周转量	亿人公里	77.48	74.53	2.95	103.96
（3）全国营业性水路货运量	亿吨	45.87	42.60	3.27	107.69

1-2 （续表四）

指 标 名 称	计算单位	2012年	2011年	2012年比2011年增减	2012年为2011年 %
（4）全国营业性水路货物周转量	亿吨公里	81 707.58	75 423.84	6 283.74	108.33
5. 港口生产					
（1）全国港口货物吞吐量	亿吨	107.76	100.41	7.35	107.32
（2）全国港口外贸货物吞吐量	亿吨	30.56	27.86	2.70	109.71
（3）全国港口集装箱吞吐量	亿TEU	1.77	1.64	0.14	108.43
（4）全国港口旅客吞吐量	亿人	1.94	1.94	…	99.88
6. 邮电运输					
（1）邮政业务总量	亿元	2 036.84	1 607.71	429.13	126.69
（2）邮政函件业务	亿件	70.74	73.78	-3.04	95.88
（3）包裹业务	亿件	0.69	0.69	…	99.89
（4）快递业务量	亿件	56.85	36.73	20.12	154.79
四、交通固定资产投资					
1. 铁路固定资产投资	亿元	6 339.67	5 946.21	393.46	106.62
其中：基本建设投资	亿元	5 185.06	4 601.27	583.79	112.69
2. 公路、水路固定资产投资	亿元	14 512.49	14 464.21	48.27	100.33
其中：基本建设投资	亿元	11 571.18	11 341.11	230.07	102.03
五、新增生产能力					
1. 铁路新增生产能力					
新线投产里程	公里	5 382	2 174	3 208	247.54
复线投产里程	公里	4 763	2 013	2 750	236.66
电气化铁路投产里程	公里	6 054	3 431	2 623	176.45
2. 公路、水路新增生产能力					
新建公路	公里	45 124	40 007	5 117	112.79
改建公路	公里	187 279	186 278	1 000	100.54
新增及改善内河航道	公里	686	843	-157	81.34
新、改（扩）建码头泊位	个	386	649	-263	59.48

注：①铁路货运总量中含行包运量，货运总周转量中含行包周转量。
②城市客运统计范围指城市（县城）。

二、公路运输

简 要 说 明

一、本篇资料反映我国公路基础设施、运输装备和公路运输发展的基本情况。主要包括：公路里程、营运车辆拥有量、公路旅客运输量、货物运输量、交通量、道路运输统计资料。

二、公路里程为年末通车里程，不含在建和未正式投入使用的公路里程。从 2006 年起，村道正式纳入公路里程统计。农村公路（县、乡、村道）的行政等级依据《全国农村公路统计标准》确定。"公路通达"指标包括因村道而通达的乡镇和建制村。乡镇和建制村是否通达公路依据《全国农村公路统计标准》确定。

三、从 2010 年起，由交通运输部门管理的公共汽车、出租车，不再纳入公路载客汽车统计，该部分数据纳入城市客运运力统计。有关公路运营汽车及载客汽车的同期比均按可比口径计算。

四、"道路运输营业户数"表是按营业户道路运输经营许可证中核定的经营范围分类统计并汇总。

五、"道路客运线路班次"因各省级统计单位分别对跨省线路进行统计，故汇总后跨省线路是实际跨省线路的 2 倍。

六、公路运输量是通过抽样调查方法，按运输工具经营权和到达量进行统计，范围原则上为所有在公路上营运的车辆所产生的运输量。

七、出入境汽车运输量统计的是由中、外双方承运者完成的通过我国已开通汽车运输边境口岸公路的旅客、货物运输量。

2-1 全国公路里程（按行政等级分）

单位：公里

地区	总计	国道	国家高速公路	省道	县道	乡道	专用公路	村道
全国总计	4 237 508	173 353	67 986	312 077	539 519	1 076 651	73 692	2 062 217
北京	21 492	1 315	561	2 222	3 838	8 067	487	5 563
天津	15 391	864	410	2 807	1 311	3 659	1 008	5 741
河北	163 045	7 703	3 015	14 467	13 326	44 852	1 370	81 327
山西	137 771	5 215	1 988	11 888	20 068	48 259	522	51 819
内蒙古	163 763	9 294	2 673	13 246	26 561	36 474	5 559	72 629
辽宁	105 562	6 925	3 263	9 312	12 793	31 301	921	44 311
吉林	93 208	4 648	1 799	8 924	6 126	27 812	3 902	41 795
黑龙江	159 063	6 984	2 734	9 156	7 930	54 699	15 284	65 010
上海	12 541	644	477	1 007	2 648	7 022	-	1 221
江苏	154 118	4 978	2 830	8 426	23 509	52 746	166	64 293
浙江	113 550	4 205	2 449	6 245	27 782	18 740	694	55 884
安徽	165 157	5 137	2 686	7 570	25 315	37 820	1 002	88 314
福建	94 661	4 753	2 600	6 750	13 529	35 776	486	33 368
江西	150 595	6 199	3 088	9 103	20 600	29 294	668	84 733
山东	244 586	7 750	3 524	17 234	23 184	32 122	2 328	161 968
河南	249 649	6 848	3 165	16 912	21 239	40 721	1 453	162 476
湖北	218 151	6 556	2 940	11 413	20 126	63 802	810	115 443
湖南	234 040	6 657	2 667	37 336	31 040	54 537	1 535	102 935
广东	194 943	7 179	3 085	15 588	17 649	92 590	388	61 548
广西	107 906	6 965	2 543	6 946	25 181	28 766	581	39 467
海南	24 265	1 652	613	1 784	2 856	5 187	25	12 760
重庆	120 728	3 157	1 800	8 153	12 252	15 249	553	81 365
四川	293 499	8 505	3 057	12 442	40 664	52 050	4 920	174 918
贵州	164 542	4 436	1 772	8 070	17 572	18 454	741	115 267
云南	219 052	8 379	2 591	20 457	42 703	104 575	4 158	38 780
西藏	65 198	5 618	-	6 337	12 720	16 186	2 976	21 362
陕西	161 411	7 452	3 513	5 870	17 576	23 956	2 226	104 331
甘肃	131 201	6 973	2 349	6 252	15 783	12 364	3 330	86 497
青海	65 988	4 684	666	8 959	9 267	13 307	904	28 866
宁夏	26 522	2 101	1 051	2 483	1 618	8 440	786	11 094
新疆	165 909	9 577	2 077	14 718	22 751	57 822	13 908	47 133

2-2 全国公路里程（按技术等级分）

单位：公里

地区	总计	等级公路 合计	高速	一级	二级	三级	四级	等外公路
全国总计	4 237 508	3 609 600	96 200	74 271	331 455	401 865	2 705 809	627 908
北 京	21 492	21 299	923	1 118	3 283	3 641	12 335	193
天 津	15 391	15 391	1 103	1 145	3 302	1 248	8 592	-
河 北	163 045	155 439	5 069	4 679	17 562	17 224	110 905	7 606
山 西	137 771	134 242	5 011	2 137	14 799	17 871	94 424	3 529
内蒙古	163 763	151 046	3 110	4 666	14 092	29 231	99 948	12 717
辽 宁	105 562	90 033	3 912	3 263	17 360	32 307	33 190	15 530
吉 林	93 208	85 414	2 252	1 921	8 914	10 658	61 669	7 794
黑龙江	159 063	129 260	4 084	1 521	9 623	32 182	81 850	29 803
上 海	12 541	12 541	806	423	3 208	2 709	5 395	-
江 苏	154 118	146 100	4 371	10 476	22 144	15 137	93 971	8 018
浙 江	113 550	110 024	3 618	4 903	9 447	7 836	84 220	3 527
安 徽	165 157	159 427	3 210	1 758	9 933	16 416	128 110	5 730
福 建	94 661	76 503	3 372	716	8 309	7 413	56 692	18 158
江 西	150 595	120 332	4 229	1 543	9 540	9 497	95 523	30 263
山 东	244 586	243 037	4 975	9 051	24 688	24 426	179 898	1 549
河 南	249 649	194 406	5 830	986	24 956	19 537	143 096	55 244
湖 北	218 151	203 145	4 006	2 515	17 233	12 269	167 122	15 006
湖 南	234 040	203 627	3 957	1 057	10 111	6 168	182 334	30 413
广 东	194 943	177 204	5 524	10 544	19 042	17 210	124 884	17 740
广 西	107 906	91 583	2 883	984	9 720	8 320	69 676	16 322
海 南	24 265	23 540	757	279	1 480	1 234	19 790	725
重 庆	120 728	86 810	1 909	579	7 608	5 240	71 475	33 918
四 川	293 499	234 293	4 334	3 015	13 752	11 674	201 518	59 206
贵 州	164 542	86 577	2 630	179	4 060	8 453	71 255	77 965
云 南	219 052	171 960	2 943	974	10 299	8 372	149 372	47 092
西 藏	65 198	41 776	-	38	956	7 112	33 670	23 422
陕 西	161 411	146 290	4 083	974	8 377	14 795	118 061	15 121
甘 肃	131 201	101 372	2 549	178	6 648	13 424	78 571	29 829
青 海	65 988	52 061	1 148	312	6 042	5 275	39 283	13 927
宁 夏	26 522	26 009	1 324	918	2 795	6 635	14 337	513
新 疆	165 909	118 861	2 277	1 417	12 172	28 354	74 640	47 049

2-3 国道里程（按技术等级分）

单位：公里

地区	总计	等级公路 合计	高速	一级	二级	三级	四级	等外公路
全国总计	173 353	172 626	69 390	21 982	58 930	18 613	3 709	727
北京	1 315	1 315	647	275	354	39	-	-
天津	864	864	410	272	181	-	-	-
河北	7 703	7 703	3 015	1 691	2 112	885	-	-
山西	5 215	5 215	1 988	789	2 264	163	11	-
内蒙古	9 294	9 294	2 702	2 015	3 774	802	-	-
辽宁	6 925	6 925	3 263	953	2 643	66	-	-
吉林	4 648	4 648	1 799	941	1 484	418	6	-
黑龙江	6 984	6 984	2 734	613	1 613	1 916	108	-
上海	644	644	477	52	114	-	-	-
江苏	4 978	4 978	2 928	1 668	381	-	-	-
浙江	4 205	4 205	2 449	1 197	552	7	-	-
安徽	5 137	5 137	2 687	653	1 579	97	122	-
福建	4 753	4 753	2 620	106	1 976	27	25	-
江西	6 199	6 199	3 088	775	2 167	160	9	-
山东	7 750	7 750	3 524	2 996	1 230	-	-	-
河南	6 848	6 848	3 177	438	2 901	332	-	-
湖北	6 556	6 556	2 965	655	2 930	6	-	-
湖南	6 657	6 657	2 667	288	2 854	558	291	-
广东	7 179	7 179	3 440	2 278	1 313	96	52	-
广西	6 965	6 935	2 543	577	3 263	436	116	30
海南	1 652	1 652	613	81	855	98	5	-
重庆	3 157	3 157	1 838	60	1 154	80	25	-
四川	8 505	8 505	3 191	598	3 520	615	580	-
贵州	4 436	4 436	1 821	61	1 007	1 538	10	-
云南	8 379	8 246	2 775	439	1 891	1 525	1 616	133
西藏	5 618	5 250	-	-	889	3 959	402	368
陕西	7 452	7 452	3 539	284	2 401	1 200	28	-
甘肃	6 973	6 973	2 382	85	3 094	1 170	242	-
青海	4 684	4 684	892	211	3 263	318	-	-
宁夏	2 101	2 101	1 083	110	776	131	-	-
新疆	9 577	9 381	2 134	820	4 393	1 971	62	196

2-4 省道里程（按技术等级分）

单位：公里

地区	总计	等级公路						等外公路
		合计	高速	一级	二级	三级	四级	
全国总计	312 077	306 303	26 548	28 766	144 224	55 229	51 535	5 774
北 京	2 222	2 222	276	504	1 147	295	-	-
天 津	2 807	2 807	693	733	1 192	165	24	-
河 北	14 467	14 467	2 054	2 355	8 163	1 871	24	-
山 西	11 888	11 888	3 023	686	6 586	1 369	225	-
内蒙古	13 246	13 246	406	1 540	5 262	5 017	1 021	-
辽 宁	9 312	9 312	649	1 417	6 836	410	-	-
吉 林	8 924	8 920	453	692	5 004	2 054	718	4
黑龙江	9 156	9 148	1 305	393	5 673	1 245	532	8
上 海	1 007	1 007	329	185	460	33	-	-
江 苏	8 426	8 426	1 431	4 204	2 655	136	-	-
浙 江	6 245	6 232	1 169	1 213	2 773	658	418	13
安 徽	7 570	7 570	522	853	5 365	533	296	-
福 建	6 750	6 696	714	167	4 215	809	793	54
江 西	9 103	9 047	1 134	584	4 994	1 464	870	56
山 东	17 234	17 234	1 451	4 983	9 847	933	21	-
河 南	16 912	16 858	2 653	506	12 087	1 237	375	53
湖 北	11 413	11 388	933	1 008	9 225	184	39	25
湖 南	37 336	36 991	1 290	507	6 310	3 994	24 889	345
广 东	15 588	15 407	2 084	3 393	7 280	1 717	933	181
广 西	6 946	6 901	340	127	4 134	1 562	738	45
海 南	1 784	1 738	145	188	524	546	336	46
重 庆	8 153	8 119	62	261	4 873	1 346	1 578	34
四 川	12 442	12 334	1 105	752	5 631	2 091	2 755	108
贵 州	8 070	8 070	808	44	2 243	3 443	1 532	-
云 南	20 457	20 097	168	365	7 517	3 368	8 678	360
西 藏	6 337	3 740	-	38	67	1 808	1 827	2 597
陕 西	5 870	5 870	544	397	2 554	2 232	143	-
甘 肃	6 252	6 177	168	34	2 742	2 940	294	75
青 海	8 959	8 117	256	94	2 599	3 512	1 656	842
宁 夏	2 483	2 483	241	82	971	1 161	29	-
新 疆	14 718	13 790	142	464	5 296	7 096	793	928

2-5 县道里程（按技术等级分）

单位：公里

地区	总计	等级公路						等外公路
		合计	高速	一级	二级	三级	四级	
全国总计	539 519	518 843	100	13 100	83 046	166 106	256 491	20 676
北京	3 838	3 838	-	277	1 231	2 197	133	-
天津	1 311	1 311	-	68	479	451	313	-
河北	13 326	13 102	-	128	4 435	6 807	1 732	224
山西	20 068	19 982	-	285	4 123	9 780	5 794	86
内蒙古	26 561	25 632	2	823	3 111	12 878	8 819	929
辽宁	12 793	12 793	-	848	6 988	4 817	139	-
吉林	6 126	6 111	-	135	1 788	3 340	848	14
黑龙江	7 930	7 896	-	167	1 267	5 120	1 343	34
上海	2 648	2 648	-	186	1 386	1 069	7	-
江苏	23 509	23 192	12	2 874	11 502	6 141	2 663	318
浙江	27 782	27 654	-	2 330	4 793	4 829	15 703	128
安徽	25 315	25 315	-	235	2 691	13 901	8 487	-
福建	13 529	13 290	39	388	1 512	5 542	5 811	238
江西	20 600	19 742	-	84	1 826	6 412	11 421	858
山东	23 184	23 184	-	484	7 258	9 446	5 996	-
河南	21 239	20 910	-	-	6 821	8 337	5 752	329
湖北	20 126	20 110	-	531	3 893	7 746	7 941	16
湖南	31 040	29 564	-	245	869	1 480	26 970	1 476
广东	17 649	17 532	-	1 393	5 146	6 929	4 064	118
广西	25 181	23 766	-	250	2 095	5 781	15 641	1 414
海南	2 856	2 792	-	6	33	414	2 339	65
重庆	12 252	12 031	10	123	1 219	2 597	8 083	221
四川	40 664	37 499	38	890	3 566	6 582	26 423	3 164
贵州	17 572	17 491	-	29	360	2 905	14 198	81
云南	42 703	39 637	-	147	733	3 006	35 752	3 066
西藏	12 720	8 236	-	-	-	989	7 247	4 483
陕西	17 576	17 576	-	55	2 098	7 339	8 084	-
甘肃	15 783	14 762	-	29	342	5 900	8 491	1 022
青海	9 267	8 895	-	7	129	1 107	7 652	373
宁夏	1 618	1 618	-	54	230	1 311	23	-
新疆	22 751	20 732	-	35	1 122	10 955	8 620	2 019

2-6 乡道里程（按技术等级分）

单位：公里

地区	总计	等级公路						等外公路
		合计	高速	一级	二级	三级	四级	
全国总计	1 076 651	973 317	–	5 663	23 576	109 204	834 875	103 334
北京	8 067	8 067	–	25	237	873	6 931	–
天津	3 659	3 659	–	11	313	222	3 113	–
河北	44 852	42 731	–	311	1 732	5 681	35 006	2 121
山西	48 259	47 429	–	220	1 103	4 062	42 044	830
内蒙古	36 474	34 584	–	61	1 095	6 818	26 611	1 890
辽宁	31 301	31 301	–	22	695	23 546	7 038	–
吉林	27 812	26 484	–	104	393	4 026	21 961	1 328
黑龙江	54 699	50 184	–	81	627	15 430	34 045	4 515
上海	7 022	7 022	–	–	1 212	1 511	4 299	–
江苏	52 746	51 825	–	891	3 820	5 426	41 688	921
浙江	18 740	18 402	–	41	466	1 201	16 695	337
安徽	37 820	36 817	–	14	198	1 201	35 404	1 002
福建	35 776	30 495	–	50	459	727	29 259	5 281
江西	29 294	24 236	–	54	247	913	23 022	5 057
山东	32 122	32 122	–	125	2 187	5 874	23 935	–
河南	40 721	37 995	–	–	1 749	7 291	28 955	2 726
湖北	63 802	62 319	–	157	731	3 422	58 009	1 483
湖南	54 537	50 927	–	6	43	80	50 798	3 610
广东	92 590	89 937	–	2 578	3 936	6 776	76 647	2 654
广西	28 766	25 536	–	16	140	387	24 993	3 230
海南	5 187	4 876	–	3	59	84	4 731	311
重庆	15 249	13 109	–	31	115	660	12 302	2 140
四川	52 050	39 077	–	506	646	1 465	36 460	12 974
贵州	18 454	15 684	–	29	108	244	15 303	2 771
云南	104 575	84 940	–	23	107	327	84 482	19 636
西藏	16 186	9 593	–	–	–	148	9 445	6 593
陕西	23 956	23 310	–	19	287	2 250	20 755	645
甘肃	12 364	10 239	–	1	105	1 849	8 283	2 126
青海	13 307	10 038	–	–	5	218	9 815	3 270
宁夏	8 440	8 430	–	272	404	3 258	4 497	9
新疆	57 822	41 948	–	12	356	3 233	38 348	15 874

2-7 专用公路里程（按技术等级分）

单位：公里

地区	总计	等级公路						等外公路
		合计	高速	一级	二级	三级	四级	
全国总计	73 692	50 623	162	1 218	4 876	11 594	32 774	23 069
北京	487	487	-	35	277	105	69	-
天津	1 008	1 008	-	58	596	153	201	-
河北	1 370	1 327	-	32	136	312	847	43
山西	522	504	-	7	34	259	204	17
内蒙古	5 559	5 280	-	109	554	1 106	3 512	279
辽宁	921	901	-	11	73	376	442	20
吉林	3 902	3 798	-	20	29	153	3 596	103
黑龙江	15 284	5 771	45	243	286	1 578	3 619	9 513
上海	-	-	-	-	-	-	-	-
江苏	166	166	-	13	23	73	57	-
浙江	694	622	-	17	24	99	482	72
安徽	1 002	992	-	-	43	233	716	11
福建	486	404	-	-	20	11	373	82
江西	668	485	8	6	76	41	353	182
山东	2 328	2 328	-	46	119	352	1 810	-
河南	1 453	1 303	-	42	350	395	516	150
湖北	810	791	108	-	43	79	561	19
湖南	1 535	844	-	5	2	2	835	691
广东	388	334	-	30	60	45	200	54
广西	581	396	-	11	43	50	291	185
海南	25	25	-	-	-	-	25	-
重庆	553	438	-	7	33	83	314	115
四川	4 920	2 038	-	17	85	144	1 792	2 882
贵州	741	693	1	6	33	164	489	48
云南	4 158	2 768	-	-	42	133	2 594	1 390
西藏	2 976	1 752	-	-	-	163	1 590	1 224
陕西	2 226	2 188	-	59	467	359	1 303	38
甘肃	3 330	2 672	-	5	201	891	1 576	658
青海	904	528	-	-	41	56	432	376
宁夏	786	765	-	359	227	137	42	21
新疆	13 908	9 014	-	79	960	4 042	3 932	4 894

2-8 村道里程（按技术等级分）

单位：公里

地区	总计	等级公路 合计	高速	一级	二级	三级	四级	等外公路
全国总计	2 062 217	1 587 889	-	3 541	16 804	41 119	1 526 425	474 328
北京	5 563	5 370	-	2	36	130	5 202	193
天津	5 741	5 741	-	2	541	257	4 941	-
河北	81 327	76 109	-	163	983	1 668	73 295	5 218
山西	51 819	49 224	-	150	689	2 239	46 146	2 595
内蒙古	72 629	63 009	-	118	296	2 609	59 985	9 620
辽宁	44 311	28 801	-	13	125	3 092	25 571	15 510
吉林	41 795	35 451	-	30	215	667	34 540	6 343
黑龙江	65 010	49 278	-	25	157	6 892	42 204	15 732
上海	1 221	1 221	-	-	35	97	1 089	-
江苏	64 293	57 514	-	827	3 762	3 361	49 564	6 779
浙江	55 884	52 908	-	105	840	1 041	50 922	2 976
安徽	88 314	83 597	-	3	57	451	83 085	4 718
福建	33 368	20 864	-	7	128	298	20 431	12 503
江西	84 733	60 623	-	40	229	506	59 847	24 109
山东	161 968	160 419	-	417	4 046	7 820	148 135	1 549
河南	162 476	110 490	-	-	1 048	1 944	107 499	51 985
湖北	115 443	101 980	-	165	411	832	100 572	13 463
湖南	102 935	78 644	-	5	34	54	78 551	24 292
广东	61 548	46 815	-	873	1 307	1 647	42 988	14 733
广西	39 467	28 049	-	3	45	103	27 898	11 418
海南	12 760	12 457	-	3	10	91	12 354	303
重庆	81 365	49 957	-	97	213	474	49 173	31 408
四川	174 918	134 840	-	252	305	776	133 508	40 078
贵州	115 267	40 202	-	11	309	159	39 723	75 065
云南	38 780	16 272	-	-	9	14	16 250	22 508
西藏	21 362	13 204	-	-	-	45	13 159	8 157
陕西	104 331	89 894	-	159	571	1 416	87 747	14 438
甘肃	86 497	60 548	-	24	164	675	59 685	25 949
青海	28 866	19 799	-	-	5	65	19 729	9 067
宁夏	11 094	10 612	-	42	187	638	9 746	482
新疆	47 133	23 995	-	6	46	1 058	22 886	23 138

2-9　全国公路里程（按路面类型分）

单位：公里

地区	总计	有铺装路面（高级）			简易铺装路面（次高级）	未铺装路面（中级、低级、无路面）
		合计	沥青混凝土	水泥混凝土		
全国总计	4 237 508	2 295 055	641 893	1 653 162	503 544	1 438 909
北　京	21 492	18 474	13 882	4 593	1 776	1 241
天　津	15 391	15 124	11 858	3 267	56	210
河　北	163 045	125 323	53 001	72 322	12 357	25 365
山　西	137 771	92 540	27 722	64 819	25 405	19 826
内蒙古	163 763	56 833	40 556	16 277	17 724	89 206
辽　宁	105 562	44 638	39 108	5 530	25 005	35 920
吉　林	93 208	68 850	18 772	50 078	63	24 294
黑龙江	159 063	102 559	12 493	90 066	1 372	55 132
上　海	12 541	12 541	5 500	7 041	-	-
江　苏	154 118	136 716	41 841	94 875	1 531	15 870
浙　江	113 550	104 824	30 322	74 502	5 470	3 256
安　徽	165 157	94 816	11 296	83 520	28 544	41 798
福　建	94 661	72 383	3 671	68 711	3 238	19 040
江　西	150 595	105 944	9 907	96 037	6 486	38 166
山　东	244 586	149 994	66 070	83 923	74 873	19 719
河　南	249 649	132 655	38 932	93 723	48 178	68 816
湖　北	218 151	155 488	14 433	141 055	21 056	41 607
湖　南	234 040	150 403	9 661	140 742	5 329	78 308
广　东	194 943	134 808	11 165	123 643	4 892	55 244
广　西	107 906	47 572	6 131	41 441	19 613	40 721
海　南	24 265	22 457	3 348	19 109	611	1 197
重　庆	120 728	49 526	11 134	38 391	6 957	64 245
四　川	293 499	136 981	28 656	108 325	21 177	135 341
贵　州	164 542	21 610	5 781	15 830	31 988	110 943
云　南	219 052	53 817	38 277	15 540	10 510	154 725
西　藏	65 198	6 897	6 569	329	1 999	56 303
陕　西	161 411	88 628	23 029	65 599	21 288	51 495
甘　肃	131 201	28 939	10 420	18 518	30 720	71 542
青　海	65 988	20 755	9 674	11 082	5 103	40 130
宁　夏	26 522	14 826	11 042	3 783	5 903	5 794
新　疆	165 909	28 135	27 644	492	64 321	73 453

2-10 国道里程（按路面类型分）

单位：公里

地区	总计	有铺装路面（高级）			简易铺装路面（次高级）	未铺装路面（中级、低级、无路面）
		合计	沥青混凝土	水泥混凝土		
全国总计	173 353	158 648	136 236	22 412	12 270	2 435
北京	1 315	1 315	1 307	8	-	-
天津	864	864	863	1	-	-
河北	7 703	7 669	7 437	232	34	-
山西	5 215	5 131	4 850	281	83	-
内蒙古	9 294	8 630	8 568	62	664	-
辽宁	6 925	6 759	6 751	8	166	-
吉林	4 648	4 648	4 568	80	-	-
黑龙江	6 984	6 378	3 505	2 873	101	505
上海	644	644	626	18	-	-
江苏	4 978	4 978	4 926	51	-	-
浙江	4 205	4 205	3 636	569	-	-
安徽	5 137	4 873	4 052	821	264	-
福建	4 753	4 753	2 373	2 381	-	-
江西	6 199	6 057	4 523	1 534	141	-
山东	7 750	7 750	7 596	154	-	-
河南	6 848	6 703	6 227	476	145	-
湖北	6 556	6 167	5 488	679	363	25
湖南	6 657	6 458	3 758	2 699	200	-
广东	7 179	7 130	3 882	3 248	49	-
广西	6 965	5 891	2 804	3 087	1 037	37
海南	1 652	1 628	1 196	433	23	-
重庆	3 157	3 157	2 911	246	-	-
四川	8 505	7 715	6 668	1 047	713	77
贵州	4 436	2 534	2 380	154	1 903	-
云南	8 379	6 238	5 898	340	1 806	335
西藏	5 618	3 655	3 599	55	848	1 115
陕西	7 452	7 421	6 877	544	31	-
甘肃	6 973	5 274	5 238	36	1 698	2
青海	4 684	4 277	4 126	151	404	4
宁夏	2 101	1 799	1 784	15	302	-
新疆	9 577	7 949	7 820	129	1 295	333

2-11 省道里程（按路面类型分）

单位：公里

地区	总计	有铺装路面（高级）			简易铺装路面（次高级）	未铺装路面（中级、低级、无路面）
		合计	沥青混凝土	水泥混凝土		
全国总计	312 077	248 989	176 411	72 578	45 545	17 543
北京	2 222	2 203	2 198	6	19	-
天津	2 807	2 807	2 803	5	-	-
河北	14 467	14 318	13 318	1 000	149	-
山西	11 888	11 291	10 506	785	597	-
内蒙古	13 246	8 898	8 764	134	3 855	493
辽宁	9 312	8 332	8 315	18	979	-
吉林	8 924	8 506	5 761	2 745	-	418
黑龙江	9 156	8 410	3 024	5 386	-	745
上海	1 007	1 007	945	62	-	-
江苏	8 426	8 426	8 209	216	-	-
浙江	6 245	6 220	4 735	1 485	24	-
安徽	7 570	5 373	3 569	1 804	2 197	-
福建	6 750	6 168	784	5 384	575	7
江西	9 103	6 823	3 628	3 195	2 110	170
山东	17 234	16 232	15 626	606	1 002	-
河南	16 912	16 153	14 871	1 282	604	155
湖北	11 413	8 709	4 948	3 761	2 679	25
湖南	37 336	30 225	4 842	25 383	3 813	3 298
广东	15 588	14 648	4 137	10 510	941	-
广西	6 946	3 900	2 100	1 800	2 885	161
海南	1 784	1 543	978	565	199	43
重庆	8 153	6 982	4 507	2 475	899	272
四川	12 442	10 660	8 705	1 955	1 389	393
贵州	8 070	2 715	2 408	306	5 255	101
云南	20 457	15 028	14 262	766	4 034	1 395
西藏	6 337	1 359	1 324	35	243	4 735
陕西	5 870	5 809	5 544	265	61	-
甘肃	6 252	2 870	2 750	120	2 772	610
青海	8 959	5 298	4 826	472	1 063	2 598
宁夏	2 483	1 506	1 468	39	941	35
新疆	14 718	6 567	6 554	13	6 263	1 888

2-12 县道里程（按路面类型分）

单位：公里

地区	总计	有铺装路面（高级）			简易铺装路面（次高级）	未铺装路面（中级、低级、无路面）
		合计	沥青混凝土	水泥混凝土		
全国总计	539 519	323 864	144 091	179 773	134 624	81 031
北京	3 838	3 809	3 744	65	6	23
天津	1 311	1 298	1 261	38	13	-
河北	13 326	10 569	7 418	3 150	1 855	903
山西	20 068	11 901	7 122	4 779	7 369	798
内蒙古	26 561	13 626	10 477	3 149	6 442	6 493
辽宁	12 793	8 598	8 445	153	4 088	106
吉林	6 126	5 926	3 265	2 662	-	200
黑龙江	7 930	6 356	1 402	4 954	344	1 230
上海	2 648	2 648	2 225	423	-	-
江苏	23 509	22 923	15 200	7 723	80	506
浙江	27 782	24 804	12 824	11 980	2 937	41
安徽	25 315	11 841	3 159	8 682	12 807	666
福建	13 529	11 535	416	11 118	1 622	372
江西	20 600	16 346	1 217	15 129	2 892	1 362
山东	23 184	17 422	12 332	5 091	5 542	220
河南	21 239	16 333	7 343	8 990	4 350	555
湖北	20 126	12 213	2 828	9 385	7 208	706
湖南	31 040	23 611	867	22 744	1 043	6 386
广东	17 649	15 304	1 208	14 096	1 659	687
广西	25 181	8 706	1 004	7 703	12 797	3 677
海南	2 856	2 126	969	1 157	378	353
重庆	12 252	9 001	2 072	6 929	1 654	1 597
四川	40 664	24 088	7 756	16 332	7 424	9 152
贵州	17 572	1 563	385	1 178	13 760	2 250
云南	42 703	19 261	14 826	4 435	3 498	19 944
西藏	12 720	963	911	52	514	11 243
陕西	17 576	9 381	5 576	3 805	7 089	1 106
甘肃	15 783	2 422	1 424	998	9 898	3 464
青海	9 267	3 375	583	2 792	2 446	3 447
宁夏	1 618	921	920	1	658	40
新疆	22 751	4 996	4 914	82	14 250	3 505

2-13　乡道里程（按路面类型分）

单位：公里

地区	总计	有铺装路面（高级）			简易铺装路面（次高级）	未铺装路面（中级、低级、无路面）
		合计	沥青混凝土	水泥混凝土		
全国总计	1 076 651	602 057	93 368	508 689	129 574	345 020
北　京	8 067	6 476	4 408	2 068	1 292	299
天　津	3 659	3 579	2 615	964	9	71
河　北	44 852	33 515	10 509	23 006	5 016	6 321
山　西	48 259	29 675	3 044	26 631	10 426	8 158
内蒙古	36 474	13 659	7 413	6 246	4 513	18 301
辽　宁	31 301	14 581	11 768	2 813	13 386	3 334
吉　林	27 812	23 387	3 726	19 661	6	4 419
黑龙江	54 699	42 274	2 393	39 881	755	11 671
上　海	7 022	7 022	1 499	5 523	-	-
江　苏	52 746	50 556	7 422	43 134	386	1 804
浙　江	18 740	17 050	3 555	13 495	1 568	122
安　徽	37 820	20 402	298	20 105	5 963	11 454
福　建	35 776	29 047	82	28 965	651	6 078
江　西	29 294	21 666	286	21 379	601	7 027
山　东	32 122	19 511	8 261	11 250	10 704	1 906
河　南	40 721	26 199	4 832	21 367	10 903	3 619
湖　北	63 802	46 893	645	46 247	6 790	10 120
湖　南	54 537	35 064	99	34 965	161	19 313
广　东	92 590	69 145	1 554	67 592	1 878	21 567
广　西	28 766	14 886	142	14 745	2 038	11 841
海　南	5 187	4 739	136	4 603	11	437
重　庆	15 249	8 147	779	7 368	1 239	5 864
四　川	52 050	22 687	3 816	18 871	4 854	24 510
贵　州	18 454	2 954	217	2 737	6 128	9 373
云　南	104 575	11 311	2 707	8 604	672	92 593
西　藏	16 186	436	390	46	257	15 494
陕　西	23 956	13 075	2 071	11 004	6 100	4 781
甘　肃	12 364	1 992	615	1 377	5 507	4 865
青　海	13 307	2 831	36	2 794	892	9 585
宁　夏	8 440	4 928	3 767	1 160	2 091	1 421
新　疆	57 822	4 372	4 283	88	24 778	28 672

2-14 专用公路里程（按路面类型分）

单位：公里

地区	总计	有铺装路面（高级）			简易铺装路面（次高级）	未铺装路面（中级、低级、无路面）
		合计	沥青混凝土	水泥混凝土		
全国总计	73 692	23 273	11 369	11 904	10 446	39 973
北京	487	476	376	99	12	-
天津	1 008	1 002	827	175	-	6
河北	1 370	1 040	624	415	165	165
山西	522	289	70	219	167	66
内蒙古	5 559	1 704	807	898	277	3 577
辽宁	921	144	138	5	354	423
吉林	3 902	765	218	547	16	3 121
黑龙江	15 284	4 987	1 349	3 637	21	10 277
上海	-	-	-	-	-	-
江苏	166	163	35	127	1	2
浙江	694	530	180	350	85	79
安徽	1 002	385	39	346	138	479
福建	486	269	2	267	28	189
江西	668	442	55	387	3	223
山东	2 328	1 170	898	272	1 125	33
河南	1 453	772	499	273	463	217
湖北	810	539	113	426	133	138
湖南	1 535	367	23	344	21	1 147
广东	388	301	34	267	-	88
广西	581	180	52	127	140	261
海南	25	25	4	21	-	-
重庆	553	343	42	301	22	188
四川	4 920	1 031	329	701	227	3 662
贵州	741	174	16	158	349	218
云南	4 158	732	411	321	266	3 160
西藏	2 976	231	178	53	74	2 671
陕西	2 226	1 393	624	769	303	531
甘肃	3 330	341	170	172	1 336	1 653
青海	904	189	59	130	24	691
宁夏	786	615	578	37	129	43
新疆	13 908	2 677	2 618	59	4 567	6 664

2-15　村道里程（按路面类型分）

单位：公里

地区	总计	有铺装路面（高级）			简易铺装路面（次高级）	未铺装路面（中级、低级、无路面）
		合计	沥青混凝土	水泥混凝土		
全国总计	2 062 217	938 224	80 419	857 806	171 086	952 907
北京	5 563	4 195	1 849	2 346	448	919
天津	5 741	5 574	3 490	2 084	34	133
河北	81 327	58 213	13 694	44 519	5 137	17 977
山西	51 819	34 253	2 129	32 124	6 762	10 804
内蒙古	72 629	10 315	4 527	5 788	1 973	60 341
辽宁	44 311	6 224	3 691	2 533	6 031	32 056
吉林	41 795	25 617	1 234	24 383	41	16 136
黑龙江	65 010	34 154	820	33 334	152	30 704
上海	1 221	1 221	205	1 016	-	-
江苏	64 293	49 671	6 048	43 623	1 064	13 557
浙江	55 884	52 015	5 392	46 623	855	3 014
安徽	88 314	51 941	178	51 763	7 175	29 198
福建	33 368	20 611	14	20 596	362	12 395
江西	84 733	54 610	198	54 413	739	29 384
山东	161 968	87 908	21 357	66 550	56 500	17 560
河南	162 476	66 494	5 160	61 334	31 713	64 269
湖北	115 443	80 968	411	80 557	3 884	30 592
湖南	102 935	54 678	72	54 606	92	48 165
广东	61 548	28 281	351	27 930	365	32 903
广西	39 467	14 008	29	13 979	716	24 743
海南	12 760	12 395	64	12 331	1	364
重庆	81 365	21 897	824	21 073	3 144	56 324
四川	174 918	70 801	1 382	69 419	6 570	97 547
贵州	115 267	11 671	375	11 297	4 594	99 002
云南	38 780	1 248	173	1 075	234	37 299
西藏	21 362	253	166	87	63	21 045
陕西	104 331	51 549	2 336	49 214	7 704	45 078
甘肃	86 497	16 040	224	15 816	9 509	60 948
青海	28 866	4 785	43	4 742	275	23 805
宁夏	11 094	5 057	2 525	2 532	1 781	4 256
新疆	47 133	1 575	1 455	120	13 168	32 390

2-16　全国公路养护里程

单位：公里

地区	总计	国道	省道	县道	乡道	专用公路	村道
全国总计	4 116 790	172 825	310 973	538 039	1 066 861	70 413	1 957 679
北京	21 492	1 315	2 222	3 838	8 067	487	5 563
天津	15 391	864	2 807	1 311	3 659	1 008	5 741
河北	162 938	7 703	14 467	13 326	44 849	1 370	81 223
山西	137 715	5 159	11 888	20 068	48 259	522	51 819
内蒙古	161 493	9 294	13 246	26 561	36 342	4 984	71 066
辽宁	105 562	6 925	9 312	12 793	31 301	921	44 311
吉林	93 208	4 648	8 924	6 126	27 812	3 902	41 795
黑龙江	159 001	6 981	9 156	7 911	54 670	15 284	64 999
上海	12 541	644	1 007	2 648	7 022	-	1 221
江苏	147 807	4 978	8 426	23 227	52 300	160	58 716
浙江	113 550	4 205	6 245	27 782	18 740	694	55 884
安徽	164 470	5 076	7 514	25 245	37 820	514	88 301
福建	94 661	4 753	6 750	13 529	35 776	486	33 368
江西	145 140	6 154	9 051	20 600	29 238	667	79 430
山东	244 586	7 750	17 234	23 184	32 122	2 328	161 968
河南	245 508	6 848	16 905	21 229	40 605	1 452	158 469
湖北	217 085	6 556	11 394	20 126	63 779	810	114 420
湖南	233 836	6 565	37 292	30 987	54 537	1 534	102 920
广东	189 739	7 118	15 530	17 621	92 547	336	56 585
广西	95 605	6 940	6 946	25 181	28 521	506	27 511
海南	24 265	1 652	1 784	2 856	5 187	25	12 760
重庆	120 398	3 157	8 153	12 252	15 249	553	81 034
四川	273 260	8 505	12 442	40 644	50 347	4 682	156 640
贵州	164 542	4 436	8 070	17 572	18 454	741	115 267
云南	218 992	8 379	20 457	42 703	104 529	4 148	38 777
西藏	60 518	5 604	5 500	12 315	15 836	2 974	18 288
陕西	160 360	7 280	5 838	17 576	23 954	2 226	103 484
甘肃	97 710	6 973	6 252	15 783	12 036	3 329	53 335
青海	65 988	4 684	8 959	9 267	13 307	904	28 866
宁夏	26 522	2 101	2 483	1 618	8 440	786	11 094
新疆	142 908	9 577	14 718	22 157	51 556	12 077	32 824

2-17 全国公路绿化里程

单位：公里

地区	总计	国道	省道	县道	乡道	专用公路	村道
全国总计	2 202 055	136 156	242 423	372 761	610 188	34 091	806 437
北京	14 532	1 298	2 200	3 803	4 193	338	2 700
天津	14 579	741	2 531	1 299	3 513	977	5 518
河北	72 067	7 161	12 247	8 074	17 918	462	26 206
山西	56 196	4 161	8 261	13 569	19 298	219	10 689
内蒙古	28 122	5 823	4 249	8 663	6 186	1 073	2 127
辽宁	64 434	6 139	8 571	11 241	21 643	677	16 162
吉林	84 197	4 638	8 709	6 083	27 246	3 799	33 722
黑龙江	122 257	5 679	7 179	7 039	44 953	8 634	48 773
上海	10 588	498	843	2 465	5 846	–	936
江苏	135 405	4 781	8 310	22 402	47 869	156	51 887
浙江	70 926	3 906	5 755	23 233	12 493	503	25 037
安徽	96 553	4 701	6 597	21 142	31 163	569	32 381
福建	80 022	3 970	5 923	11 685	31 839	388	26 218
江西	85 173	5 422	7 588	17 530	19 115	159	35 359
山东	189 393	7 102	15 977	19 493	25 592	1 219	120 010
河南	175 230	6 698	14 998	17 008	31 414	1 358	103 754
湖北	90 666	5 608	10 298	15 389	27 249	600	31 523
湖南	170 752	6 031	31 248	24 192	39 712	1 012	68 557
广东	94 900	6 866	14 587	15 358	47 094	245	10 749
广西	42 175	6 499	6 166	14 973	9 283	274	4 979
海南	22 590	1 518	1 618	2 581	4 983	25	11 866
重庆	51 444	2 604	7 190	9 450	9 403	226	22 572
四川	120 473	7 786	10 110	30 099	28 808	2 007	41 663
贵州	21 395	3 161	4 750	5 965	2 429	92	4 998
云南	86 442	5 726	12 068	23 377	33 607	1 212	10 452
西藏	3 416	1 297	1 414	213	5	386	101
陕西	38 257	6 640	4 845	7 967	5 795	684	12 326
甘肃	21 830	2 856	3 131	6 272	4 204	617	4 750
青海	29 712	3 107	6 933	5 195	4 786	362	9 329
宁夏	13 670	1 429	1 376	1 172	5 109	648	3 935
新疆	94 660	2 311	6 753	15 829	37 440	5 170	27 156

2-18　全国高速公路里程

单位：公里

地　区	高速公路				车道里程
	合计	四车道	六车道	八车道及以上	
全国总计	**96 200**	**79 188**	**14 129**	**2 883**	**424 589**
北　京	923	451	433	39	4 710
天　津	1 103	447	560	96	5 918
河　北	5 069	3 629	1 406	34	23 221
山　西	5 011	4 186	822	3	21 701
内蒙古	3 110	3 103	7	–	12 453
辽　宁	3 912	3 122	337	453	18 134
吉　林	2 252	2 226	26	–	9 060
黑龙江	4 084	4 084	–	–	16 334
上　海	806	309	297	200	4 617
江　苏	4 371	2 440	1 665	266	21 881
浙　江	3 618	2 743	594	281	16 783
安　徽	3 210	2 941	214	55	13 484
福　建	3 372	2 793	348	232	15 112
江　西	4 229	4 048	175	6	17 292
山　东	4 975	4 197	755	24	21 504
河　南	5 830	3 488	1 927	415	28 836
湖　北	4 006	3 807	198	–	16 420
湖　南	3 957	3 649	308	–	16 445
广　东	5 524	2 932	2 210	382	28 045
广　西	2 883	2 728	136	19	11 882
海　南	757	757	–	–	3 030
重　庆	1 909	1 635	273	–	8 182
四　川	4 334	4 076	259	–	17 854
贵　州	2 630	2 587	43	–	10 607
云　南	2 943	2 315	583	46	13 122
西　藏	–	–	–	–	–
陕　西	4 083	3 227	525	332	18 710
甘　肃	2 549	2 549	–	–	10 198
青　海	1 148	1 146	2	–	4 598
宁　夏	1 324	1 304	20	–	5 333
新　疆	2 277	2 269	8	–	9 123

2-19 全国公路密度及通达率

地区	公路密度		公路通达率（%）			
	以国土面积计算（公里/百平方公里）	以人口计算（公里/万人）	乡（镇）	#：通硬化路面所占比重	行政村	#：通硬化路面所占比重
全国总计	**44.14**	**31.45**	99.97	97.43	99.55	86.46
北京	130.96	10.65	100.00	100.00	100.00	100.00
天津	129.34	11.36	100.00	100.00	100.00	100.00
河北	86.86	22.50	100.00	100.00	100.00	99.41
山西	88.15	38.34	100.00	100.00	99.92	99.37
内蒙古	13.84	66.24	99.18	99.04	99.98	48.44
辽宁	72.35	24.81	100.00	100.00	100.00	100.00
吉林	49.74	33.90	100.00	99.44	99.72	98.23
黑龙江	35.04	41.61	100.00	99.56	98.42	96.11
上海	197.77	5.28	100.00	100.00	100.00	100.00
江苏	150.21	19.45	100.00	100.00	100.00	100.00
浙江	111.54	23.75	100.00	100.00	99.59	99.56
安徽	127.04	24.02	100.00	100.00	99.99	99.98
福建	77.97	25.26	100.00	100.00	100.00	100.00
江西	90.23	33.55	100.00	100.00	100.00	100.00
山东	156.09	25.57	100.00	100.00	100.00	99.78
河南	149.49	24.47	100.00	100.00	100.00	99.94
湖北	117.35	37.75	100.00	99.92	100.00	97.60
湖南	110.50	32.80	100.00	100.00	99.79	90.00
广东	109.58	18.40	100.00	100.00	100.00	100.00
广西	45.59	20.76	100.00	99.82	99.95	75.64

2-19 （续表一）

地 区	公 路 密 度		公 路 通 达 率（%）			
	以国土面积计算 （公里/百平方公里）	以人口计算 （公里/万人）	乡（镇）	#：通硬化路面 所占比重	行政村	#：通硬化路面 所占比重
海 南	71.58	27.99	100.00	100.00	99.97	99.91
重 庆	146.51	36.58	100.00	100.00	99.99	47.15
四 川	60.19	32.61	100.00	92.27	98.29	66.21
贵 州	93.44	47.43	100.00	100.00	100.00	43.50
云 南	55.60	47.02	99.85	93.93	98.01	35.97
西 藏	5.31	214.96	99.71	40.84	90.03	14.28
陕 西	78.51	43.13	100.00	98.40	98.32	69.85
甘 肃	28.87	51.17	100.00	96.99	100.00	44.59
青 海	9.15	118.29	100.00	95.48	100.00	63.61
宁 夏	39.94	41.44	100.00	100.00	100.00	86.43
新 疆	9.99	75.11	99.85	97.75	97.98	73.97

2-20 公路桥梁（按使用年限分）

地区	总计		总计中：永久式桥梁		总计中：危桥	
	数量（座）	长度（米）	数量（座）	长度（米）	数量（座）	长度（米）
全国总计	713 393	36 627 791	699 801	36 298 995	90 301	2 709 439
北京	4 707	332 432	4 707	332 432	56	2 118
天津	3 106	497 926	3 063	496 947	12	6 956
河北	36 588	2 284 670	36 262	2 276 230	4 742	151 892
山西	13 825	1 115 848	13 736	1 112 573	812	24 521
内蒙古	14 578	562 267	13 891	544 311	3 056	78 173
辽宁	36 007	1 308 522	35 975	1 307 602	1 422	51 127
吉林	12 275	462 510	11 968	455 123	1 089	32 001
黑龙江	20 371	710 403	18 352	677 961	6 659	149 651
上海	10 393	611 328	10 393	611 328	119	4 411
江苏	67 159	3 050 891	66 655	3 039 310	12 414	321 538
浙江	46 669	2 432 092	46 580	2 430 284	1 344	50 639
安徽	32 493	1 636 985	32 270	1 631 712	5 342	124 229
福建	22 379	1 444 998	22 338	1 443 500	1 212	54 803
江西	25 075	1 249 987	23 060	1 206 781	5 524	192 953
山东	47 302	2 039 878	47 229	2 037 294	4 813	195 189
河南	42 550	1 741 997	42 278	1 736 198	13 677	351 539
湖北	35 367	1 704 056	35 332	1 703 161	9 481	242 104
湖南	36 099	1 482 184	35 391	1 467 043	3 249	108 437
广东	44 468	2 801 751	44 385	2 799 398	1 051	52 335
广西	15 669	708 918	15 580	706 098	941	42 084
海南	5 397	176 522	5 320	174 731	409	15 875
重庆	9 819	620 520	9 669	614 675	590	26 911
四川	35 734	1 867 587	34 847	1 844 270	2 390	102 226
贵州	14 946	1 080 402	14 863	1 076 690	2 137	70 625
云南	23 007	1 704 208	22 710	1 689 564	1 502	55 485
西藏	6 437	170 288	4 861	129 772	1 433	41 809
陕西	22 241	1 794 109	21 095	1 763 637	1 244	51 863
甘肃	8 662	311 150	8 277	297 151	1 139	45 896
青海	4 466	184 541	4 405	180 287	431	14 381
宁夏	3 994	181 944	3 994	181 944	461	10 915
新疆	11 610	356 878	10 315	330 990	1 550	36 757

2-21 公路桥

地区	总计 数量（座）	总计 长度（米）	特大桥 数量（座）	特大桥 长度（米）	大 数量（座）
全国总计	713 393	36 627 791	2 688	4 688 576	61 735
北 京	4 707	332 432	28	58 420	617
天 津	3 106	497 926	96	182 394	676
河 北	36 588	2 284 670	193	351 754	4 147
山 西	13 825	1 115 848	72	111 552	2 575
内蒙古	14 578	562 267	16	35 179	932
辽 宁	36 007	1 308 522	56	91 747	2 020
吉 林	12 275	462 510	11	16 025	679
黑龙江	20 371	710 403	19	31 638	1 064
上 海	10 393	611 328	65	143 849	606
江 苏	67 159	3 050 891	203	393 533	3 567
浙 江	46 669	2 432 092	208	442 715	3 352
安 徽	32 493	1 636 985	142	295 296	2 039
福 建	22 379	1 444 998	124	221 439	2 695
江 西	25 075	1 249 987	47	86 891	2 550
山 东	47 302	2 039 878	72	167 116	2 670
河 南	42 550	1 741 997	56	110 272	2 580
湖 北	35 367	1 704 056	164	314 247	2 624
湖 南	36 099	1 482 184	72	119 938	2 698
广 东	44 468	2 801 751	368	605 105	4 077
广 西	15 669	708 918	11	10 298	1 349
海 南	5 397	176 522	3	3 632	220
重 庆	9 819	620 520	73	59 908	1 553
四 川	35 734	1 867 587	130	201 948	3 885
贵 州	14 946	1 080 402	119	113 431	2 375
云 南	23 007	1 704 208	101	135 001	4 490
西 藏	6 437	170 288	14	12 236	280
陕 西	22 241	1 794 109	179	315 048	3 706
甘 肃	8 662	311 150	9	2 778	638
青 海	4 466	184 541	12	17 978	307
宁 夏	3 994	181 944	12	16 537	302
新 疆	11 610	356 878	13	20 671	462

梁（按跨径分）

桥	中　桥		小　桥	
长度（米）	数量（座）	长度（米）	数量（座）	长度（米）
15 181 618	156 700	8 392 205	492 270	8 365 392
153 244	1 247	72 575	2 815	48 193
236 829	954	52 254	1 380	26 449
1 056 231	8 607	492 859	23 641	383 826
661 322	3 143	192 817	8 035	150 157
196 754	2 421	147 380	11 209	182 954
467 579	5 850	336 126	28 081	413 070
138 795	2 669	154 746	8 916	152 944
221 981	4 186	240 006	15 102	216 778
213 927	2 731	119 464	6 991	134 087
961 612	17 481	830 634	45 908	865 112
913 961	10 687	526 151	32 422	549 265
595 000	5 882	319 074	24 430	427 614
721 638	4 620	250 410	14 940	251 512
593 218	6 338	335 769	16 140	234 108
623 400	11 705	646 363	32 855	602 999
568 867	10 620	544 725	29 294	518 133
635 397	5 739	305 263	26 840	449 150
600 352	6 204	328 103	27 125	433 790
1 199 029	8 617	479 833	31 406	517 785
276 899	4 030	230 617	10 279	191 104
45 213	1 112	59 846	4 062	67 832
336 953	2 045	109 653	6 148	114 005
852 834	7 606	386 077	24 113	426 729
626 953	3 237	170 273	9 215	169 744
970 450	6 479	384 216	11 937	214 541
32 612	1 301	54 672	4 842	70 768
970 959	4 974	287 862	13 382	220 240
98 982	2 241	115 188	5 774	94 202
59 187	1 040	58 641	3 107	48 736
62 354	1 062	59 032	2 618	44 021
89 086	1 872	101 577	9 263	145 544

2-22 公路

地区	公路					
	总计		特长隧道		长隧道	
	数量（处）	长度（米）	数量（处）	长度（米）	数量（处）	长度（米）
全国总计	**10 022**	**8 052 672**	**441**	**1 984 783**	**1 944**	**3 304 391**
北京	107	54 776	4	13 238	11	17 747
天津	2	3 786	–	–	2	3 786
河北	444	342 140	17	73 245	93	152 247
山西	819	848 596	74	406 059	126	216 877
内蒙古	29	24 961	2	7 875	6	11 733
辽宁	245	209 725	2	6 584	71	107 067
吉林	105	103 981	2	6 330	39	66 092
黑龙江	4	4 435	–	–	2	3 350
上海	2	10 757	1	8 955	1	1 802
江苏	14	17 072	2	7 545	4	6 805
浙江	1 370	865 974	25	108 768	230	382 817
安徽	226	168 224	10	32 916	39	69 839
福建	935	959 739	59	234 102	255	435 413
江西	220	195 127	9	36 577	60	98 235
山东	68	60 663	2	7 760	16	27 232
河南	265	91 261	–	–	12	20 373
湖北	475	388 272	38	158 178	77	125 500
湖南	475	319 340	11	46 339	79	135 552
广东	365	309 994	10	39 173	93	158 019
广西	307	171 325	8	27 145	39	60 847
海南	14	12 207	–	–	7	8 002
重庆	482	454 771	36	166 363	90	166 549
四川	593	554 661	37	166 512	132	232 078
贵州	634	572 147	22	84 910	178	315 244
云南	607	381 508	12	40 140	90	161 248
西藏	24	4 732	–	–	1	2 447
陕西	1 029	813 419	55	294 622	163	268 375
甘肃	96	58 335	2	8 073	14	22 452
青海	34	26 823	1	3 375	8	15 782
宁夏	15	10 342	–	–	1	2 385
新疆	17	13 580	–	–	5	8 497

隧道、渡口

隧 道				公 路 渡 口	
中 隧 道		短 隧 道		总 计（处）	机 动 渡 口（处）
数量（处）	长度（米）	数量（处）	长度（米）		
2 054	1 455 341	5 583	1 308 157	2 147	891
13	8 766	79	15 025	-	-
-	-	-	-	-	-
86	61 264	248	55 385	-	-
177	126 132	442	99 527	-	-
3	2 217	18	3 136	47	29
108	73 839	64	22 236	207	26
35	26 288	29	5 272	40	19
2	1 085	-	-	346	39
-	-	-	-	-	-
2	1 436	6	1 286	88	39
242	167 218	873	207 171	22	19
50	35 069	127	30 400	57	20
253	181 487	368	108 736	15	3
51	35 784	100	24 531	97	38
28	19 519	22	6 153	24	24
41	28 499	212	42 389	62	38
72	52 980	288	51 615	167	136
115	82 453	270	54 996	380	132
81	60 193	181	52 610	80	57
52	34 507	208	48 827	131	71
5	3 625	2	580	6	4
91	68 000	265	53 858	76	63
121	86 656	303	69 415	149	92
141	99 271	293	72 722	57	7
111	78 283	394	101 836	2	2
-	-	23	2 285	1	-
137	93 697	674	156 725	68	16
19	14 475	61	13 335	8	2
4	2 765	21	4 901	-	-
10	7 046	4	911	15	15
4	2 789	8	2 294	2	-

2-23 全国公路营

地区	汽车数量合计（辆）	载客汽车				载			
				大型		合计		普通载货汽车	
		辆	客位	辆	客位	辆	吨位	辆	吨位
全国总计	**13 398 917**	**867 055**	**21 665 517**	**287 040**	**12 228 240**	**12 531 862**	**80 621 408**	**11 845 813**	**69 632 860**
北京	212 836	49 200	688 646	8 581	394 721	163 636	705 198	146 990	492 984
天津	123 974	9 342	357 103	6 776	299 865	114 632	304 727	105 222	227 420
河北	1 032 157	32 250	779 780	7 948	333 205	999 907	9 241 756	957 123	8 583 835
山西	424 072	14 764	410 503	4 993	201 800	409 308	4 179 485	399 292	4 056 289
内蒙古	359 773	12 768	398 179	6 440	262 507	347 005	2 946 074	335 123	2 806 429
辽宁	673 635	27 332	757 578	11 168	480 379	646 303	4 103 404	601 969	3 432 691
吉林	321 337	14 151	419 916	6 005	249 641	307 186	1 864 434	295 268	1 726 327
黑龙江	465 916	20 653	526 646	6 754	270 864	445 263	2 953 249	434 506	2 802 138
上海	195 989	21 508	548 591	9 677	449 771	174 481	1 698 934	139 567	904 925
江苏	659 825	44 221	1 639 611	30 258	1 404 524	615 604	5 254 975	535 764	4 023 469
浙江	540 580	33 348	1 032 800	15 421	671 547	507 232	2 534 201	464 367	1 666 958
安徽	647 425	38 143	946 386	10 810	464 043	609 282	4 318 585	585 617	4 015 249
福建	256 579	20 328	531 908	7 487	308 772	236 251	1 477 468	210 810	932 411
江西	322 099	18 953	492 156	5 458	228 158	303 146	1 821 929	289 766	1 649 413
山东	1 050 897	34 723	1 016 987	15 939	625 489	1 016 174	8 671 807	952 055	7 329 581
河南	998 012	49 472	1 400 262	15 447	675 243	948 540	6 445 077	928 100	6 148 728
湖北	407 847	42 075	894 766	8 470	341 293	365 772	1 588 247	346 729	1 356 965
湖南	436 650	46 862	1 075 748	10 926	450 653	389 788	1 767 915	365 707	1 462 165
广东	906 641	43 963	1 618 126	30 402	1 355 307	862 678	4 320 857	795 120	2 941 441
广西	385 696	34 362	905 561	13 966	568 006	351 334	1 789 790	339 811	1 598 077
海南	61 689	5 800	157 897	2 133	82 559	55 889	207 753	54 255	187 152
重庆	255 784	22 638	578 403	6 876	301 325	233 146	1 112 363	220 202	987 773
四川	617 722	52 116	1 139 068	9 805	383 780	565 606	2 337 831	542 779	2 067 497
贵州	252 235	29 627	598 186	4 412	187 854	222 608	754 429	215 582	700 410
云南	555 542	48 766	774 035	6 884	265 798	506 776	1 854 055	498 796	1 767 831
西藏	33 566	5 096	103 533	1 327	52 925	28 470	182 310	27 271	165 406
陕西	357 336	29 405	585 096	6 235	248 221	327 931	1 958 003	315 904	1 811 506
甘肃	237 221	18 819	405 846	4 471	176 723	218 402	988 821	210 818	901 411
青海	89 281	4 020	84 626	1 098	44 638	85 261	425 007	82 284	396 087
宁夏	125 528	5 820	160 423	2 533	109 267	119 708	869 615	116 402	817 147
新疆	391 073	36 530	637 151	8 340	339 362	354 543	1 943 109	332 614	1 673 145

运车辆拥有量

货汽车		专用载货汽车		专用载货汽车中集装箱车		其他机动车		轮胎式拖拉机	
大型									
辆	吨位	辆	吨位	辆	TEU	辆	吨位	辆	吨位
4 095 245	58 176 420	686 049	10 988 548	156 073	286 479	1 401 646	1 371 331	473 361	580 378
38 016	335 663	16 646	212 214	1 782	3 620	–	–	–	–
10 834	102 712	9 410	77 307	1 023	2 046	–	–	–	–
406 842	7 706 338	42 784	657 921	1 876	3 179	126 507	122 174	13 281	15 684
215 077	3 768 036	10 016	123 196	38	41	8 547	9 827	674	868
164 478	2 522 071	11 882	139 645	193	307	23 396	31 300	132	185
181 656	2 831 327	44 334	670 713	8 812	16 909	101 268	93 154	1 248	3 719
106 616	1 460 503	11 918	138 107	57	80	8 739	9 652	300	1 154
148 286	2 310 915	10 757	151 111	806	799	6 340	7 466	–	–
63 535	759 563	34 914	794 009	19 520	38 822	–	–	–	–
258 198	3 553 649	79 840	1 231 506	8 866	16 273	–	–	–	–
94 150	1 226 640	42 865	867 243	19 277	37 713	56	59	–	–
238 039	3 499 546	23 665	303 336	568	1 018	195 121	216 335	25 997	31 364
52 875	741 738	25 441	545 057	13 914	22 790	4 116	5 012	2 573	2 914
117 834	1 357 033	13 380	172 516	587	1 241	79 149	85 396	707	904
389 638	6 469 666	64 119	1 342 226	24 798	41 136	257 200	243 421	53 127	83 604
348 616	5 233 929	20 440	296 349	426	803	347 381	326 981	110 865	181 201
97 059	989 938	19 043	231 282	213	416	20 524	32 612	5 647	6 519
111 268	1 092 691	24 081	305 750	2 656	4 047	34 014	33 471	26 667	24 449
152 280	2 065 911	67 558	1 379 416	44 851	87 183	5 906	4 374	1 572	1 572
112 040	1 295 197	11 523	191 713	1 414	1 853	67 485	23 158	161 762	157 405
12 657	129 727	1 634	20 601	274	381	6 500	3 783	8 121	6 315
75 028	793 572	12 944	124 590	2 550	3 210	3	3	1 075	1 038
141 984	1 502 720	22 827	270 334	1 486	2 488	–	–	46 125	44 008
51 222	452 987	7 026	54 019	–	–	–	–	–	–
123 266	1 237 326	7 980	86 224	–	–	909	302	6 721	7 121
17 245	148 012	1 199	16 904	–	–	–	–	–	–
106 997	1 504 699	12 027	146 497	86	124	106 517	119 655	6 767	10 354
72 841	650 977	7 584	87 410	–	–	1 968	3 196	–	–
27 183	319 961	2 977	28 920	–	–	–	–	–	–
45 771	743 833	3 306	52 468	–	–	–	–	–	–
113 714	1 369 540	21 929	269 964	–	–	–	–	–	–

2-24 公路客、货运输量

地 区	客运量 （万人）	旅客周转量 （万人公里）	货运量 （万吨）	货物周转量 （万吨公里）
全国总计	3 557 010	184 675 460	3 188 475	595 348 647
北　京	132 333	3 047 757	24 925	1 397 736
天　津	24 483	1 504 338	27 735	3 181 778
河　北	97 218	5 781 684	195 530	61 334 734
山　西	33 662	2 306 121	73 150	12 022 480
内蒙古	23 310	2 640 394	125 260	32 998 233
辽　宁	90 650	4 271 836	174 355	26 754 397
吉　林	66 175	3 067 562	47 130	9 740 552
黑龙江	41 551	2 968 116	47 465	9 290 352
上　海	3 748	1 127 151	42 911	2 881 960
江　苏	255 358	14 183 886	153 698	14 524 488
浙　江	220 517	9 211 780	113 393	15 255 891
安　徽	206 888	13 276 815	259 461	72 667 708
福　建	75 044	3 685 245	59 431	7 710 868
江　西	77 650	3 718 895	113 703	25 597 786
山　东	254 711	13 099 518	296 754	70 592 234
河　南	197 785	13 095 846	251 772	68 630 071
湖　北	118 369	8 040 718	97 136	15 654 466
湖　南	174 386	8 539 604	166 670	23 924 942
广　东	556 510	24 701 065	189 034	24 349 487
广　西	86 449	8 579 786	135 112	18 782 932
海　南	44 374	1 476 315	16 600	1 093 533
重　庆	152 249	4 706 255	71 272	7 318 521
四　川	266 338	10 047 117	158 396	13 251 917
贵　州	77 172	4 268 009	44 892	4 645 614
云　南	44 839	4 701 960	63 239	7 025 120
西　藏	3 739	232 044	1 042	278 732
陕　西	105 647	4 885 548	104 593	17 446 452
甘　肃	61 884	2 864 380	39 517	8 946 320
青　海	12 100	595 000	9 700	2 810 000
宁　夏	15 666	796 893	32 646	7 001 227
新　疆	36 206	3 253 821	51 954	8 238 116

2-25 交通拥挤度情况

地区	交通拥挤度				
	国道	国家高速公路	普通国道	省道	高速公路
全国合计	**0.47**	**0.37**	**0.64**	**0.54**	**0.35**
北　京	0.88	0.67	1.21	0.84	0.92
天　津	0.90	0.41	1.39	0.49	0.42
河　北	0.70	0.50	0.81	0.69	0.43
山　西	0.75	0.36	0.83	0.81	0.35
内蒙古	0.33	0.35	0.32	0.33	0.35
辽　宁	0.38	0.30	0.55	0.36	0.27
吉　林	0.26	0.17	0.35	0.26	0.17
黑龙江	0.18	0.13	0.27	0.23	0.12
上　海	0.87	0.82	1.10	1.02	0.84
江　苏	0.54	0.54	0.54	0.36	0.43
浙　江	0.65	0.54	0.88	0.88	0.53
安　徽	0.55	0.37	0.73	0.62	0.37
福　建	0.30	0.18	1.01	0.62	0.17
江　西	0.44	0.31	0.67	0.40	0.28
山　东	0.59	0.54	0.67	0.67	0.49
河　南	0.38	0.32	0.81	0.32	0.27
湖　北	0.61	0.36	0.76	0.53	0.34
湖　南	0.51	0.40	0.81	0.68	0.34
广　东	0.72	0.55	1.02	0.81	0.52
广　西	0.55	0.36	0.75	0.53	0.35
海　南	0.57	0.30	1.23	0.87	0.30
重　庆	0.30	0.23	0.42	0.35	0.23
四　川	0.43	0.45	0.42	0.44	0.45
贵　州	0.43	0.28	0.72	0.62	0.27
云　南	0.55	0.26	1.00	1.85	0.26
西　藏	0.21	-	0.21	0.30	-
陕　西	0.41	0.35	0.63	0.49	0.33
甘　肃	0.32	0.23	0.47	0.39	0.22
青　海	0.23	0.31	0.22	0.14	0.19
宁　夏	0.26	0.22	0.44	0.44	0.22
新　疆	0.39	0.35	0.41	0.41	0.30

2-26 道路运输

地 区	道路运输经营许可证在册数（张）	道路货物运输经营业户数			
		合 计	普通货运	货物专用运输	集装箱运输
总 计	8 072 995	7 515 938	6 869 409	49 544	14 923
北 京	59 371	52 412	51 683	2 385	604
天 津	22 859	17 355	17 295	1 152	662
河 北	561 496	438 234	390 460	5 325	138
山 西	250 816	239 126	230 087	192	4
内蒙古	223 183	215 056	214 108	724	62
辽 宁	370 221	349 941	346 330	2 836	497
吉 林	212 379	202 164	201 609	416	27
黑龙江	277 395	261 696	260 362	750	66
上 海	44 428	37 456	36 254	2 932	1 479
江 苏	376 258	375 588	370 180	7 669	1 432
浙 江	320 168	307 382	304 512	3 096	1 049
安 徽	195 881	185 691	184 456	892	107
福 建	129 408	119 552	119 095	1 207	865
江 西	169 735	159 766	155 521	254	3
山 东	737 126	712 722	587 375	2 486	1 207
河 南	750 526	708 293	389 669	1 016	137
湖 北	237 557	218 097	216 350	1 531	153
湖 南	406 587	373 296	345 744	3 379	652
广 东	706 085	657 143	654 706	7 251	5 264
广 西	335 010	319 594	303 503	1 254	218
海 南	59 901	50 487	31 816	92	35
重 庆	91 745	90 690	90 468	563	164
四 川	433 580	404 049	401 731	1 086	73
贵 州	149 213	141 759	141 596	87	–
云 南	426 251	390 671	382 143	136	13
西 藏	17 871	15 557	15 508	3	–
陕 西	149 470	140 596	96 196	70	12
甘 肃	83 081	74 056	73 575	208	–
青 海	60 427	57 612	57 534	14	–
宁 夏	83 907	80 543	80 401	10	–
新 疆	131 060	119 354	119 142	528	–

资料来源：交通运输部道路运输司。

注：2010 年，交通运输部建立了城市客运统计报表制度，为避免重复统计，道路运输统计报表制度中的道路旅客运输经营业户统计范围不

经营业户数

（户）		道路旅客运输经营业户数（户）			
大型物件运输	危险货物运输	合计	班车客运	旅游客运	包车客运
7 963	10 122	55 524	50 987	1 632	2 581
385	208	100	15	85	-
60	187	201	98	-	130
1 584	608	4 242	4 195	42	40
14	201	459	404	55	-
12	244	1 484	1 440	14	46
153	779	1 470	1 260	-	216
27	271	2 351	2 254	76	30
187	426	4 942	4 733	84	133
153	266	144	38	-	144
3 614	929	670	358	262	368
76	635	603	470	1	269
135	235	2 833	2 762	73	2
15	194	449	286	161	23
71	244	939	880	57	28
282	766	813	662	1	204
158	291	703	654	61	46
51	271	6 959	6 819	84	228
211	328	10 720	10 031	77	117
136	871	882	670	-	303
92	172	1 717	843	73	144
2	28	94	74	15	5
163	150	458	442	-	24
45	362	1 368	1 317	69	22
8	186	661	612	58	23
35	155	7 756	7 335	84	7
3	58	56	30	28	-
36	305	313	282	37	-
71	202	228	194	33	1
38	39	834	813	21	-
6	135	80	72	8	9
140	376	995	944	73	19

包含公共汽电车和出租汽车部分的内容。

2-27 道路运输相

地区	业户合计	站场	客运站	货运站（场）	机动车维修	汽车综合性能检测
总计	565 609	31 569	27 985	3 598	440 459	2 080
北京	6 870	26	11	15	6 184	14
天津	5 321	61	27	34	5 237	23
河北	20 729	531	210	321	16 578	188
山西	11 244	203	148	55	9 850	90
内蒙古	17 816	690	630	60	15 383	49
辽宁	18 891	566	448	118	14 869	69
吉林	9 072	156	101	55	7 043	63
黑龙江	10 900	1 134	1 010	124	8 170	103
上海	6 838	131	34	97	6 458	18
江苏	33 507	2 658	1 962	696	21 758	89
浙江	40 785	685	496	190	29 214	78
安徽	16 317	5 248	5 167	81	9 170	72
福建	10 279	2 158	2 148	10	7 365	45
江西	13 681	931	874	57	10 179	68
山东	29 611	965	464	511	22 321	150
河南	41 632	2 273	2 169	104	31 816	94
湖北	17 237	1 028	965	63	11 810	79
湖南	20 259	1 171	1 148	23	15 151	88
广东	65 822	1 182	951	231	53 814	136
广西	21 779	739	679	60	20 118	56
海南	6 433	83	66	17	4 253	27
重庆	10 436	321	321	-	9 794	-
四川	34 029	3 885	3 869	17	27 300	88
贵州	11 562	661	658	3	9 604	72
云南	32 812	578	513	66	26 139	80
西藏	2 727	97	91	6	2 407	11
陕西	16 436	1 028	998	31	12 258	57
甘肃	10 413	625	560	65	7 865	31
青海	2 671	120	116	4	2 139	17
宁夏	6 868	147	143	4	5 496	17
新疆	12 632	1 488	1 008	480	10 716	108

资料来源：交通运输部道路运输司。

关业务经营业户数

单位：户

机动车驾驶员培训	汽车租赁	其他	客运代理	物流服务	货运代办	信息配载
11 557	3 982	81 140	1 813	18 145	34 498	23 246
-	635	11	11	-	-	-
-	-	-	-	-	-	-
649	49	2 926	9	806	876	1 127
275	3	823	-	332	181	299
396	17	1 344	4	507	288	445
470	222	2 696	1	259	733	1 708
399	-	1 471	14	465	290	702
298	17	1 222	150	63	317	692
194	37	-	-	-	-	-
712	172	8 531	1	346	4 921	2 093
635	467	10 949	725	1 392	6 558	2 294
230	106	1 666	162	1 030	170	320
529	46	136	26	45	64	1
436	61	2 066	11	723	813	514
578	105	6 134	29	2 110	1 521	2 330
841	-	6 608	50	1 907	1 679	3 234
399	81	4 288	83	1 090	2 370	1 286
655	5	3 442	55	540	1 577	1 166
752	105	10 023	61	2 915	6 454	592
398	-	914	21	156	374	188
62	73	2 051	9	473	171	3
321	-	-	-	-	-	-
443	183	2 571	303	720	1 010	826
274	-	951	1	101	665	184
386	798	4 917	18	545	1 860	1 101
36	10	190	6	49	100	35
390	558	2 180	23	1 394	388	364
336	140	1 470	40	129	625	676
67	18	316	-	19	50	229
59	74	1 120	-	27	325	771
337	-	124	-	2	118	66

2-28 道路客

地区	客运线路条数（条）					
	合计	高速公路客运线路	跨省线路	跨地（市）线路	跨县线路	县内线路
总计	177 178	27 115	17 824	37 302	34 718	87 334
北京	1 161	554	814	-	32	315
天津	915	164	525	165	-	225
河北	9 071	450	1 761	1 050	2 652	3 608
山西	4 860	642	679	858	1 004	2 319
内蒙古	5 618	294	852	855	1 339	2 572
辽宁	7 052	627	489	1 608	1 833	3 122
吉林	5 948	246	365	786	1 032	3 765
黑龙江	7 489	671	234	1 194	1 507	4 554
上海	3 383	2 990	3 383	-	-	-
江苏	8 939	924	2 803	3 176	1 214	1 746
浙江	7 694	805	2 390	1 217	683	3 404
安徽	10 112	1 006	2 252	2 010	1 292	4 558
福建	5 445	1 222	963	1 159	1 052	2 271
江西	6 907	560	1 198	1 309	860	3 540
山东	9 916	2 229	1 596	3 002	2 169	3 149
河南	9 717	850	2 249	2 201	1 755	3 512
湖北	9 388	1 261	1 262	1 922	1 545	4 659
湖南	12 478	1 419	1 759	2 256	2 673	5 790
广东	13 811	3 497	3 972	4 574	1 582	3 683
广西	7 527	1 473	1 762	1 638	1 425	2 702
海南	639	288	161	102	144	232
重庆	4 895	833	743	-	973	3 179
四川	10 977	1 690	944	1 445	2 121	6 467
贵州	6 969	723	667	827	1 386	4 089
云南	6 231	604	334	1 084	1 075	3 738
西藏	371	-	15	64	116	176
陕西	6 069	507	667	986	1 149	3 267
甘肃	4 475	372	393	735	976	2 371
青海	802	41	96	147	102	457
宁夏	2 065	114	285	322	213	1 245
新疆	4 077	59	34	610	814	2 619

运线路班次

客运线路平均日发班次（班次／日）					
合　计		跨省线路	跨地（市）线路	跨县线路	县内线路
	高速公路客运线路				
1 763 911	**104 325**	**59 351**	**182 268**	**348 862**	**1 173 439**
2 091	1 275	2 091	–	–	–
8 985	239	775	2 410	–	5 800
77 784	2 120	5 853	4 804	22 263	44 864
25 280	1 839	1 035	2 875	6 151	15 219
14 148	468	1 198	1 776	3 731	7 443
47 758	1 668	466	4 532	12 237	30 523
33 417	725	567	2 361	6 730	23 759
28 352	1 603	478	2 572	8 863	16 439
3 350	2 963	3 350	–	–	–
76 227	2 217	3 772	4 475	12 566	55 414
175 481	4 092	4 273	10 778	28 387	132 044
75 218	1 874	4 056	7 053	13 021	51 089
58 847	3 490	891	4 078	17 770	36 108
52 415	1 622	1 556	4 048	9 702	37 109
75 941	6 152	2 991	12 470	20 682	39 798
117 519	1 628	3 837	11 478	20 687	81 518
79 298	5 954	2 621	9 380	13 342	53 956
111 286	2 136	1 901	4 482	23 850	81 054
108 536	31 381	6 132	42 074	20 899	39 432
91 716	5 216	3 313	8 773	20 392	59 238
12 388	2 859	213	3 644	1 813	6 718
87 510	3 928	1 738	–	11 031	74 741
130 429	8 013	2 141	12 138	22 587	93 563
63 197	3 209	1 257	3 980	13 304	44 656
62 464	2 559	593	4 605	7 956	49 310
588	–	11	194	170	214
51 987	2 426	859	6 420	9 923	34 786
23 480	1 389	700	2 427	5 784	14 570
9 721	444	211	1 339	1 538	6 633
8 401	433	459	1 511	1 589	4 842
50 097	403	13	5 591	11 894	32 599

2-29 道路运输从业人员数

单位：人

地区	从业人员数合计	道路货物运输	道路旅客运输	站（场）经营	机动车维修经营	汽车综合性能检测站	机动车驾驶员培训	汽车租赁	其他相关业务经营
总　计	27 678 686	20 100 037	3 113 601	467 140	2 819 218	44 353	688 586	35 191	410 560
北　京	397 202	286 366	19 386	1 446	84 974	327	–	4 696	7
天　津	462 906	363 883	22 974	1 576	74 138	335	–	–	–
河　北	1 605 934	1 366 695	77 862	18 331	94 856	4 077	28 052	179	15 882
山　西	945 504	782 695	40 102	9 086	88 274	1 633	17 205	77	6 432
内蒙古	678 981	512 328	78 164	8 418	56 799	706	19 233	49	3 284
辽　宁	1 441 543	1 092 328	194 464	11 330	113 479	1 809	20 096	4 033	4 004
吉　林	533 287	420 370	47 344	7 634	39 079	716	15 274	–	2 870
黑龙江	715 694	600 662	40 471	11 980	46 047	1 442	11 043	806	3 243
上　海	546 908	436 394	17 587	1 883	55 825	508	22 873	11 838	–
江　苏	1 462 796	1 064 272	170 318	22 062	145 443	2 259	46 276	1 167	10 999
浙　江	1 028 193	650 134	86 359	33 510	183 449	2 125	44 447	2 349	25 820
安　徽	1 005 521	755 553	128 267	19 860	74 703	2 031	19 401	643	5 063
福　建	468 431	287 806	74 997	8 531	60 594	1 314	34 739	230	220
江　西	753 619	586 525	59 921	12 291	63 641	1 288	17 071	218	12 664
山　东	2 385 200	1 924 290	142 269	54 862	164 544	3 027	52 003	411	43 794
河　南	2 860 970	2 177 519	202 770	47 970	228 042	5 326	33 731	–	165 612
湖　北	906 676	631 638	156 672	24 395	66 765	1 397	21 993	287	3 529
湖　南	825 476	541 059	123 492	24 509	82 633	1 585	27 572	502	24 124
广　东	1 850 802	982 065	378 753	42 079	366 800	2 759	60 697	859	16 790
广　西	1 128 620	716 009	311 610	14 719	55 858	931	21 670	–	7 823
海　南	147 555	68 143	34 311	2 392	24 307	291	4 442	891	12 778
重　庆	525 802	365 876	79 629	8 093	53 929	–	18 275	–	–
四　川	1 259 650	814 805	193 833	23 288	178 987	2 452	36 962	665	8 658
贵　州	452 607	274 631	79 741	14 500	51 221	1 283	27 836	–	3 395
云　南	861 688	634 241	73 531	10 342	103 449	1 286	24 610	2 336	11 893
西　藏	92 206	46 477	26 705	2 422	15 370	102	728	39	363
陕　西	743 969	524 377	82 490	10 357	81 502	654	35 505	2 078	7 006
甘　肃	450 174	320 545	52 268	8 004	48 282	457	9 975	527	10 116
青　海	219 312	172 747	18 238	1 418	22 144	411	2 459	114	1 781
宁　夏	231 850	186 686	14 725	2 077	21 830	384	3 778	197	2 173
新　疆	689 610	512 918	84 348	7 775	72 254	1 438	10 640	–	237

注：2010年，交通运输部建立了城市客运统计报表制度，为避免重复统计，道路运输统计报表制度中的从业人员统计范围不包含公共汽电车和出租汽车部分的内容。

2-30 汽车维修业及汽车综合性能检测站

单位：户

地区	机动车维修业户数				
	合计	一类汽车维修	二类汽车维修	三类汽车维修	摩托车维修
总计	440 459	13 235	64 452	281 884	76 907
北京	6 184	727	1 971	3 428	58
天津	5 237	223	1 165	3 813	36
河北	16 578	310	3 143	11 321	1 736
山西	9 850	263	1 710	7 670	205
内蒙古	15 383	294	1 368	12 636	992
辽宁	14 869	931	3 470	9 724	683
吉林	7 043	133	891	5 726	281
黑龙江	8 170	299	1 471	6 057	339
上海	6 458	168	2 188	3 266	836
江苏	21 758	1 520	4 256	12 873	3 057
浙江	29 214	1 027	3 766	18 262	5 891
安徽	9 170	287	1 752	5 238	1 818
福建	7 365	416	1 599	3 532	1 818
江西	10 179	292	1 422	6 312	2 152
山东	22 321	450	4 790	14 964	1 828
河南	31 816	841	3 247	22 664	5 064
湖北	11 810	708	1 776	7 585	1 708
湖南	15 151	865	2 802	8 523	2 420
广东	53 814	1 005	5 713	27 854	18 223
广西	20 118	141	1 559	9 983	7 520
海南	4 253	40	263	1 749	1 903
重庆	9 794	309	1 325	6 401	1 758
四川	27 300	713	4 162	17 524	4 778
贵州	9 604	330	1 149	7 260	835
云南	26 139	339	1 956	17 631	6 178
西藏	2 407	79	218	1 733	376
陕西	12 258	316	2 089	7 487	2 318
甘肃	7 865	127	1 042	6 121	575
青海	2 139	34	327	1 496	282
宁夏	5 496	21	362	4 718	394
新疆	10 716	27	1 500	8 333	845

2-30 （续表一）

地区	机动车维修业年完成主要工作量（辆次、台次）					
	合计	整车修理	总成修理	二级维护	专项修理	维修救援
总 计	297 118 820	2 141 370	7 139 070	38 042 506	227 167 567	3 887 274
北 京	13 517 713	7 784	19 238	270 157	13 016 431	204 103
天 津	5 353 837	84 615	173 494	1 693 074	3 402 654	–
河 北	7 591 272	58 407	263 297	2 003 611	4 896 045	84 112
山 西	4 802 287	10 608	114 092	847 206	3 830 381	64 923
内蒙古	5 103 047	40 401	198 700	561 734	3 860 064	9 262
辽 宁	23 438 528	111 633	524 277	1 159 695	20 569 532	65 238
吉 林	4 645 779	13 591	51 475	419 145	4 146 328	19 525
黑龙江	8 330 736	37 177	401 447	527 717	7 395 735	19 131
上 海	8 879 192	2 800	3 508	182 209	510 997	–
江 苏	36 068 394	97 180	476 240	1 989 480	32 376 214	182 505
浙 江	30 864 726	109 580	531 665	3 224 731	23 369 917	374 264
安 徽	3 644 557	11 417	496 498	1 100 472	1 987 971	61 041
福 建	3 998 527	39 904	115 036	1 441 056	2 331 216	54 469
江 西	3 337 761	46 415	198 365	1 008 638	2 031 589	42 664
山 东	15 428 585	277 559	611 499	2 961 053	11 316 058	270 906
河 南	12 280 027	222 380	490 926	3 632 787	7 785 668	286 931
湖 北	8 483 725	158 784	317 944	2 777 806	4 989 251	100 401
湖 南	5 642 622	76 414	230 365	1 274 885	3 400 764	99 703
广 东	14 898 482	232 455	555 205	1 986 618	11 267 982	881 120
广 西	8 064 568	33 370	81 258	698 109	6 999 210	45 374
海 南	3 789 864	16 024	68 811	181 529	3 607 312	172 552
重 庆	3 599 614	49 351	134 444	542 224	2 795 726	77 869
四 川	26 495 735	209 923	493 925	3 369 792	17 985 136	487 790
贵 州	5 479 930	37 850	121 064	617 066	4 523 788	57 355
云 南	20 375 647	51 230	129 448	1 242 492	18 777 891	133 992
西 藏	161 739	1 590	3 272	70 971	77 055	2 057
陕 西	4 081 464	23 490	53 805	613 185	3 248 844	31 284
甘 肃	2 472 622	9 176	47 727	626 290	1 773 829	15 600
青 海	1 163 838	7 981	51 911	202 901	882 852	8 903
宁 夏	2 083 833	6 642	19 672	210 401	1 844 655	8 492
新 疆	3 040 169	55 639	160 462	605 472	2 166 472	25 708

2-30 （续表二）

地区	汽车综合性能检测站数量合计（个）	汽车综合性能检测站年完成检测量（辆次）						
		合计	维修竣工检测	等级评定检测	维修质量监督检测	其他检测	排放检测	质量仲裁检测
总　计	2 080	28 914 491	15 413 003	10 359 997	752 526	2 830 278	1 808 131	8 761
北　京	14	210 963	82 663	126 736	977	587	–	250
天　津	23	175 620	–	78 566	97 054	–	–	–
河　北	188	2 287 919	1 501 168	715 543	79 925	102 007	63 860	432
山　西	90	829 643	489 677	270 756	6 627	62 583	42 385	11
内蒙古	49	620 444	327 058	242 007	2 807	58 200	54 298	614
辽　宁	69	1 015 007	292 214	591 140	5 837	128 789	116 113	–
吉　林	63	430 709	177 165	240 027	3 067	16 434	10 056	2
黑龙江	103	666 386	370 143	281 484	21 548	15 164	1 259	285
上　海	18	268 735	235 580	158 477	–	376	–	–
江　苏	89	2 330 886	1 403 392	416 562	19 927	607 997	325 591	27
浙　江	78	1 307 740	574 215	459 920	11 973	316 486	129 090	3 494
安　徽	72	1 194 697	723 444	407 158	3 232	17 365	151	77
福　建	45	767 346	549 450	212 536	377	40 731	40 731	–
江　西	68	381 044	163 072	196 296	9 853	8 745	4 189	532
山　东	150	2 928 830	1 652 890	940 570	124 780	311 845	190 801	1
河　南	94	3 630 699	2 049 665	894 397	46 749	337 735	325 284	781
湖　北	79	862 545	417 227	314 996	31 592	99 178	45 648	161
湖　南	88	1 213 523	687 430	330 073	40 259	182 036	86 342	520
广　东	136	2 010 812	802 427	922 583	63 128	172 674	169 301	598
广　西	56	640 162	265 554	357 923	35 660	83 243	39 962	–
海　南	27	251 564	101 120	47 940	21 325	24 605	23 664	439
重　庆	–	–	–	–	–	–	–	–
四　川	88	1 273 029	648 352	603 029	33 074	111 039	72 517	47
贵　州	72	282 084	102 458	117 885	42 852	31 893	28 331	–
云　南	80	1 311 283	792 958	509 177	1 662	4 731	425	–
西　藏	11	76 399	32 399	22 706	1	27 803	–	421
陕　西	57	409 703	193 196	210 318	16 636	14 149	9 963	–
甘　肃	31	297 748	78 310	202 557	16 332	549	549	–
青　海	17	220 392	128 284	86 951	959	4 061	–	42
宁　夏	17	152 435	31 107	105 125	5 788	11 498	10 355	–
新　疆	108	866 144	540 385	296 559	8 525	37 775	17 266	27

2-31 2012年、2011年

地区	货物运输				年出入境辆次	年C种许可证使用量
	年运输量合计		出境			
	吨	吨公里	吨	吨公里	辆次	张
2012年总计	33 715 761	2 382 168 494	9 588 973	1 093 434 508	1 330 771	430 721
内蒙古	22 433 988	829 164 633	2 620 209	42 646 616	451 630	163 940
辽宁	344 550	689 100	344 550	-	23 250	-
吉林	615 144	17 663 905	180 390	7 254 865	88 343	3 810
黑龙江	1 332 943	55 312 917	898 189	41 051 334	84 314	43 684
广西	907 000	7 256 000	907 000	7 256 000	18 344	18 344
云南	4 033 680	227 892 701	2 375 607	126 054 367	431 740	103 780
西藏	-	-	-	-	-	-
新疆	4 048 456	1 244 189 238	2 263 028	869 171 326	233 150	97 163
2011年总计	35 316 538	2 165 548 935	8 143 453	946 535 660	1 212 652	452 070
内蒙古	24 004 835	970 682 536	1 996 791	52 562 371	425 166	147 543
辽宁	356 450	712 900	356 450	-	21 120	-
吉林	1 084 537	32 992 319	402 871	17 534 557	61 218	4 305
黑龙江	1 169 308	58 397 565	856 993	39 466 764	75 060	38 356
广西	799 250	7 474 500	799 250	7 474 500	15 680	15 680
云南	4 476 503	225 945 700	1 786 629	114 736 616	436 633	135 968
西藏	-	-	-	-	-	-
新疆	3 425 655	869 343 415	1 944 469	714 760 852	177 775	110 218

资料来源：交通运输部道路运输司。

出入境汽车运输对比表

旅客运输				年出入境辆次	年A种许可证使用量	年B种许可证使用量
年运输量合计		出 境				
人次	人公里	人次	人公里	辆次	张	张
8 542 429	439 483 436	3 921 331	214 986 549	708 107	1 368	88 616
2 712 389	45 225 955	1 307 839	20 286 383	129 435	90	38 442
28 040	56 080	28 040	56 080	3 240	—	—
528 426	31 601 600	262 468	15 703 832	12 449	32	1 754
1 204 781	45 875 065	577 237	22 148 195	46 563	68	4 004
121 360	4 978 650	121 360	4 978 650	—	—	—
3 262 102	92 622 501	1 289 054	45 774 660	487 836	30	39 186
—	—	—	—	—	—	—
685 331	219 123 585	335 333	106 038 749	28 584	1 148	5 230
8 159 388	355 893 378	4 198 227	180 482 334	633 508	1 382	72 678
2 522 681	51 542 655	1 271 669	21 775 192	102 189	55	26 744
30 950	61 900	30 950	61 900	3 168	—	—
429 170	25 621 262	221 571	13 221 915	11 888	32	1 281
1 284 088	46 317 430	635 259	21 853 701	49 445	68	4 915
122 016	5 005 560	122 016	5 005 560	—	—	—
3 086 073	126 156 066	1 568 959	65 870 270	431 506	29	33 633
346	323 969	145	133 019	26	4	—
684 064	100 864 536	347 658	52 560 777	35 286	1 194	6 105

2-32 出入境汽车运输——分国

行政区名称	货物运输				年出入境辆次	年C种许可证使用量
	年运输量合计		出境			
	吨	吨公里	吨	吨公里	辆次	张
中俄小计	**1 710 887**	**71 491 131**	**1 102 873**	**49 537 780**	**125 861**	**64 300**
黑龙江	1 332 943	55 312 917	898 189	41 051 334	84 314	43 684
吉 林	75 378	4 522 680	17 261	1 035 660	8 316	3 810
内蒙古	302 566	11 655 534	187 423	7 450 786	33 231	16 806
中朝小计	**884 316**	**13 830 325**	**507 679**	**6 219 205**	**103 277**	**—**
吉 林	539 766	13 141 225	163 129	6 219 205	80 027	—
辽 宁	344 550	689 100	344 550	—	23 250	—
中蒙小计	**23 965 799**	**978 751 681**	**2 544 170**	**48 391 756**	**471 714**	**151 811**
内蒙古	22 131 422	817 509 099	2 432 786	35 195 830	418 399	147 134
新 疆	1 834 377	161 242 582	111 384	13 195 926	53 315	4 677
中越小计	**2 194 389**	**37 462 636**	**2 002 465**	**12 949 281**	**79 423**	**77 190**
广 西	907 000	7 256 000	907 000	7 256 000	18 344	18 344
云 南	1 287 389	30 206 636	1 095 465	5 693 281	61 079	58 846
中 哈	1 120 084	335 044 604	1 104 972	333 903 661	101 467	58 781
中 吉	914 367	631 869 364	875 529	411 598 600	66 904	28 398
中 塔	131 574	90 996 554	125 704	86 799 420	8 222	3 641
中 巴	48 054	25 036 134	45 439	23 673 719	3 242	1 666
中 老	495 002	71 498 456	211 989	34 907 840	44 907	44 907
中 缅	2 251 289	126 187 609	1 068 153	85 453 246	325 754	27
中 尼	—	—	—	—	—	—
内地与港澳	**118 211 897**	**20 440 218 504**	**70 023 202**	**11 462 558 794**	**21 979 908**	**—**
广 西	—	—	—	—	—	—
广 东	118 211 897	20 440 218 504	70 023 202	11 462 558 794	21 979 908	—

家（特别行政区）运输完成情况

旅客运输				年出入境辆次	年A种许可证使用量	年B种许可证使用量
年运输量合计		出境				
人次	人公里	人次	人公里	辆次	张	张
1 810 471	68 871 320	879 948	33 563 674	80 343	136	10 501
1 204 781	45 875 065	577 237	22 148 195	46 563	68	4 004
320 421	19 225 260	158 903	9 534 180	11 625	32	1 754
285 269	3 770 995	143 808	1 881 299	22 155	36	4 743
236 045	12 432 420	131 605	6 225 732	4 064	–	–
208 005	12 376 340	103 565	6 169 652	824	–	–
28 040	56 080	28 040	56 080	3 240	–	–
2 578 331	51 945 777	1 239 853	23 639 536	112 612	58	36 553
2 427 120	41 454 960	1 164 031	18 405 084	107 280	54	33 699
151 211	10 490 817	75 822	5 234 452	5 332	4	2 854
135 446	6 739 400	121 360	4 978 650	4 085	–	4 066
121 360	4 978 650	121 360	4 978 650	–	–	–
14 086	1 760 750	–	–	4 085	–	4 066
513 053	197 590 846	248 878	95 134 380	21 108	1 114	2 011
13 586	7 134 321	7 291	3 928 735	1 235	17	3
–	–	–	–	–	–	–
7 481	3 907 601	3 342	1 741 182	909	13	362
140 839	26 487 524	62 423	9 345 109	57 410	30	35 120
3 107 177	64 374 227	1 226 631	36 429 551	426 341	–	–
–	–	–	–	–	–	–
12 627 632	2 689 277 847	6 069 398	1 103 712 471	653 246	–	–
21 500	8 600 000	21 500	8 600 000	360	–	–
12 606 132	2 680 677 847	6 047 898	1 095 112 471	652 886	–	–

2-33 出入境汽车运输

行政区名称	货物运输				年出入境辆次	年C种许可证使用量
	年运输量合计		出境			
	吨	吨公里	吨	吨公里	辆次	张
中俄小计	**416 448**	**17 918 644**	**217 583**	**9 667 900**	**27 914**	**15 278**
黑龙江	330 992	14 883 534	211 642	9 426 836	20 209	10 248
吉林	2 899	173 940	2 344	140 640	328	168
内蒙古	82 557	2 861 170	3 597	100 424	7 377	4 862
中朝小计	**708 384**	**11 880 700**	**498 973**	**6 081 637**	**96 207**	**－**
吉林	363 834	11 191 600	154 423	6 081 637	72 957	－
辽宁	344 550	689 100	344 550	－	23 250	－
中蒙小计	**3 050 650**	**178 552 499**	**1 109 854**	**16 148 416**	**62 174**	**9 173**
内蒙古	1 515 143	44 590 744	1 103 443	15 771 744	23 912	8 219
新疆	1 535 507	133 961 755	6 411	376 672	38 262	954
中越小计	**1 718 787**	**24 519 940**	**1 621 996**	**10 932 795**	**59 229**	**56 996**
广西	907 000	7 256 000	907 000	7 256 000	18 344	18 344
云南	811 787	17 263 940	714 996	3 676 795	40 885	38 652
中哈	353 272	100 076 922	353 230	99 974 486	31 782	11 863
中吉	482 639	199 118 064	465 434	187 907 800	35 557	14 252
中塔	84 939	58 688 849	84 895	58 658 445	4 744	2 274
中巴	47 930	24 971 530	45 439	23 673 719	3 218	1 654
中老	284 233	41 481 922	106 477	18 007 592	24 175	24 175
中缅	1 396 187	97 084 601	847 429	73 942 182	202 245	27
中尼	－	－	－	－	－	－
内地与港澳	**1 390 456**	**127 898 784**	**130 543**	**123 879 236**	**351 765**	**－**
广西	－	－	－	－	－	－
广东	1 390 456	127 898 784	130 543	123 879 236	351 765	－

——中方完成运输情况

旅 客 运 输				年出入境辆次	年A种许可证使用量	年B种许可证使用量
年运输量合计		出 境				
人次	人公里	人次	人公里	辆次	张	张
680 032	**26 760 687**	**349 912**	**13 909 949**	**37 273**	**89**	**6 855**
485 877	20 362 081	243 868	10 258 683	21 411	39	3 426
81 928	4 915 680	47 614	2 856 840	3 273	32	206
112 227	1 482 926	58 430	794 426	12 589	18	3 223
233 788	**12 295 110**	**130 312**	**6 154 120**	**3 826**	—	—
205 748	12 239 030	102 272	6 098 040	586	—	—
28 040	56 080	28 040	56 080	3 240	—	—
957 453	**22 600 959**	**476 768**	**8 016 958**	**11 150**	**10**	**834**
914 454	18 963 088	455 204	6 193 964	11 076	8	792
42 999	3 637 871	21 564	1 822 994	74	2	42
133 981	**6 556 275**	**121 360**	**4 978 650**	**3 908**	—	**3 889**
121 360	4 978 650	121 360	4 978 650	—	—	—
12 621	1 577 625	—	—	3 908	—	3 889
261 295	**126 219 805**	**133 829**	**63 612 470**	**11 387**	**414**	**79**
8 778	3 974 921	4 821	2 306 335	957	8	3
—	—	—	—	—	—	—
1 790	932 590	1 646	857 566	171	6	47
88 315	15 768 064	41 434	7 020 499	44 007	15	21 632
1 636 015	**36 660 882**	**848 087**	**25 380 026**	**223 821**	—	—
—	—	—	—	—	—	—
1 821 370	**261 591 280**	**916 066**	**149 838 769**	**88 058**	—	—
21 500	8 600 000	21 500	8 600 000	360	—	—
1 799 870	252 991 280	894 566	141 238 769	87 698	—	—

主要统计指标解释

公路里程 指报告期末公路的实际长度。计算单位：公里。公路里程包括城间、城乡间、乡（村）间能行驶汽车的公共道路，除公路通过之外的其他城市街道，公路桥梁长度、隧道长度、渡口宽度，不包括城市街道里程，农（林）业生产用道路里程，工（矿）企业等内部道路里程和断头路里程。公路里程按已竣工验收或交付使用的实际里程计算。

公路里程一般按以下方式分组：

按公路行政等级分为国道、省道、县道、乡道、专用公路和村道里程。

按是否达到公路工程技术标准分为等级公路里程和等外公路里程。等级公路里程按技术等级分为高速公路、一级公路、二级公路、三级公路、四级公路里程。

按公路路面类型分为有铺装路面、简易铺装路面和未铺装路面。有铺装路面含沥青混凝土、水泥混凝土路面。

公路养护里程 指报告期内对公路工程设施进行经常性或季节性养护和修理的公路里程数。凡进行养护的公路，不论工程量大小、养护方式如何，均纳入统计，包括拨给补助费由群众养护的公路里程。计算单位：公里。

公路密度 指报告期末一定区域内单位国土面积或人口所拥有的公路里程数。一般地，按国土面积计算，计算单位：公里/百平方公里；按人口计算，计算单位：公里/万人。

公路通达率 指报告期末一定区域内已通公路的行政区占本区域全部行政区的比重。计算单位：%。行政区一般指乡镇或行政村。

公路桥梁数量 指报告期末公路桥梁的实际数量。计算单位：座。按桥梁的跨径分为特大桥、大桥、中桥、小桥数量。

公路隧道数量 指报告期末公路隧道的实际数量。计算单位：处。按隧道长度分为特长隧道、长隧道、中隧道和短隧道数量。

公路营运车辆拥有量 指报告期末在各地交通运输管理部门登记注册的从事公路运输的车辆实有数量。计算单位：辆。

客运量 指报告期内运输车辆实际运送的旅客人数。计算单位：人。

旅客周转量 指报告期内运输车辆实际运送的每位旅客与其相应运送距离的乘积之和。计算单位：人公里。

货运量 指报告期内运输车辆实际运送的货物重量。计算单位：吨。

货物周转量 指报告期内运输车辆实际运送的每批货物重量与其相应运送距离的乘积之和。计算单位：吨公里。

道路运输行业经营业户数 指报告期末持有道路运政管理机构核发的有效道路运输经营许可证，从事道路运输经营活动的业户数量。计算单位：户。一般按道路运输经营许可证核定的经营范围分为道路货物运输、道路旅客运输、道路运输相关业务经营业户数。

交通拥挤度 是指机动车当量数与适应交通量的比值。根据《关于调整公路交通情况调查车型分类及折算系数的通知》（厅规划字[2010]205号）要求，从2012年起全国公路交通情况调查报表采用新的车型分类及折算系数进行计算，新旧车型及折算系数关系详见下表。

2012年当量小客车折算系数		2005年当量小客车折算系数	
车　　型	换算系数	车　　型	换算系数
小型货车	1.0	小型载货汽车	1.0
中型货车	1.5	中型载货汽车	1.5
大型货车	3.0	大型载货汽车	2.0
特大型货车	4.0	特大型载货汽车	3.0
		拖挂车	3.0
集装箱车	4.0	集装箱车	3.0
中小客车	1.0	小型客车	1.0
大客车	1.5	大型客车	1.5
摩托车	1.0	摩托车	1.0
拖拉机	4.0	拖拉机	4.0
		畜力车	4.0
		人力车	1.0
		自行车	0.2

三、水路运输

简 要 说 明

一、本篇资料反映我国水路基础设施、运输装备和水路运输发展的基本情况。主要包括：内河航道通航里程、运输船舶拥有量、水路旅客运输量、货物运输量、海上交通事故和搜救活动等。

二、水路运输按船舶航行区域分为内河、沿海和远洋运输。

三、本资料内河航道通航里程为年末通航里程，不含在建和未正式投入使用的航道里程，根据各省航道管理部门资料整理，由各省（区、市）交通运输厅（局、委）提供。

四、运输船舶拥有量根据各省航运管理部门登记的船舶资料整理，由各省（区、市）交通运输厅（局、委）提供。

五、水路运输量通过抽样调查和全面调查相结合的方法，按运输工具经营权和到达量进行统计，范围原则上为所有在交通运输主管部门审批备案，从事营业性旅客和货物运输生产的船舶。

六、船舶拥有量和水路运输量中不分地区是指国内运输企业的驻外机构船舶拥有量及其承运的第三国货物运输量。

七、海上险情及搜救活动统计范围是：由中国海上搜救中心、各省（区、市）海上搜救中心组织、协调或参与的搜救活动。表中"江河干流"指长江、西江、黑龙江干流；"险情等级"的划分主要根据遇险人数划定：死亡或失踪3人以下的为一般险情，3人到9人为较大险情，10人到29人为重大险情，30人及以上为特大险情，具体内容参见《国家海上搜救应急措施》——海上突发事件险情分级。

3-1 全国内河航道通航里程数（按技术等级分）

单位：公里

地区	总计	等级航道								等外航道
		合计	一级	二级	三级	四级	五级	六级	七级	
全国总计	124 995	63 719	1 395	3 014	5 485	8 366	8 160	19 275	18 023	61 276
北　京	-	-	-	-	-	-	-	-	-	-
天　津	88	88	-	-	-	47	-	42	-	-
河　北	-	-	-	-	-	-	-	-	-	-
山　西	467	139	-	-	-	-	118	21	-	328
内蒙古	2 403	2 380	-	-	-	555	201	1 070	555	23
辽　宁	413	413	-	-	56	-	140	217	-	-
吉　林	1 456	1 381	-	-	64	227	654	312	124	75
黑龙江	5 098	4 723	-	967	864	1 185	490	-	1 217	375
上　海	2 281	888	179	-	121	70	105	278	135	1 393
江　苏	24 270	8 266	370	436	688	784	960	2 436	2 593	16 004
浙　江	9 735	4 945	14	12	181	1 171	497	1 596	1 473	4 791
安　徽	5 623	5 041	343	-	394	380	674	2 538	712	582
福　建	3 245	1 269	108	20	52	264	205	46	574	1 977
江　西	5 638	2 349	78	-	342	87	240	443	1 160	3 289
山　东	1 144	1 057	-	-	272	72	57	390	265	88
河　南	1 267	1 150	-	-	-	178	264	431	278	117
湖　北	8 271	5 803	229	688	235	521	1 065	1 778	1 286	2 468
湖　南	11 495	4 126	-	80	497	417	395	1 520	1 217	7 369
广　东	12 097	4 668	65	1	832	381	398	1 134	1 857	7 429
广　西	5 479	3 352	-	295	277	531	65	1 445	740	2 127
海　南	343	76	9	-	-	7	1	22	37	267
重　庆	4 331	1 801	-	515	372	99	231	126	458	2 530
四　川	10 720	3 825	-	-	224	616	612	800	1 572	6 896
贵　州	3 442	2 094	-	-	-	243	326	941	584	1 348
云　南	3 158	2 422	-	-	14	531	239	863	776	735
西　藏	-	-	-	-	-	-	-	-	-	-
陕　西	1 066	558	-	-	-	-	9	300	248	508
甘　肃	914	381	-	-	-	-	217	13	152	533
青　海	421	409	-	-	-	-	-	409	-	12
宁　夏	130	115	-	-	-	-	-	105	11	15
新　疆	-	-	-	-	-	-	-	-	-	-

3-2 全国内河航道通航里程数（按水系分）

单位：公里

地区	总计	长江水系	长江干流	珠江水系	黄河水系	黑龙江水系	京杭运河	闽江水系	淮河水系	其他水系
全国总计	124 995	64 122	2 813	16 091	3 488	8 211	1 437	1 973	17 285	13 749
北京	-	-	-	-	-	-	-	-	-	-
天津	88	-	-	-	-	-	15	-	-	88
河北	-	-	-	-	-	-	-	-	-	-
山西	467	-	-	-	467	-	-	-	-	-
内蒙古	2 403	-	-	-	939	1 401	-	-	-	63
辽宁	413	-	-	-	-	256	-	-	-	157
吉林	1 456	-	-	-	-	1 456	-	-	-	-
黑龙江	5 098	-	-	-	-	5 098	-	-	-	-
上海	2 281	2 281	125	-	-	-	-	-	-	-
江苏	24 270	10 873	370	-	-	-	768	-	13 355	9
浙江	9 735	3 174	-	-	-	-	175	-	-	6 517
安徽	5 623	3 113	343	-	-	-	-	-	2 450	61
福建	3 245	-	-	-	-	-	-	1 973	-	1 272
江西	5 638	5 638	78	-	-	-	-	-	-	-
山东	1 144	-	-	-	198	-	480	-	897	49
河南	1 267	186	-	-	499	-	-	-	583	-
湖北	8 271	8 271	918	-	-	-	-	-	-	-
湖南	11 495	11 463	80	32	-	-	-	-	-	-
广东	12 097	-	-	8 333	-	-	-	-	-	3 764
广西	5 479	105	-	5 374	-	-	-	-	-	-
海南	343	-	-	343	-	-	-	-	-	-
重庆	4 331	4 331	675	-	-	-	-	-	-	-
四川	10 720	10 716	224	-	4	-	-	-	-	-
贵州	3 442	2 108	-	1 334	-	-	-	-	-	-
云南	3 158	939	-	676	-	-	-	-	-	1 543
西藏	-	-	-	-	-	-	-	-	-	-
陕西	1 066	738	-	-	328	-	-	-	-	-
甘肃	914	187	-	-	705	-	-	-	-	23
青海	421	-	-	-	231	-	-	-	-	190
宁夏	130	-	-	-	118	-	-	-	-	12
新疆	-	-	-	-	-	-	-	-	-	-

注：京杭运河航道里程中含长江等其他水系里程1 361公里。

3-3 全国内河航道通航里程数（按水域类型分）

单位：公里

地区	总计	天然河流及渠化河段航道	限制性航道	宽浅河流航道	山区急流河段航道	湖区航道	库区航道
全国总计	124 995	64 810	36 147	6 061	4 261	3 561	10 155
北京	-	-	-	-	-	-	-
天津	88	88	-	-	-	-	-
河北	-	-	-	-	-	-	-
山西	467	453	-	-	14	-	-
内蒙古	2 403	839	-	1 149	14	364	37
辽宁	413	413	-	-	-	-	-
吉林	1 456	572	-	165	102	-	617
黑龙江	5 098	36	-	4 734	85	176	67
上海	2 281	254	2 016	-	-	11	-
江苏	24 270	733	23 276	14	-	247	-
浙江	9 735	1 710	7 003	-	-	10	1 011
安徽	5 623	4 420	315	-	9	570	309
福建	3 245	2 747	53	-	305	-	140
江西	5 638	4 613	61	-	111	426	427
山东	1 144	331	549	-	-	264	-
河南	1 267	772	-	-	-	-	494
湖北	8 271	4 704	1 550	-	512	538	966
湖南	11 495	9 180	607	-	302	413	993
广东	12 097	11 040	670	-	-	-	387
广西	5 479	5 466	-	-	4	-	9
海南	343	268	-	-	-	-	75
重庆	4 331	3 179	16	-	356	6	775
四川	10 720	8 626	32	-	453	51	1 558
贵州	3 442	2 955	-	-	16	-	471
云南	3 158	40	-	-	1 569	281	1 267
西藏	-	-	-	-	-	-	-
陕西	1 066	1 036	-	-	-	-	30
甘肃	914	207	-	-	370	-	337
青海	421	12	-	-	36	190	184
宁夏	130	115	-	-	2	12	-
新疆	-	-	-	-	-	-	-

3-4 各水系内河航道通航里程数（按技术等级分）

单位：公里

技术等级	总计	长江水系	长江干流	珠江水系	黄河水系	黑龙江水系	京杭运河	淮河水系	闽江水系	其他水系
全国总计	124 995	64 122	2 813	16 091	3 488	8 211	1 437	17 285	1 973	13 749
等级航道	63 719	29 582	2 813	8 188	2 385	7 761	1 274	8 464	897	6 372
一级航道	1 395	1 199	1 145	16	–	–	–	–	50	130
二级航道	3 014	1 284	1 284	296	–	967	404	436	14	18
三级航道	5 485	2 075	384	1 123	73	967	242	1 070	–	177
四级航道	8 366	2 696	–	1 280	–	1 908	242	902	242	1 294
五级航道	8 160	3 996	–	494	519	1 344	98	1 039	135	629
六级航道	19 275	8 955	–	2 627	1 579	782	191	3 196	13	2 105
七级航道	18 023	9 378	–	2 353	214	1 793	97	1 822	444	2 018
等外航道	61 276	34 540	–	7 904	1 103	450	164	8 820	1 076	7 376

注：京杭运河航道里程中含长江等其他水系里程1 361公里。

3-5 各水域类型内河航道通航里程数（按技术等级分）

单位：公里

地区	总计	天然河流及渠化河段航道	限制性航道	宽浅河流航道	山区急流河段航道	湖区航道	库区航道
全国总计	124 995	64 810	36 147	6 061	4 261	3 561	10 155
等级航道	63 719	34 567	12 956	5 739	1 760	2 349	6 348
一级航道	1 395	1 395	–	–	–	–	–
二级航道	3 014	1 291	436	882	85	–	321
三级航道	5 485	3 603	827	928	45	45	36
四级航道	8 366	4 486	1 291	1 449	28	460	652
五级航道	8 160	3 955	1 724	743	315	357	1 066
六级航道	19 275	10 348	4 470	252	772	750	2 682
七级航道	18 023	9 489	4 207	1 486	515	736	1 591
等外航道	61 276	30 243	23 192	322	2 501	1 212	3 806

3-6 全国内河航道枢纽及通航建筑物数（按行政区域分）

地区	枢纽数量（处）		通航建筑物数量（座）			
		具有通航功能			正常使用	
			船闸	升船机	船闸	升船机
全国总计	**4 186**	**2 360**	**864**	**44**	**601**	**20**
北京	–	–	–	–	–	–
天津	6	6	5	–	1	–
河北	9	9	3	–	2	–
山西	1	–	–	–	–	–
内蒙古	2	–	–	–	–	–
辽宁	4	2	1	–	1	–
吉林	5	–	–	–	–	–
黑龙江	2	–	–	–	–	–
上海	101	95	57	–	52	–
江苏	682	580	107	–	104	–
浙江	317	290	50	17	45	10
安徽	97	49	42	–	31	–
福建	148	29	20	1	12	1
江西	83	22	19	2	11	1
山东	42	19	15	–	11	–
河南	35	3	3	–	–	–
湖北	167	55	38	4	35	–
湖南	488	150	133	13	48	4
广东	1 211	880	200	–	149	–
广西	132	41	38	3	18	3
海南	2	–	–	–	–	–
重庆	165	45	46	1	34	1
四川	366	80	85	–	47	–
贵州	92	4	1	2	–	–
云南	11	1	1	–	1	–
西藏	–	–	–	–	–	–
陕西	3	1	–	1	–	–
甘肃	15	–	–	–	–	–
青海	2	–	–	–	–	–
宁夏	1	–	–	–	–	–
新疆	–	–	–	–	–	–

3-7 全国水路

地区	轮驳船总计					一、机		
	艘数（艘）	净载重量（吨）	载客量（客位）	集装箱位（TEU）	功率（千瓦）	艘数（艘）	净载重量（吨）	载客量（客位）
全国总计	178 591	228 486 244	1 025 058	1 573 567	63 894 591	158 309	218 793 742	1 021 260
北　京	–	–	–	–	–	–	–	–
天　津	460	8 583 373	2 719	1 398	2 007 003	441	8 438 914	2 719
河　北	145	3 616 344	–	262	525 965	142	3 612 364	–
山　西	248	3 377	3 304	–	14 288	248	3 377	3 304
内蒙古	–	–	–	–	–	–	–	–
辽　宁	574	8 113 432	29 639	6 871	1 422 973	557	8 082 426	29 639
吉　林	913	41 694	19 700	–	40 251	884	25 694	19 700
黑龙江	1 592	238 119	22 578	–	121 952	1 238	25 776	22 578
上　海	1 912	31 636 940	75 609	1 076 355	11 759 568	1 839	31 478 726	75 609
江　苏	48 818	39 849 317	41 121	38 632	10 344 263	39 645	36 241 329	41 121
浙　江	19 584	22 612 379	76 854	14 286	6 374 708	18 929	22 512 622	76 854
安　徽	29 481	27 491 682	15 726	21 609	8 431 011	27 505	26 775 398	15 726
福　建	2 707	6 874 203	29 172	103 378	2 116 892	2 364	6 863 536	29 172
江　西	4 190	2 266 471	10 967	2 663	714 384	4 156	2 251 231	10 967
山　东	12 326	14 299 716	59 260	22 574	3 078 885	7 336	10 321 773	59 260
河　南	5 121	5 246 918	11 835	–	2 032 022	5 001	5 203 456	11 835
湖　北	4 895	8 340 647	38 064	1 994	1 978 982	4 531	7 989 735	38 020
湖　南	8 297	2 839 617	76 691	3 386	1 151 602	8 242	2 784 354	76 246
广　东	8 563	22 581 535	78 953	126 781	6 069 018	8 545	22 551 663	78 953
广　西	8 880	6 817 663	111 394	78 516	1 831 268	8 873	6 811 525	111 394
海　南	536	1 735 293	30 807	17 078	594 584	536	1 735 293	30 807
重　庆	4 011	5 102 072	93 491	52 786	1 440 254	3 916	4 964 843	93 491
四　川	8 885	1 041 231	96 997	4 988	494 856	7 490	983 911	96 273
贵　州	2 500	141 026	45 123	–	141 850	2 404	125 921	45 043
云　南	920	111 444	17 482	10	78 105	920	111 444	17 482
西　藏	–	–	–	–	–	–	–	–
陕　西	1 459	29 169	20 426	–	42 809	1 210	27 590	19 560
甘　肃	548	3 046	11 524	–	29 894	503	2 678	9 885
青　海	62	–	1 391	–	12 533	62	–	1 391
宁　夏	865	1 373	4 231	–	27 756	693	–	4 231
新　疆	–	–	–	–	–	–	–	–
不分地区	99	8 868 163	–	–	1 016 915	99	8 868 163	–

运输工具拥有量

动船		1. 客船			2. 客货船				
集装箱位（TEU）	功率（千瓦）	艘数（艘）	载客量（客位）	功率（千瓦）	艘数（艘）	净载重量（吨）	载客量（客位）	集装箱位（TEU）	功率（千瓦）
1 571 413	63 894 591	22 676	890 209	1 891 530	386	251 536	131 051	1 836	751 371
–	–	–	–	–	–	–	–	–	–
1 398	2 007 003	56	2 719	12 690	–	–	–	–	–
262	525 965	–	–	–	–	–	–	–	–
–	14 288	239	3 253	12 307	3	22	51	–	77
–	–	–	–	–	–	–	–	–	–
6 871	1 422 973	52	8 280	21 296	28	31 990	21 359	144	175 811
–	40 251	748	19 700	31 784	–	–	–	–	–
–	121 952	632	20 015	52 454	64	1 886	2 563	–	7 298
1 074 951	11 759 568	225	65 603	83 915	9	3 180	10 006	–	14 134
38 632	10 344 263	227	16 197	27 059	60	12 905	24 924	–	29 818
14 286	6 374 708	1 299	74 343	256 496	14	–	2 511	–	4 488
21 609	8 431 011	559	15 726	30 340	–	–	–	–	–
103 228	2 116 892	600	27 129	111 882	5	9 134	2 043	256	49 864
2 591	714 384	330	10 967	17 542	–	–	–	–	–
22 574	3 078 885	1 417	33 087	127 934	36	109 386	26 173	1 436	307 938
–	2 032 022	682	11 835	41 702	–	–	–	–	–
1 994	1 978 982	778	38 020	81 623	–	–	–	–	–
3 386	1 151 602	2 717	76 150	110 644	4	14	96	–	63
126 253	6 069 018	611	60 127	293 369	44	33 214	18 826	–	72 596
78 516	1 831 268	2 611	109 987	101 209	5	2 555	1 407	–	5 796
17 078	594 584	333	12 404	64 549	24	45 647	18 403	–	80 216
52 786	1 440 254	1 331	93 337	160 348	4	53	154	–	198
4 988	494 856	2 852	96 273	69 740	–	–	–	–	–
–	141 850	1 673	45 043	69 546	–	–	–	–	–
10	78 105	720	16 970	24 565	20	100	512	–	949
–	–	–	–	–	–	–	–	–	–
–	42 809	804	18 180	22 125	46	460	1 380	–	727
–	29 894	427	9 242	26 650	20	990	643	–	1 398
–	12 533	62	1 391	12 533	–	–	–	–	–
–	27 756	691	4 231	27 228	–	–	–	–	–
–	1 016 915	–	–	–	–	–	–	–	–

地 区	3. 货 船				集 装 箱 船			
	艘数（艘）	净载重量（吨）	集装箱位（TEU）	功率（千瓦）	艘数（艘）	净载重量（吨）	集装箱位（TEU）	功率（千瓦）
全国总计	132 164	218 346 392	1 569 577	59 719 817	2 141	17 544 008	1 363 923	10 014 352
北 京	–	–	–	–	–	–	–	–
天 津	279	8 438 914	1 398	1 566 578	4	11 305	1 398	15 937
河 北	142	3 612 364	262	525 965	1	5 000	262	1 765
山 西	6	2 201	–	1 904	–	–	–	–
内蒙古	–	–	–	–	–	–	–	–
辽 宁	466	8 050 433	6 727	1 205 685	10	89 813	4 850	38 850
吉 林	118	15 994	–	4 355	–	–	–	–
黑龙江	362	17 776	–	20 159	–	–	–	–
上 海	1 547	31 398 752	1 074 951	11 562 515	420	12 975 748	1 073 251	8 271 504
江 苏	38 193	36 216 779	38 632	9 951 180	179	640 466	34 208	206 169
浙 江	17 501	22 504 885	14 286	6 024 765	53	225 521	14 286	103 730
安 徽	26 766	26 772 240	21 609	8 354 038	42	133 787	6 908	38 824
福 建	1 625	6 853 473	102 972	1 931 401	87	595 016	36 609	224 785
江 西	3 817	2 251 231	2 591	694 993	8	10 896	581	3 152
山 东	5 347	10 205 926	21 138	2 362 110	22	298 690	20 298	145 429
河 南	4 300	5 202 481	–	1 987 496	–	–	–	–
湖 北	3 566	7 989 735	1 994	1 844 684	10	42 928	1 994	10 170
湖 南	5 471	2 782 672	3 386	1 033 565	26	38 761	2 619	12 172
广 东	7 831	22 469 352	126 253	5 643 446	940	1 282 546	86 043	558 786
广 西	6 254	6 808 970	78 516	1 723 245	107	187 747	8 352	56 484
海 南	179	1 687 066	17 078	449 819	15	239 656	17 078	131 432
重 庆	2 560	4 964 790	52 786	1 263 268	196	715 587	52 786	182 664
四 川	4 424	983 911	4 988	407 765	20	50 301	2 390	12 132
贵 州	722	125 921	–	70 354	–	–	–	–
云 南	178	100 315	10	52 091	1	240	10	367
西 藏	–	–	–	–	–	–	–	–
陕 西	355	21 384	–	19 675	–	–	–	–
甘 肃	56	664	–	1 846	–	–	–	–
青 海	–	–	–	–	–	–	–	–
宁 夏	–	–	–	–	–	–	–	–
新 疆	–	–	–	–	–	–	–	–
不分地区	99	8 868 163	–	1 016 915	–	–	–	–

（续表一）

			4. 拖　船		二、驳　船			
油　船								
艘数（艘）	净载重量（吨）	功率（千瓦）	艘数（艘）	功率（千瓦）	艘数（艘）	净载重量（吨）	载客量（客位）	集装箱位（TEU）
4 317	**27 126 501**	**4 748 834**	**3 083**	**1 531 873**	**20 282**	**9 692 502**	**3 798**	**2 154**
–	–	–	–	–	–	–	–	–
60	146 129	69 741	106	427 735	19	144 459	–	–
–	–	–	–	–	3	3 980	–	–
–	–	–	–	–	–	–	–	–
–	–	–	–	–	–	–	–	–
103	6 887 512	797 803	11	20 181	17	31 006	–	–
–	–	–	18	4 112	29	16 000	–	–
2	1 000	736	180	42 041	354	212 343	–	–
350	7 901 569	1 253 721	58	99 004	73	158 214	–	1 404
1 781	7 900 849	1 246 471	1 165	336 206	9 173	3 607 988	–	–
725	2 095 655	610 741	115	88 959	655	99 757	–	–
341	194 346	73 707	180	46 633	1 976	716 284	–	–
112	281 641	89 633	134	23 745	343	10 667	–	150
70	179 015	54 753	9	1 849	34	15 240	–	72
76	168 037	70 567	536	280 903	4 990	3 977 943	–	–
–	–	–	19	2 824	120	43 462	–	–
117	181 143	56 586	187	52 675	364	350 912	44	–
28	28 338	11 011	50	7 330	55	55 263	445	–
395	747 308	273 599	59	59 607	18	29 872	–	528
54	64 881	25 297	3	1 018	7	6 138	–	–
28	242 608	72 528	–	–	–	–	–	–
37	67 482	17 852	21	16 440	95	137 229	–	–
36	38 585	23 140	214	17 351	1 395	57 320	724	–
–	–	–	9	1 950	96	15 105	80	–
2	403	948	2	500	–	–	–	–
–	–	–	–	–	–	–	–	–
–	–	–	5	282	249	1 579	866	–
–	–	–	–	–	45	368	1 639	–
–	–	–	–	–	–	–	–	–
–	–	–	2	528	172	1 373	–	–
–	–	–	–	–	–	–	–	–
–	–	–	–	–	–	–	–	–

3-8 远洋运输

地区	轮驳船总计					一、机		
	艘数（艘）	净载重量（吨）	载客量（客位）	集装箱位（TEU）	功率（千瓦）	艘数（艘）	净载重量（吨）	载客量（客位）
全国总计	2 486	69 437 936	19 523	1 156 552	16 883 291	2 476	69 414 807	19 523
北 京	–	–	–	–	–	–	–	–
天 津	91	5 822 368	–	1 398	839 853	91	5 822 368	–
河 北	14	2 161 160	–	–	228 715	14	2 161 160	–
山 西	–	–	–	–	–	–	–	–
内蒙古	–	–	–	–	–	–	–	–
辽 宁	71	6 556 503	800	1 187	728 696	71	6 556 503	800
吉 林	–	–	–	–	–	–	–	–
黑龙江	–	–	–	–	–	–	–	–
上 海	364	20 146 756	–	1 014 631	9 156 558	364	20 146 756	–
江 苏	138	8 623 899	–	5 891	1 127 891	138	8 623 899	–
浙 江	36	3 030 295	–	1 206	371 337	36	3 030 295	–
安 徽	1	7 000	–	–	2 574	1	7 000	–
福 建	103	1 774 838	2 870	9 653	438 586	103	1 774 838	2 870
江 西	2	13 600	–	–	5 536	2	13 600	–
山 东	54	3 127 221	4 756	3 187	526 650	53	3 117 621	4 756
河 南	–	–	–	–	–	–	–	–
湖 北	7	541 900	–	–	74 490	7	541 900	–
湖 南	1	72 000	–	–	8 899	1	72 000	–
广 东	1 361	7 984 057	11 097	103 395	2 143 867	1 352	7 970 528	11 097
广 西	114	168 753	–	7 126	49 796	114	168 753	–
海 南	30	539 423	–	8 878	162 928	30	539 423	–
重 庆	–	–	–	–	–	–	–	–
四 川	–	–	–	–	–	–	–	–
贵 州	–	–	–	–	–	–	–	–
云 南	–	–	–	–	–	–	–	–
西 藏	–	–	–	–	–	–	–	–
陕 西	–	–	–	–	–	–	–	–
甘 肃	–	–	–	–	–	–	–	–
青 海	–	–	–	–	–	–	–	–
宁 夏	–	–	–	–	–	–	–	–
新 疆	–	–	–	–	–	–	–	–
不分地区	99	8 868 163	–	–	1 016 915	99	8 868 163	–

工具拥有量

动 船		1. 客 船			2. 客 货 船				
集装箱位 （TEU）	功率 （千瓦）	艘数 （艘）	载客量 （客位）	功率 （千瓦）	艘数 （艘）	净载重量 （吨）	载客量 （客位）	集装箱位 （TEU）	功率 （千瓦）
1 156 552	16 883 291	38	12 524	159 015	9	56 174	6 999	1 836	204 928
-	-	-	-	-	-	-	-	-	-
1 398	839 853	-	-	-	-	-	-	-	-
-	228 715	-	-	-	-	-	-	-	-
-	-	-	-	-	-	-	-	-	-
-	-	-	-	-	-	-	-	-	-
1 187	728 696	-	-	-	1	5 695	800	144	19 845
-	-	-	-	-	-	-	-	-	-
-	-	-	-	-	-	-	-	-	-
1 014 631	9 156 558	-	-	-	-	-	-	-	-
5 891	1 127 891	-	-	-	-	-	-	-	-
1 206	371 337	-	-	-	-	-	-	-	-
-	2 574	-	-	-	-	-	-	-	-
9 653	438 586	5	1 427	22 513	2	7 123	1 443	256	48 286
-	5 536	-	-	-	-	-	-	-	-
3 187	526 650	-	-	-	6	43 356	4 756	1 436	136 797
-	-	-	-	-	-	-	-	-	-
-	74 490	-	-	-	-	-	-	-	-
-	8 899	-	-	-	-	-	-	-	-
103 395	2 143 867	33	11 097	136 502	-	-	-	-	-
7 126	49 796	-	-	-	-	-	-	-	-
8 878	162 928	-	-	-	-	-	-	-	-
-	-	-	-	-	-	-	-	-	-
-	-	-	-	-	-	-	-	-	-
-	-	-	-	-	-	-	-	-	-
-	-	-	-	-	-	-	-	-	-
-	-	-	-	-	-	-	-	-	-
-	-	-	-	-	-	-	-	-	-
-	-	-	-	-	-	-	-	-	-
-	-	-	-	-	-	-	-	-	-
-	1 016 915	-	-	-	-	-	-	-	-

地 区	3. 货 船				集 装 箱 船			
	艘数（艘）	净载重量（吨）	集装箱位（TEU）	功率（千瓦）	艘数（艘）	净载重量（吨）	集装箱位（TEU）	功率（千瓦）
全国总计	2 420	69 346 068	1 154 716	16 510 108	1 095	13 438 135	1 107 414	8 578 543
北 京	–	–	–	–	–	–	–	–
天 津	91	5 822 368	1 398	839 853	4	11 305	1 398	15 937
河 北	14	2 161 160	–	228 715	–	–	–	–
山 西	–	–	–	–	–	–	–	–
内蒙古	–	–	–	–	–	–	–	–
辽 宁	70	6 550 808	1 043	708 851	3	13 532	1 043	5 204
吉 林	–	–	–	–	–	–	–	–
黑龙江	–	–	–	–	–	–	–	–
上 海	364	20 146 756	1 014 631	9 156 558	256	12 048 416	1 013 991	7 934 237
江 苏	138	8 623 899	5 891	1 127 891	8	67 953	5 217	30 400
浙 江	36	3 030 295	1 206	371 337	3	22 849	1 206	12 713
安 徽	1	7 000	–	2 574	–	–	–	–
福 建	96	1 767 715	9 397	367 787	28	88 794	6 079	37 386
江 西	2	13 600	–	5 536	–	–	–	–
山 东	47	3 074 265	1 751	389 853	4	23 910	1 751	16 290
河 南	–	–	–	–	–	–	–	–
湖 北	7	541 900	–	74 490	–	–	–	–
湖 南	1	72 000	–	8 899	–	–	–	–
广 东	1 310	7 957 963	103 395	1 998 125	749	999 086	65 947	441 044
广 西	114	168 753	7 126	49 796	32	39 961	1 904	14 940
海 南	30	539 423	8 878	162 928	8	122 329	8 878	70 392
重 庆	–	–	–	–	–	–	–	–
四 川	–	–	–	–	–	–	–	–
贵 州	–	–	–	–	–	–	–	–
云 南	–	–	–	–	–	–	–	–
西 藏	–	–	–	–	–	–	–	–
陕 西	–	–	–	–	–	–	–	–
甘 肃	–	–	–	–	–	–	–	–
青 海	–	–	–	–	–	–	–	–
宁 夏	–	–	–	–	–	–	–	–
新 疆	–	–	–	–	–	–	–	–
不分地区	99	8 868 163	–	1 016 915	–	–	–	–

(续表一)

油 船			4.拖 船		二、驳 船			
艘数（艘）	净载重量（吨）	功率（千瓦）	艘数（艘）	功率（千瓦）	艘数（艘）	净载重量（吨）	载客量（客位）	集装箱位（TEU）
207	**19 762 799**	**2 502 966**	**9**	**9 240**	**10**	**23 129**	**-**	**-**
-	-	-	-	-	-	-	-	-
-	-	-	-	-	-	-	-	-
-	-	-	-	-	-	-	-	-
-	-	-	-	-	-	-	-	-
-	-	-	-	-	-	-	-	-
36	6 496 103	671 247	-	-	-	-	-	-
-	-	-	-	-	-	-	-	-
-	-	-	-	-	-	-	-	-
74	6 486 900	969 268	-	-	-	-	-	-
54	6 421 135	762 948	-	-	-	-	-	-
-	-	-	-	-	-	-	-	-
-	-	-	-	-	-	-	-	-
3	95 754	17 720	-	-	-	-	-	-
-	-	-	-	-	-	-	-	-
-	-	-	-	-	1	9 600	-	-
-	-	-	-	-	-	-	-	-
-	-	-	-	-	-	-	-	-
-	-	-	-	-	-	-	-	-
27	126 474	37 600	9	9 240	9	13 529	-	-
-	-	-	-	-	-	-	-	-
13	136 433	44 183	-	-	-	-	-	-
-	-	-	-	-	-	-	-	-
-	-	-	-	-	-	-	-	-
-	-	-	-	-	-	-	-	-
-	-	-	-	-	-	-	-	-
-	-	-	-	-	-	-	-	-
-	-	-	-	-	-	-	-	-
-	-	-	-	-	-	-	-	-
-	-	-	-	-	-	-	-	-
-	-	-	-	-	-	-	-	-
-	-	-	-	-	-	-	-	-
-	-	-	-	-	-	-	-	-

3-9 沿海运输

地区	轮驳船总计					一、机		
	艘数（艘）	净载重量（吨）	载客量（客位）	集装箱位（TEU）	功率（千瓦）	艘数（艘）	净载重量（吨）	载客量（客位）
全国总计	10 947	65 232 548	189 024	227 202	17 059 673	10 863	64 825 245	189 024
北　京	-	-	-	-	-	-	-	-
天　津	274	2 739 973	-	-	1 119 083	258	2 596 654	-
河　北	131	1 455 184	-	262	297 250	128	1 451 204	-
山　西	-	-	-	-	-	-	-	-
内蒙古	-	-	-	-	-	-	-	-
辽　宁	488	1 555 770	28 839	5 684	687 866	479	1 525 501	28 839
吉　林	-	-	-	-	-	-	-	-
黑龙江	-	-	-	-	-	-	-	-
上　海	561	10 915 395	499	49 788	2 313 746	549	10 828 846	499
江　苏	1 148	7 719 404	528	17 994	1 869 677	1 143	7 680 604	528
浙　江	3 469	16 130 229	38 326	12 207	4 015 770	3 461	16 116 105	38 326
安　徽	400	1 359 701	-	6 637	360 028	395	1 351 187	-
福　建	1 202	4 766 613	17 501	93 725	1 404 379	1 198	4 760 186	17 501
江　西	51	198 514	-	-	62 771	51	198 514	-
山　东	1 031	2 999 003	38 714	19 261	1 204 163	1 022	2 941 703	38 714
河　南	-	-	-	-	-	-	-	-
湖　北	241	2 010 533	-	-	466 167	241	2 010 533	-
湖　南	37	55 793	-	-	21 313	37	55 793	-
广　东	878	10 317 776	30 812	8 438	2 238 627	872	10 305 893	30 812
广　西	642	1 800 170	5 971	5 006	569 799	635	1 794 032	5 971
海　南	393	1 195 083	27 834	8 200	426 093	393	1 195 083	27 834
重　庆	1	13 407	-	-	2 941	1	13 407	-
四　川	-	-	-	-	-	-	-	-
贵　州	-	-	-	-	-	-	-	-
云　南	-	-	-	-	-	-	-	-
西　藏	-	-	-	-	-	-	-	-
陕　西	-	-	-	-	-	-	-	-
甘　肃	-	-	-	-	-	-	-	-
青　海	-	-	-	-	-	-	-	-
宁　夏	-	-	-	-	-	-	-	-
新　疆	-	-	-	-	-	-	-	-

工具拥有量

动 船		1. 客 船			2. 客 货 船				
集装箱位 (TEU)	功率 (千瓦)	艘数 (艘)	载客量 (客位)	功率 (千瓦)	艘数 (艘)	净载重量 (吨)	载客量 (客位)	集装箱位 (TEU)	功率 (千瓦)
226 524	**17 059 673**	**1 449**	**106 993**	**519 993**	**140**	**175 731**	**82 031**	**–**	**491 055**
–	–	–	–	–	–	–	–	–	–
–	1 119 083	–	–	–	–	–	–	–	–
262	297 250	–	–	–	–	–	–	–	–
–	–	–	–	–	–	–	–	–	–
5 684	687 866	52	8 280	21 296	27	26 295	20 559	–	155 966
–	–	–	–	–	–	–	–	–	–
–	–	–	–	–	–	–	–	–	–
49 788	2 313 746	2	499	4 293	–	–	–	–	–
17 994	1 869 677	8	528	2 347	–	–	–	–	–
12 207	4 015 770	176	37 315	177 827	11	–	1 011	–	3 982
6 637	360 028	–	–	–	–	–	–	–	–
93 575	1 404 379	289	16 901	62 627	3	2 011	600	–	1 578
–	62 771	–	–	–	–	–	–	–	–
19 261	1 204 163	505	17 297	74 338	30	66 030	21 417	–	171 141
–	–	–	–	–	–	–	–	–	–
–	466 167	–	–	–	–	–	–	–	–
–	21 313	–	–	–	–	–	–	–	–
7 910	2 238 627	119	12 178	88 320	40	33 193	18 634	–	72 376
5 006	569 799	78	4 564	29 959	5	2 555	1 407	–	5 796
8 200	426 093	220	9 431	58 986	24	45 647	18 403	–	80 216
–	2 941	–	–	–	–	–	–	–	–

地区	3.货船				集装箱船			
	艘数（艘）	净载重量（吨）	集装箱位（TEU）	功率（千瓦）	艘数（艘）	净载重量（吨）	集装箱位（TEU）	功率（千瓦）
全国总计	8 981	64 625 573	226 524	15 162 071	313	2 483 976	152 093	963 141
北　京	-	-	-	-	-	-	-	-
天　津	162	2 596 654	-	711 012	-	-	-	-
河　北	128	1 451 204	262	297 250	1	5 000	262	1 765
山　西	-	-	-	-	-	-	-	-
内蒙古	-	-	-	-	-	-	-	-
辽　宁	394	1 499 203	5 684	496 510	7	76 281	3 807	33 646
吉　林	-	-	-	-	-	-	-	-
黑龙江	-	-	-	-	-	-	-	-
上　海	520	10 822 505	49 788	2 235 658	76	792 119	49 788	287 568
江　苏	1 109	7 679 957	17 994	1 797 355	71	362 995	17 714	120 235
浙　江	3 252	16 108 697	12 207	3 754 555	27	187 610	12 207	83 247
安　徽	395	1 351 187	6 637	360 028	11	41 267	2 534	12 542
福　建	899	4 758 175	93 575	1 318 880	59	506 222	30 530	187 399
江　西	51	198 514	-	62 771	-	-	-	-
山　东	410	2 871 968	19 261	782 411	15	271 649	18 421	127 687
河　南	-	-	-	-	-	-	-	-
湖　北	241	2 010 533	-	466 167	-	-	-	-
湖　南	37	55 793	-	21 313	-	-	-	-
广　东	683	10 268 656	7 910	2 035 167	33	79 522	6 267	35 859
广　西	550	1 791 477	5 006	533 162	6	43 984	2 363	12 153
海　南	149	1 147 643	8 200	286 891	7	117 327	8 200	61 040
重　庆	1	13 407	-	2 941	-	-	-	-
四　川	-	-	-	-	-	-	-	-
贵　州	-	-	-	-	-	-	-	-
云　南	-	-	-	-	-	-	-	-
西　藏	-	-	-	-	-	-	-	-
陕　西	-	-	-	-	-	-	-	-
甘　肃	-	-	-	-	-	-	-	-
青　海	-	-	-	-	-	-	-	-
宁　夏	-	-	-	-	-	-	-	-
新　疆	-	-	-	-	-	-	-	-

(续表一)

			4. 拖　船		二、驳　船			
油　船								
艘数（艘）	净载重量（吨）	功率（千瓦）	艘数（艘）	功率（千瓦）	艘数（艘）	净载重量（吨）	载客量（客位）	集装箱位（TEU）
1 366	**5 652 126**	**1 589 580**	**293**	**886 554**	**84**	**407 303**	**–**	**678**
–	–	–	–	–	–	–	–	–
37	131 547	62 401	96	408 071	16	143 319	–	–
–	–	–	–	–	3	3 980	–	–
–	–	–	–	–	–	–	–	–
–	–	–	–	–	–	–	–	–
67	391 409	126 556	6	14 094	9	30 269	–	–
–	–	–	–	–	–	–	–	–
–	–	–	–	–	–	–	–	–
100	1 325 384	245 433	27	73 795	12	86 549	–	–
63	627 843	169 407	26	69 975	5	38 800	–	–
690	2 084 778	605 086	22	79 406	8	14 124	–	–
16	32 735	9 014	–	–	5	8 514	–	–
97	184 731	71 038	7	21 294	4	6 427	–	150
23	133 705	41 076	–	–	–	–	–	–
76	168 037	70 567	77	176 273	9	57 300	–	–
–	–	–	–	–	–	–	–	–
35	40 911	12 531	–	–	–	–	–	–
3	7 913	3 825	–	–	–	–	–	–
99	360 399	122 804	30	42 764	6	11 883	–	528
45	56 559	21 497	2	882	7	6 138	–	–
15	106 175	28 345	–	–	–	–	–	–
–	–	–	–	–	–	–	–	–
–	–	–	–	–	–	–	–	–
–	–	–	–	–	–	–	–	–
–	–	–	–	–	–	–	–	–
–	–	–	–	–	–	–	–	–
–	–	–	–	–	–	–	–	–
–	–	–	–	–	–	–	–	–
–	–	–	–	–	–	–	–	–
–	–	–	–	–	–	–	–	–
–	–	–	–	–	–	–	–	–

3-10 内河运输

地区	轮驳船总计					一、机		
	艘数（艘）	净载重量（吨）	载客量（客位）	集装箱位（TEU）	功率（千瓦）	艘数（艘）	净载重量（吨）	载客量（客位）
全国总计	165 158	93 815 760	816 511	189 813	29 951 627	144 970	84 553 690	812 713
北 京	-	-	-	-	-	-	-	-
天 津	95	21 032	2 719	-	48 067	92	19 892	2 719
河 北	-	-	-	-	-	-	-	-
山 西	248	3 377	3 304	-	14 288	248	3 377	3 304
内蒙古	-	-	-	-	-	-	-	-
辽 宁	15	1 159	-	-	6 411	7	422	-
吉 林	913	41 694	19 700	-	40 251	884	25 694	19 700
黑龙江	1 592	238 119	22 578	-	121 952	1 238	25 776	22 578
上 海	987	574 789	75 110	11 936	289 264	926	503 124	75 110
江 苏	47 532	23 506 014	40 593	14 747	7 346 695	38 364	19 936 826	40 593
浙 江	16 079	3 451 855	38 528	873	1 987 601	15 432	3 366 222	38 528
安 徽	29 080	26 124 981	15 726	14 972	8 068 409	27 109	25 417 211	15 726
福 建	1 402	332 752	8 801	-	273 927	1 063	328 512	8 801
江 西	4 137	2 054 357	10 967	2 663	646 077	4 103	2 039 117	10 967
山 东	11 241	8 173 492	15 790	126	1 348 072	6 261	4 262 449	15 790
河 南	5 121	5 246 918	11 835	-	2 032 022	5 001	5 203 456	11 835
湖 北	4 647	5 788 214	38 064	1 994	1 438 325	4 283	5 437 302	38 020
湖 南	8 259	2 711 824	76 691	3 386	1 121 390	8 204	2 656 561	76 246
广 东	6 324	4 279 702	37 044	14 948	1 686 524	6 321	4 275 242	37 044
广 西	8 124	4 848 740	105 423	66 384	1 211 673	8 124	4 848 740	105 423
海 南	113	787	2 973	-	5 563	113	787	2 973
重 庆	4 010	5 088 665	93 491	52 786	1 437 313	3 915	4 951 436	93 491
四 川	8 885	1 041 231	96 997	4 988	494 856	7 490	983 911	96 273
贵 州	2 500	141 026	45 123	-	141 850	2 404	125 921	45 043
云 南	920	111 444	17 482	10	78 105	920	111 444	17 482
西 藏	-	-	-	-	-	-	-	-
陕 西	1 459	29 169	20 426	-	42 809	1 210	27 590	19 560
甘 肃	548	3 046	11 524	-	29 894	503	2 678	9 885
青 海	62	-	1 391	-	12 533	62	-	1 391
宁 夏	865	1 373	4 231	-	27 756	693	-	4 231
新 疆	-	-	-	-	-	-	-	-

工具拥有量

动 船		1. 客 船			2. 客 货 船				
集装箱位（TEU）	功率（千瓦）	艘数（艘）	载客量（客位）	功率（千瓦）	艘数（艘）	净载重量（吨）	载客量（客位）	集装箱位（TEU）	功率（千瓦）
188 337	29 951 627	21 189	770 692	1 212 522	237	19 631	42 021	-	55 388
-	-	-	-	-	-	-	-	-	-
-	48 067	56	2 719	12 690	-	-	-	-	-
-	-	-	-	-	-	-	-	-	-
-	14 288	239	3 253	12 307	3	22	51	-	77
-	-	-	-	-	-	-	-	-	-
-	6 411	-	-	-	-	-	-	-	-
-	40 251	748	19 700	31 784	-	-	-	-	-
-	121 952	632	20 015	52 454	64	1 886	2 563	-	7 298
10 532	289 264	223	65 104	79 622	9	3 180	10 006	-	14 134
14 747	7 346 695	219	15 669	24 712	60	12 905	24 924	-	29 818
873	1 987 601	1 123	37 028	78 669	3	-	1 500	-	506
14 972	8 068 409	559	15 726	30 340	-	-	-	-	-
-	273 927	306	8 801	26 742	-	-	-	-	-
2 591	646 077	330	10 967	17 542	-	-	-	-	-
126	1 348 072	912	15 790	53 596	-	-	-	-	-
-	2 032 022	682	11 835	41 702	-	-	-	-	-
1 994	1 438 325	778	38 020	81 623	-	-	-	-	-
3 386	1 121 390	2 717	76 150	110 644	4	14	96	-	63
14 948	1 686 524	459	36 852	68 547	4	21	192	-	220
66 384	1 211 673	2 533	105 423	71 250	-	-	-	-	-
-	5 563	113	2 973	5 563	-	-	-	-	-
52 786	1 437 313	1 331	93 337	160 348	4	53	154	-	198
4 988	494 856	2 852	96 273	69 740	-	-	-	-	-
-	141 850	1 673	45 043	69 546	-	-	-	-	-
10	78 105	720	16 970	24 565	20	100	512	-	949
-	-	-	-	-	-	-	-	-	-
-	42 809	804	18 180	22 125	46	460	1 380	-	727
-	29 894	427	9 242	26 650	20	990	643	-	1 398
-	12 533	62	1 391	12 533	-	-	-	-	-
-	27 756	691	4 231	27 228	-	-	-	-	-
-	-	-	-	-	-	-	-	-	-

3-10

地 区	3. 货 船							
					集 装 箱 船			
	艘数（艘）	净载重量（吨）	集装箱位（TEU）	功率（千瓦）	艘数（艘）	净载重量（吨）	集装箱位（TEU）	功率（千瓦）
全国总计	**120 763**	**84 374 751**	**188 337**	**28 047 638**	**733**	**1 621 897**	**104 416**	**472 668**
北 京	–	–	–	–	–	–	–	–
天 津	26	19 892	–	15 713	–	–	–	–
河 北	–	–	–	–	–	–	–	–
山 西	6	2 201	–	1 904	–	–	–	–
内蒙古	–	–	–	–	–	–	–	–
辽 宁	2	422	–	324	–	–	–	–
吉 林	118	15 994	–	4 355	–	–	–	–
黑龙江	362	17 776	–	20 159	–	–	–	–
上 海	663	429 491	10 532	170 299	88	135 213	9 472	49 699
江 苏	36 946	19 912 923	14 747	7 025 934	100	209 518	11 277	55 534
浙 江	14 213	3 365 893	873	1 898 873	23	15 062	873	7 770
安 徽	26 370	25 414 053	14 972	7 991 436	31	92 520	4 374	26 282
福 建	630	327 583	–	244 734	–	–	–	–
江 西	3 764	2 039 117	2 591	626 686	8	10 896	581	3 152
山 东	4 890	4 259 693	126	1 189 846	3	3 131	126	1 452
河 南	4 300	5 202 481	–	1 987 496	–	–	–	–
湖 北	3 318	5 437 302	1 994	1 304 027	10	42 928	1 994	10 170
湖 南	5 433	2 654 879	3 386	1 003 353	26	38 761	2 619	12 172
广 东	5 838	4 242 733	14 948	1 610 154	158	203 938	13 829	81 883
广 西	5 590	4 848 740	66 384	1 140 287	69	103 802	4 085	29 391
海 南	–	–	–	–	–	–	–	–
重 庆	2 559	4 951 383	52 786	1 260 327	196	715 587	52 786	182 664
四 川	4 424	983 911	4 988	407 765	20	50 301	2 390	12 132
贵 州	722	125 921	–	70 354	–	–	–	–
云 南	178	100 315	10	52 091	1	240	10	367
西 藏	–	–	–	–	–	–	–	–
陕 西	355	21 384	–	19 675	–	–	–	–
甘 肃	56	664	–	1 846	–	–	–	–
青 海	–	–	–	–	–	–	–	–
宁 夏	–	–	–	–	–	–	–	–
新 疆	–	–	–	–	–	–	–	–

(续表一)

			4. 拖 船		二、驳 船			
油 船								
艘数（艘）	净载重量（吨）	功率（千瓦）	艘数（艘）	功率（千瓦）	艘数（艘）	净载重量（吨）	载客量（客位）	集装箱位（TEU）
2 744	**1 711 576**	**656 288**	**2 781**	**636 079**	**20 188**	**9 262 070**	**3 798**	**1 476**
–	–	–	–	–	–	–	–	–
23	14 582	7 340	10	19 664	3	1 140	–	–
–	–	–	–	–	–	–	–	–
–	–	–	–	–	–	–	–	–
–	–	–	–	–	–	–	–	–
–	–	–	5	6 087	8	737	–	–
–	–	–	18	4 112	29	16 000	–	–
2	1 000	736	180	42 041	354	212 343	–	–
176	89 285	39 020	31	25 209	61	71 665	–	1 404
1 664	851 871	314 116	1 139	266 231	9 168	3 569 188	–	–
35	10 877	5 655	93	9 553	647	85 633	–	–
325	161 611	64 693	180	46 633	1 971	707 770	–	–
12	1 156	875	127	2 451	339	4 240	–	–
47	45 310	13 677	9	1 849	34	15 240	–	72
–	–	–	459	104 630	4 980	3 911 043	–	–
–	–	–	19	2 824	120	43 462	–	–
82	140 232	44 055	187	52 675	364	350 912	44	–
25	20 425	7 186	50	7 330	55	55 263	445	–
269	260 435	113 195	20	7 603	3	4 460	–	–
9	8 322	3 800	1	136	–	–	–	–
–	–	–	–	–	–	–	–	–
37	67 482	17 852	21	16 440	95	137 229	–	–
36	38 585	23 140	214	17 351	1 395	57 320	724	–
–	–	–	9	1 950	96	15 105	80	–
2	403	948	2	500	–	–	–	–
–	–	–	–	–	–	–	–	–
–	–	–	5	282	249	1 579	866	–
–	–	–	–	–	45	368	1 639	–
–	–	–	–	–	–	–	–	–
–	–	–	2	528	172	1 373	–	–
–	–	–	–	–	–	–	–	–

3-11 水路客、货运输量

地区	客运量（万人）	旅客周转量（万人公里）	货运量（万吨）	货物周转量（万吨公里）
全国总计	25 752	774 791	458 705	817 075 789
北 京	-	-	-	-
天 津	76	2 578	10 371	70 126 902
河 北	-	-	2 590	5 096 022
山 西	117	949	30	596
内蒙古	-	-	-	-
辽 宁	588	75 042	12 631	74 833 231
吉 林	241	3 254	331	10 832
黑龙江	329	3 738	1 175	75 584
上 海	353	9 868	50 302	200 671 863
江 苏	594	13 852	58 639	60 529 536
浙 江	3 454	61 581	73 817	73 664 495
安 徽	159	2 947	40 716	16 136 607
福 建	1 702	27 178	21 100	29 229 942
江 西	255	3 169	7 931	2 072 641
山 东	2 574	124 961	13 704	24 381 282
河 南	249	6 046	7 705	4 841 487
湖 北	444	29 882	19 927	19 571 806
湖 南	1 349	26 292	18 705	5 622 609
广 东	2 725	100 088	57 737	68 202 853
广 西	470	22 767	19 398	13 723 355
海 南	1 581	31 519	9 528	14 291 225
重 庆	1 256	113 164	12 874	17 399 476
四 川	3 276	27 283	7 160	1 036 766
贵 州	2 453	58 521	1 098	164 698
云 南	855	20 197	465	87 110
西 藏	-	-	-	-
陕 西	369	5 790	192	7 436
甘 肃	94	2 130	25	28
青 海	48	651	-	-
宁 夏	142	1 343	-	-
新 疆	-	-	-	-
不分地区	-	-	10 553	115 297 405

3-12 水路旅客运输量（按航区分）

地区	客运量（万人）			旅客周转量（万人公里）		
	内河	沿海	远洋	内河	沿海	远洋
全国总计	15 141	9 641	970	354 295	302 295	118 201
北　京	-	-	-	-	-	-
天　津	75	-	1	1 076	-	1 502
河　北	-	-	-	-	-	-
山　西	117	-	-	949	-	-
内蒙古	-	-	-	-	-	-
辽　宁	-	572	16	-	67 791	7 251
吉　林	241	-	-	3 254	-	-
黑龙江	329	-	-	3 738	-	-
上　海	-	353	-	-	9 868	-
江　苏	571	23	-	7 556	6 296	-
浙　江	865	2 589	-	9 767	51 813	-
安　徽	159	-	-	2 947	-	-
福　建	252	1 358	91	4 468	16 370	6 341
江　西	255	-	-	3 169	-	-
山　东	814	1 657	103	3 259	74 245	47 457
河　南	249	-	-	6 046	-	-
湖　北	444	-	-	29 882	-	-
湖　南	1 349	-	-	26 292	-	-
广　东	358	1 608	759	8 337	36 101	55 650
广　西	291	179	-	13 542	9 225	-
海　南	281	1 301	-	934	30 586	-
重　庆	1 256	-	-	113 164	-	-
四　川	3 276	-	-	27 283	-	-
贵　州	2 453	-	-	58 521	-	-
云　南	855	-	-	20 197	-	-
西　藏	-	-	-	-	-	-
陕　西	369	-	-	5 790	-	-
甘　肃	94	-	-	2 130	-	-
青　海	48	-	-	651	-	-
宁　夏	142	-	-	1 343	-	-
新　疆	-	-	-	-	-	-
不分地区	-	-	-	-	-	-

3-13 水路货物运输量（按航区分）

地 区	货运量（万吨）			货物周转量（万吨公里）		
	内 河	沿 海	远 洋	内 河	沿 海	远 洋
全国总计	**230 187**	**162 702**	**65 815**	**76 384 153**	**206 570 631**	**534 121 005**
北 京	–	–	–	–	–	–
天 津	39	4 161	6 171	1 925	7 677 108	62 447 869
河 北	–	2 590	–	–	5 096 022	–
山 西	30	–	–	596	–	–
内蒙古	–	–	–	–	–	–
辽 宁	16	5 642	6 973	160	7 764 425	67 068 646
吉 林	331	–	–	10 832	–	–
黑龙江	1 175	–	–	75 584	–	–
上 海	2 662	30 149	17 491	489 474	39 317 350	160 865 039
江 苏	41 007	12 110	5 522	8 236 009	11 445 368	40 848 159
浙 江	27 917	43 455	2 445	4 100 387	51 516 415	18 047 694
安 徽	38 402	2 301	13	13 817 841	2 276 124	42 642
福 建	2 703	16 318	2 079	108 828	22 581 204	6 539 910
江 西	7 426	490	15	1 329 992	686 569	56 080
山 东	4 349	7 711	1 645	1 990 012	8 139 858	14 251 412
河 南	7 705	–	–	4 841 487	–	–
湖 北	11 836	7 275	816	7 407 585	6 833 556	5 330 665
湖 南	18 622	–	83	4 158 518	–	1 464 091
广 东	29 207	17 960	10 570	4 759 676	27 610 737	35 832 440
广 西	14 660	4 297	441	5 848 878	7 679 340	195 137
海 南	407	8 123	998	557 615	7 899 796	5 833 815
重 庆	12 754	121	–	17 352 716	46 760	–
四 川	7 160	–	–	1 036 766	–	–
贵 州	1 098	–	–	164 698	–	–
云 南	465	–	–	87 110	–	–
西 藏	–	–	–	–	–	–
陕 西	192	–	–	7 436	–	–
甘 肃	25	–	–	28	–	–
青 海	–	–	–	–	–	–
宁 夏	–	–	–	–	–	–
新 疆	–	–	–	–	–	–
不分地区	–	–	10 553	–	–	115 297 405

3-14　海上险情及搜救活动

指　标	计算单位	数　量	所占比例（%）
一、船舶、人员遇险次数	次	1 954	100.00
1.按遇险性质分：碰撞	次	379	19.40
触礁	次	53	2.71
搁浅	次	238	12.18
触损	次	51	2.61
浪损	次	23	1.18
火灾/爆炸	次	70	3.58
风灾	次	61	3.12
自沉	次	168	8.60
机损	次	221	11.31
伤病	次	324	16.58
其他	次	366	18.73
2.按区域分：东海海区	次	619	31.68
南海海区	次	392	20.06
黄海海区	次	209	10.70
渤海海区	次	476	24.36
江河干流	次	159	8.14
支流、湖泊	次	93	4.76
其他	次	6	0.31
3.按等级分：一般	次	1 044	53.43
较大	次	609	31.17
重大	次	281	14.38
特大	次	20	1.02
二、遇险人员救助情况	人次	16 957	100.00
获救人员	人次	16 392	96.67
三、各部门派出搜救船艇	艘次	7 316	100.00
海事	艘次	1 906	26.05
救捞	艘次	509	6.96
军队	艘次	147	2.01
社会	艘次	2 108	28.81
渔船	艘次	1 453	19.86
过往船舶	艘次	1 193	16.31
四、各部门派出搜救飞机	架次	352	100.00
海事	架次	16	4.55
救捞	架次	308	87.50
军队	架次	3	0.85
社会	架次	25	7.10

资料来源：中国海上搜救中心。

主要统计指标解释

内河航道通航长度 指报告期末在江河、湖泊、水库、渠道和运河水域内,船舶、排筏在不同水位期可以通航的实际航道里程数。计算单位:公里。内河航道通航里程按主航道中心线实际长度计算。

内河航道通航里程可分为等级航道和等外航道里程,等级航道里程又分为一级航道、二级航道、三级航道、四级航道、五级航道、六级航道和七级航道里程。

船舶数量 指报告期末在交通运输主管部门注册登记的船舶实际数量。计算单位:艘。统计的船舶包括运输船舶、工程船舶和辅助船舶,不包括渔船和军用船舶。

船舶一般分为机动船和驳船,机动船又可分为客船、客货船、货船(包括集装箱船)和拖船。

净载重量 指报告期末所拥有船舶的总载重量减去燃(物)料、淡水、粮食及供应品、人员及其行李等重量及船舶常数后,能够装载货物的实际重量。计算单位:吨。船舶常数指船舶经过一段时间营运后的空船重量与船舶建造出厂时空船重量的差值。

载客量 指报告期末所拥有船舶可用于载运旅客的额定数量。计算单位:客位。载客量包括船员临时占用的旅客铺位,但不包括船员自用铺位。客货船临时将货舱改作载客用途,该船的客位数不作变更。

箱位量 指报告期末所拥有集装箱船舶可装载折合为20英尺(6.096米)集装箱的额定数量。计算单位:TEU。各种外部尺寸的集装箱箱位均按折算系数折算成20英尺集装箱进行计算。

船舶功率 指报告期末所拥有船舶主机的额定功率数。计算单位:千瓦。

客运量 指报告期内船舶实际运送的旅客人数。计算单位:人。

旅客周转量 指报告期内船舶实际运送的每位旅客与该旅客运送距离的乘积之和。计算单位:人公里。

货运量 指报告期内船舶实际运送的货物重量。计算单位:吨。

货物周转量 指报告期内船舶实际运送的每批货物重量与该批货物运送距离的乘积之和。计算单位:吨公里。

四、城市客运

简 要 说 明

一、本篇资料反映我国全国、中心城市公共交通运输发展的基本情况。主要包括：全国、中心城市公共交通的运输工具、运营线路、客运量等内容。

二、从 2009 年起，交通运输部负责全国城市客运统计。根据 2011 年交通运输部制定的《城市（县城）客运统计报表制度》，收集、整理、汇总形成 2012 年城市客运统计数据。

三、本资料分全国、中心城市公共汽车和无轨电车、轨道交通、出租汽车和客运轮渡。

4-1　全国城市客运经营业户

单位：户

地区	公共汽电车经营业户数				轨道交通经营业户数	城市客运轮渡经营业户数
		国有企业	国有控股企业	私营企业		
全　国	3 312	763	368	1 763	23	80
北　京	2	1	1	-	2	-
天　津	12	11	-	1	2	-
河　北	151	30	11	98	-	-
山　西	112	9	7	90	-	-
内蒙古	212	8	3	129	-	-
辽　宁	108	35	26	42	2	-
吉　林	100	13	7	72	1	-
黑龙江	153	23	2	120	-	18
上　海	34	-	23	-	6	1
江　苏	103	43	31	27	2	1
浙　江	124	53	22	42	1	2
安　徽	107	27	18	55	-	1
福　建	83	38	24	20	-	3
江　西	107	19	15	70	-	3
山　东	192	76	23	85	-	1
河　南	108	37	8	58	-	-
湖　北	88	43	4	36	1	7
湖　南	154	53	15	85	-	4
广　东	197	40	26	120	3	29
广　西	118	17	3	82	-	-
海　南	47	11	4	31	-	2
重　庆	7	6	1	-	1	8
四　川	218	40	31	109	1	-
贵　州	256	17	6	57	-	-
云　南	142	33	19	90	-	-
西　藏	9	5	-	3	-	-
陕　西	109	20	12	75	1	-
甘　肃	70	8	4	55	-	-
青　海	36	10	6	18	-	-
宁　夏	40	4	1	35	-	-
新　疆	113	33	15	58	-	-

4-1 （续表一）

单位：户

地 区	出租汽车经营业户数					个体经营业户数
	合计	车辆301辆以上的企业数	车辆101~300辆（含）的企业数	车辆50~100辆（含）的企业数	车辆50辆（含）以下的企业数	
全 国	139 829	764	2 544	2 207	2 864	131 450
北 京	1 403	27	62	55	102	1 157
天 津	6 088	26	27	10	11	6 014
河 北	1 085	66	114	94	78	733
山 西	260	25	106	81	48	-
内蒙古	17 778	52	88	43	42	17 553
辽 宁	21 206	52	155	88	293	20 618
吉 林	34 858	29	69	40	88	34 632
黑龙江	23 560	72	160	70	93	23 165
上 海	3 201	27	16	29	53	3 076
江 苏	5 498	25	155	113	89	5 116
浙 江	3 434	16	104	96	197	3 021
安 徽	1 254	40	118	61	42	993
福 建	200	12	28	61	99	-
江 西	209	7	31	63	108	-
山 东	2 226	42	189	131	107	1 757
河 南	470	34	162	157	116	1
湖 北	1 661	14	100	106	70	1 371
湖 南	311	10	103	124	74	-
广 东	465	43	134	127	125	36
广 西	209	15	31	44	90	29
海 南	55	1	15	10	29	-
重 庆	1 076	9	36	46	74	911
四 川	1 212	17	93	130	331	641
贵 州	5 428	9	32	40	85	5 262
云 南	1 607	10	58	97	120	1 322
西 藏	21	-	8	7	6	-
陕 西	325	12	81	120	112	-
甘 肃	432	18	100	57	51	206
青 海	107	10	20	8	12	57
宁 夏	86	12	38	18	18	-
新 疆	4 104	32	111	81	101	3 779

4-2 全国城市客运从业人员

单位：人

地 区	公共汽电车从业人员	出租汽车从业人员	轨道交通从业人员	客运轮渡从业人员
全 国	**1 256 341**	**2 506 794**	**119 516**	**6 457**
北 京	85 746	100 700	28 049	–
天 津	17 120	39 500	4 685	–
河 北	47 099	107 453	–	–
山 西	28 515	70 030	–	–
内蒙古	21 734	100 121	–	–
辽 宁	59 182	184 208	5 937	–
吉 林	26 571	141 205	1 757	–
黑龙江	39 395	146 613	–	866
上 海	62 411	129 278	28 155	1 576
江 苏	76 738	109 938	6 228	333
浙 江	62 815	102 899	2528	160
安 徽	35 771	100 826	–	80
福 建	30 781	48 568	–	369
江 西	20 191	34 622	–	85
山 东	82 346	120 458	–	636
河 南	53 714	113 511	–	–
湖 北	53 197	91 038	1 895	944
湖 南	47 104	74 666	–	96
广 东	145 710	136 771	24 487	908
广 西	20 761	37 493	–	–
海 南	7 921	10 265	–	171
重 庆	29 778	55 371	10 165	233
四 川	57 112	97 950	2 836	–
贵 州	18 422	50 932	–	–
云 南	25 622	51 408	–	–
西 藏	1 566	4 405	–	–
陕 西	36 660	72 125	2 794	–
甘 肃	18 855	47 725	–	–
青 海	9 159	21 062	–	–
宁 夏	9 976	25 157	–	–
新 疆	24 369	80 496	–	–

4-3 全国城市客运设施

地区	公交专用车道长度（公里）	轨道交通车站数（个）	换乘站数	城市客运轮渡在用码头数（个）	公交IC卡售卡量（万张）
全国	5 255.8	1 375	116	268	31 007.3
北京	355.1	261	36	-	5 564.3
天津	65.0	80	3	-	700.0
河北	59.6	-	-	-	486.4
山西	92.5	-	-	-	322.6
内蒙古	51.2	-	-	-	110.4
辽宁	280.1	97	2	-	1 105.6
吉林	105.8	81	1	-	260.4
黑龙江	53.7	-	-	18	364.0
上海	161.8	289	37	38	4 719.0
江苏	553.1	81	2	15	2 568.1
浙江	174.8	31	1	9	1 702.5
安徽	95.5	-	-	1	455.2
福建	117.2	-	-	14	568.6
江西	25.7	-	-	6	124.3
山东	553.8	-	-	3	1 041.0
河南	40.0	-	-	-	672.3
湖北	68.1	46	1	31	648.8
湖南	182.8	-	-	13	504.0
广东	1 007.7	273	27	74	5 590.5
广西	89.7	-	-	-	238.3
海南	-	-	-	2	5.1
重庆	-	82	5	44	565.0
四川	473.0	37	1	-	1 035.3
贵州	13.4	-	-	-	138.3
云南	125.0	-	-	-	397.3
西藏	-	-	-	-	0.6
陕西	381.0	17	-	-	300.8
甘肃	-	-	-	-	348.5
青海	-	-	-	-	152.8
宁夏	53.0	-	-	-	15.2
新疆	77.2	-	-	-	302.1

4-4 全国公共汽电车数量

地区	公共汽电车数（辆）				标准运营车数（标台）
		空调车	安装卫星定位车载终端的车辆	BRT运营车辆	
全 国	474 891	222 804	285 276	3 975	528 236
北 京	22 146	14 095	8 121	367	32 585
天 津	8 405	5 056	3 471	-	9 732
河 北	20 691	5 264	11 101	-	20 565
山 西	9 664	1 468	3 339	-	10 180
内蒙古	8 336	1 048	2 543	-	8 102
辽 宁	21 678	968	8 852	64	25 085
吉 林	11 364	943	1 487	-	11 280
黑龙江	16 170	1 055	7 384	-	16 897
上 海	16 695	16 559	16 167	-	20 531
江 苏	32 065	22 650	27 791	634	37 445
浙 江	25 826	24 595	18 724	160	28 517
安 徽	15 128	4 595	9 095	215	16 216
福 建	13 350	12 674	8 880	238	14 313
江 西	9 849	3 571	6 122	-	10 899
山 东	37 309	7 607	24 290	309	40 752
河 南	20 904	5 501	10 587	460	21 852
湖 北	18 210	10 013	12 360	-	20 940
湖 南	16 516	7 911	7 064	70	17 608
广 东	52 013	49 601	38 938	989	57 997
广 西	9 822	1 464	6 304	-	10 381
海 南	2 860	2 787	1 745	-	2 993
重 庆	7 982	5 066	7 967	27	8 964
四 川	23 626	12 665	16 884	-	27 435
贵 州	5 682	1 120	3 086	-	5 938
云 南	12 189	969	5 584	-	11 951
西 藏	508	32	360	-	575
陕 西	12 086	1 759	2 668	-	13 616
甘 肃	6 572	238	3 783	-	6 716
青 海	3 603	285	2 158	-	3 451
宁 夏	3 528	409	2 228	80	3 726
新 疆	10 114	836	6 193	362	10 993

4-5 全国公共汽电车数量（按长度分）

地区	公共汽电车数（辆）								
	合计	≤5米	>5米且≤7米	>7米且≤10米	>10米且≤13米	>13米且≤16米	>16米且≤18米	>18米	双层车
全国	474 891	11 495	56 705	179 338	212 942	5 962	4 388	8	4 053
北京	22 146	-	-	-	14 881	4 008	2 380	-	877
天津	8 405	1	145	4 000	4 104	-	-	-	155
河北	20 691	3 129	3 114	7 484	6 296	600	10	2	56
山西	9 664	414	2 095	3 133	3 778	27	43	-	174
内蒙古	8 336	969	1 872	2 847	2 619	3	4	-	22
辽宁	21 678	12	2 207	6 488	12 638	120	72	2	139
吉林	11 364	305	2 349	6 207	2 466	-	-	-	37
黑龙江	16 170	1 023	2 977	5 064	7 106	-	-	-	-
上海	16 695	-	200	3 621	12 823	-	29	-	22
江苏	32 065	4	1 753	11 305	18 663	79	183	-	78
浙江	25 826	283	3 051	10 784	11 284	179	166	-	79
安徽	15 128	355	1 938	7 008	5 680	2	107	-	38
福建	13 350	327	2 127	5 205	5 600	-	30	-	61
江西	9 849	50	966	4 498	4 210	61	13	-	51
山东	37 309	652	3 858	17 283	15 060	99	180	-	177
河南	20 904	849	4 727	7 434	7 054	516	207	2	115
湖北	18 210	27	2 106	6 598	8 569	95	45	-	770
湖南	16 516	27	2 214	8 425	5 818	22	3	-	7
广东	52 013	547	4 519	22 087	24 579	86	36	-	159
广西	9 822	734	1 345	3 958	3 461	-	-	-	324
海南	2 860	6	322	1 805	691	36	-	-	-
重庆	7 982	-	330	4 049	3 603	-	-	-	-
四川	23 626	143	1 419	9 147	12 281	5	503	-	128
贵州	5 682	104	684	3 280	1 565	-	-	-	49
云南	12 189	446	4 008	4 524	2 845	-	46	-	320
西藏	508	-	86	118	301	-	-	-	3
陕西	12 086	4	2 420	2 500	6 979	-	-	-	183
甘肃	6 572	280	1 214	2 918	2 160	-	-	-	-
青海	3 603	367	978	1 194	1 054	-	-	-	10
宁夏	3 528	-	448	2 109	909	6	50	-	6
新疆	10 114	437	1 233	4 265	3 865	18	281	2	13

4-6　全国公共汽电车数量（按燃料类型分）

地区	公共汽电车数（辆）										
	合计	汽油车	乙醇汽油车	柴油车	液化石油气车	天然气车	双燃料车	无轨电车	纯电动客车	混合动力车	其他
全　国	474 891	23 778	9 735	306 465	8 884	86 379	24 528	1 696	1 722	11 704	—
北　京	22 146	—	—	18 242	—	3 244	—	560	100	—	—
天　津	8 405	37	—	7 714	—	559	20	—	40	35	—
河　北	20 691	3 620	1 138	10 981	—	4 780	66	—	—	106	—
山　西	9 664	1 256	—	4 968	—	1 363	1 944	133	—	—	—
内蒙古	8 336	1 841	—	3 991	10	590	1 904	—	—	—	—
辽　宁	21 678	595	956	18 520	—	1 022	343	61	36	145	—
吉　林	11 364	—	2 015	7 198	—	—	2 151	—	—	—	—
黑龙江	16 170	37	3 170	9 829	517	2 436	181	—	—	—	—
上　海	16 695	—	—	16 186	—	140	—	160	199	10	—
江　苏	32 065	1 655	766	24 135	—	4 672	292	—	45	500	—
浙　江	25 826	445	—	22 187	—	1 899	—	51	8	1 236	—
安　徽	15 128	1 056	674	10 854	—	2 096	115	—	267	66	—
福　建	13 350	296	—	10 835	—	1 812	—	—	—	407	—
江　西	9 849	181	—	9 195	—	213	—	—	1	259	—
山　东	37 309	1 831	118	25 861	20	7 650	768	140	133	788	—
河　南	20 904	1 743	527	14 522	18	1 324	1 570	110	22	1 068	—
湖　北	18 210	1 272	199	11 584	327	2 346	1 488	207	87	700	—
湖　南	16 516	608	—	12 681	—	1 128	—	—	12	2 087	—
广　东	52 013	465	—	34 207	7 590	6 009	159	274	361	2 948	—
广　西	9 822	714	172	8 853	—	70	—	—	13	—	—
海　南	2 860	—	—	1 276	268	907	—	—	30	379	—
重　庆	7 982	—	—	70	—	7 401	—	—	31	480	—
四　川	23 626	332	—	2 241	128	14 576	6 135	—	124	90	—
贵　州	5 682	857	—	2 800	—	1 929	96	—	—	—	—
云　南	12 189	2 048	—	9 209	—	116	207	—	209	400	—
西　藏	508	30	—	478	—	—	—	—	—	—	—
陕　西	12 086	205	—	1 973	—	4 435	5 469	—	4	—	—
甘　肃	6 572	579	—	3 032	—	2 864	97	—	—	—	—
青　海	3 603	493	—	470	—	2 532	108	—	—	—	—
宁　夏	3 528	114	—	863	—	2 205	346	—	—	—	—
新　疆	10 114	1 468	—	1 510	6	6 061	1 069	—	—	—	—

4-7 全国公共汽电车数量（按排放标准分）

地区	公共汽电车数（辆）				
	合计	国Ⅱ及以下	国Ⅲ	国Ⅳ	国Ⅴ及以上
全 国	474 891	161 542	251 791	54 755	6 803
北 京	22 146	–	12 567	6 004	3 575
天 津	8 405	1 304	6 600	501	–
河 北	20 691	9 258	9 097	2 223	113
山 西	9 664	3 246	4 043	2 368	7
内蒙古	8 336	3 101	4 712	440	83
辽 宁	21 678	10 202	10 589	775	112
吉 林	11 364	5 569	5 177	544	74
黑龙江	16 170	5 827	8 443	1 812	88
上 海	16 695	5 260	9 873	1 562	–
江 苏	32 065	8 757	19 728	3 160	420
浙 江	25 826	7 376	14 434	3 721	295
安 徽	15 128	6 870	7 728	425	105
福 建	13 350	3 328	8 893	1 057	72
江 西	9 849	4 639	4 940	256	14
山 东	37 309	15 102	18 436	3 251	520
河 南	20 904	10 263	9 403	1 153	85
湖 北	18 210	8 213	9 396	601	–
湖 南	16 516	6 650	9 056	798	12
广 东	52 013	8 776	34 486	8 034	717
广 西	9 822	4 464	5 161	189	8
海 南	2 860	486	2 055	289	30
重 庆	7 982	3 570	4 021	360	31
四 川	23 626	8 928	7 600	6 895	203
贵 州	5 682	2 078	3 558	46	–
云 南	12 189	6 365	5 153	617	54
西 藏	508	144	93	262	9
陕 西	12 086	5 207	6 259	620	–
甘 肃	6 572	1 482	2 743	2 310	37
青 海	3 603	1 609	1 001	991	2
宁 夏	3 528	669	1 911	886	62
新 疆	10 114	2 799	4 635	2 605	75

4-8 全国公共汽电车场站及线路

地 区	保养场面积（万平方米）	停车场面积（万平方米）	运营线路条数（条）	运营线路总长度（公里）	BRT 线路长度	无轨电车线路长度
全 国	973.1	4 694.5	38 243	714 562	1 383	805
北 京	57.3	276.6	779	19 547	81	201
天 津	5.8	61.7	536	12 732	-	-
河 北	13.2	201.0	1 749	28 485	-	-
山 西	7.7	93.6	1 019	19 253	-	47
内蒙古	9.6	129.2	871	20 693	-	-
辽 宁	35.8	245.3	1 596	26 419	14	8
吉 林	4.8	42.8	883	12 446	-	-
黑龙江	13.7	173.5	1 057	19 587	-	-
上 海	43.4	125.5	1 257	23 190	-	183
江 苏	129.2	373.1	2 936	52 887	439	-
浙 江	105.0	271.5	2 722	47 193	110	14
安 徽	65.0	202.7	1 089	16 813	22	-
福 建	24.3	100.2	1 249	19 605	92	-
江 西	18.1	67.1	967	17 222	-	-
山 东	38.8	414.8	2 825	64 976	267	46
河 南	10.2	232.4	1 426	24 278	208	57
湖 北	55.2	155.4	1 143	20 539	-	89
湖 南	33.9	118.0	1 217	19 498	21	-
广 东	73.2	478.6	4 241	91 235	23	160
广 西	21.9	122.1	1 042	16 501	-	-
海 南	4.4	21.9	230	6 350	-	-
重 庆	13.2	18.6	446	8 828	30	-
四 川	50.5	219.6	1 896	28 763	-	-
贵 州	20.0	34.5	506	6 518	-	-
云 南	18.3	144.2	1 642	38 472	-	-
西 藏	0.1	4.3	56	1 022	-	-
陕 西	59.0	118.5	658	12 367	-	-
甘 肃	6.4	36.9	524	8 013	-	-
青 海	1.4	17.2	319	6 192	-	-
宁 夏	6.4	54.5	347	6 635	21	-
新 疆	27.1	138.9	1 015	18 303	55	-

4-9 全国公共汽电车客运量

地区	运营里程（万公里）	客运量（万人次）	月票换算	使用IC卡
全 国	3 468 229	7 498 035	287 718	2 992 496
北 京	133 999	515 416	-	430 568
天 津	41 593	118 721	2 617	50 817
河 北	163 626	222 856	31 915	35 604
山 西	86 897	136 574	5 240	57 547
内蒙古	68 196	112 775	1 905	26 282
辽 宁	142 389	413 692	8 115	138 244
吉 林	75 032	172 750	1 242	37 740
黑龙江	123 512	240 621	8 031	74 836
上 海	111 377	280 360	-	217 154
江 苏	234 861	444 148	10 690	214 530
浙 江	163 139	345 503	2 986	169 574
安 徽	107 888	243 600	5 013	76 522
福 建	93 259	241 436	13 239	73 090
江 西	79 680	147 502	1 046	34 636
山 东	258 997	421 566	41 382	134 455
河 南	140 297	281 704	3 541	90 385
湖 北	142 540	349 152	1 958	155 720
湖 南	152 523	320 177	2 704	51 798
广 东	481 817	750 296	489	404 343
广 西	68 856	160 505	27 531	23 407
海 南	34 933	46 653	-	486
重 庆	61 801	176 968	12 535	89 723
四 川	141 588	398 599	93 129	60 121
贵 州	40 277	143 499	1 426	16 306
云 南	86 197	172 050	2 348	84 018
西 藏	3 257	8 087	-	1 097
陕 西	87 088	265 364	2 406	112 867
甘 肃	37 037	111 513	1 882	50 994
青 海	20 959	47 028	3	29 361
宁 夏	21 373	40 523	23	2 434
新 疆	63 241	168 398	4 323	47 838

4-10 全国出租汽车车辆数

单位：辆

地区	运营车数								
	合计	汽油车	乙醇汽油车	柴油车	液化石油气车	天然气车	双燃料车	纯电动车	其他
全国	**1 299 682**	**614 161**	**211 611**	**72 385**	**7 523**	**57 180**	**335 396**	**1 426**	**—**
北京	66 646	66 646	—	—	—	—	—	—	
天津	31 940	31 939	—	1	—	—	—	—	
河北	66 585	32 247	7 957	1 155	—	—	25 226	—	
山西	40 866	21 932	—	78	—	3 108	15 748	—	
内蒙古	62 372	39 495	—	212	—	—	22 665	—	
辽宁	90 401	56 513	19 314	12 288	—	84	2 202	—	—
吉林	68 838	—	56 722	9 320	—	—	2796	—	
黑龙江	97 095	2 792	88 739	5 428	—	36	100	—	
上海	50 683	48 811	—	725	—	—	1 147	—	
江苏	54 464	29 204	6 345	1 374	2	1 121	16 418	—	
浙江	40 725	26 015	—	10 313	200	—	3 997	200	
安徽	51 592	9 127	9 274	1 038	1 255	7 044	23 854	—	
福建	20 783	9 427	—	3 604	—	749	7 003	—	
江西	16 219	9 472	—	6 240	—	—	507	—	
山东	68 690	28 543	1 436	559	—	3 793	34 359	—	—
河南	59 523	28 410	12 724	2 550	839	1 684	13 216	100	
湖北	38 643	11 886	2 029	43	—	2 824	21 861	—	
湖南	33 257	14 887	—	8 456	—	93	9 821	—	
广东	64 386	28 191	—	3 905	3 624	1 555	26 305	806	
广西	18 877	9 744	7 071	1 113	—	210	739	—	
海南	5 252	251	—	1 599	—	93	3 029	280	
重庆	19 108	823	—	—	—	1 211	17 074	—	
四川	41 378	7 228	—	48	—	1 282	32 820	—	
贵州	20 600	18 885	—	1 632	—	33	50	—	
云南	27 318	26 252	—	680	—	35	351	—	
西藏	2 050	743	—	—	1 183	—	124	—	
陕西	33 974	8 834	—	—	—	—	25 120	20	—
甘肃	31 065	16 719	—	—	—	13 435	911	—	
青海	12 178	5 765	—	—	—	—	6 413	—	
宁夏	15 854	7 809	—	—	—	3 976	4 049	20	
新疆	48 320	15 571	—	24	420	14 814	17 491	—	—

4-11 全国出租汽车运量

地区	载客车次总数（万车次）	运营里程（万公里）		客运量（万人次）
			载客里程	
全国	1 986 108	15 662 785	11 017 454	3 900 276
北京	50 460	585 056	405 773	69 862
天津	18 972	397 255	258 216	36 500
河北	69 214	684 763	462 383	137 482
山西	54 982	421 977	305 446	107 250
内蒙古	69 269	637 614	442 418	137 424
辽宁	146 415	1 197 766	882 569	292 589
吉林	110 662	740 525	595 078	236 855
黑龙江	153 852	881 039	623 192	309 700
上海	59 503	637 739	398 401	107 507
江苏	81 647	724 587	459 303	159 054
浙江	79 176	639 242	445 121	151 986
安徽	85 904	649 913	458 979	179 293
福建	33 850	306 395	209 048	67 479
江西	29 527	213 042	144 431	64 526
山东	90 446	885 915	575 880	162 971
河南	90 045	663 838	502 464	163 759
湖北	75 954	552 427	378 186	140 541
湖南	84 203	515 677	370 206	175 682
广东	101 327	989 249	648 026	202 449
广西	23 212	206 356	142 520	47 818
海南	6 280	77 992	69 781	14 380
重庆	46 508	306 187	225 238	94 539
四川	86 979	608 120	423 085	166 789
贵州	54 509	244 013	202 931	126 875
云南	44 127	243 706	173 240	94 965
西藏	6 224	38 684	28 428	12 420
陕西	64 817	469 987	332 866	127 156
甘肃	41 853	301 996	233 813	77 098
青海	16 203	115 722	91 803	28 586
宁夏	25 972	175 486	127 286	50 885
新疆	84 014	550 518	401 343	155 853

4-12　全国轨道交通运营车辆数

地区	运营车数（辆）						标准运营车数（标台）	编组列数（列）
	合计	地铁	轻轨	单轨	有轨电车	磁悬浮		
全　国	12 611	11 225	1 247	-	125	14	30 672	2 260
北　京	3 685	3 685	-	-	-	-	9 213	604
天　津	626	450	152	-	24	-	1 527	121
河　北	-	-	-	-	-	-	-	-
山　西	-	-	-	-	-	-	-	-
内蒙古	-	-	-	-	-	-	-	-
辽　宁	468	252	144	-	72	-	1 110	150
吉　林	380	-	351	-	29	-	490	106
黑龙江	-	-	-	-	-	-	-	-
上　海	3 130	3 116	-	-	-	14	7 825	508
江　苏	576	480	96	-	-	-	1 440	104
浙　江	168	168	-	-	-	-	420	28
安　徽	-	-	-	-	-	-	-	-
福　建	-	-	-	-	-	-	-	-
江　西	-	-	-	-	-	-	-	-
山　东	-	-	-	-	-	-	-	-
河　南	-	-	-	-	-	-	-	-
湖　北	312	180	132	-	-	-	780	63
湖　南	-	-	-	-	-	-	-	-
广　东	2 360	2 360	-	-	-	-	5 900	425
广　西	-	-	-	-	-	-	-	-
海　南	-	-	-	-	-	-	-	-
重　庆	558	186	372	-	-	-	1 097	93
四　川	240	240	-	-	-	-	600	40
贵　州	-	-	-	-	-	-	-	-
云　南	-	-	-	-	-	-	-	-
西　藏	-	-	-	-	-	-	-	-
陕　西	108	108	-	-	-	-	270	18
甘　肃	-	-	-	-	-	-	-	-
青　海	-	-	-	-	-	-	-	-
宁　夏	-	-	-	-	-	-	-	-
新　疆	-	-	-	-	-	-	-	-

4-13　全国轨道交通运营线路条数

单位：条

地　区	运营线路条数					
	合计	地铁	轻轨	单轨	有轨电车	磁悬浮
全　国	**69**	**55**	**9**	**–**	**4**	**1**
北　京	16	16	–	–	–	–
天　津	5	3	1	–	1	–
河　北	–	–	–	–	–	–
山　西	–	–	–	–	–	–
内蒙古	–	–	–	–	–	–
辽　宁	6	2	2	–	2	–
吉　林	3	–	2	–	1	–
黑龙江	–	–	–	–	–	–
上　海	13	12	–	–	–	1
江　苏	3	2	1	–	–	–
浙　江	1	1	–	–	–	–
安　徽	–	–	–	–	–	–
福　建	–	–	–	–	–	–
江　西	–	–	–	–	–	–
山　东	–	–	–	–	–	–
河　南	–	–	–	–	–	–
湖　北	2	1	1	–	–	–
湖　南	–	–	–	–	–	–
广　东	13	13	–	–	–	–
广　西	–	–	–	–	–	–
海　南	–	–	–	–	–	–
重　庆	4	2	2	–	–	–
四　川	2	2	–	–	–	–
贵　州	–	–	–	–	–	–
云　南	–	–	–	–	–	–
西　藏	–	–	–	–	–	–
陕　西	1	1	–	–	–	–
甘　肃	–	–	–	–	–	–
青　海	–	–	–	–	–	–
宁　夏	–	–	–	–	–	–
新　疆	–	–	–	–	–	–

4-14　全国轨道交通运营线路里程

单位：公里

地区	运营线路总长度					
	合计	地铁	轻轨	单轨	有轨电车	磁悬浮
全国	2 057.9	1 698.5	290.8	–	39.5	29.1
北京	442.0	442.0	–	–	–	–
天津	138.7	78.5	52.3	–	7.9	–
河北	–	–	–	–	–	–
山西	–	–	–	–	–	–
内蒙古	–	–	–	–	–	–
辽宁	136.8	49.8	63.0	–	24.0	–
吉林	54.5	–	46.9	–	7.6	–
黑龙江	–	–	–	–	–	–
上海	468.2	439.1	–	–	–	29.1
江苏	110.2	85.0	25.2	–	–	–
浙江	48	48	–	–	–	–
安徽	–	–	–	–	–	–
福建	–	–	–	–	–	–
江西	–	–	–	–	–	–
山东	–	–	–	–	–	–
河南	–	–	–	–	–	–
湖北	56.1	27.7	28.4	–	–	–
湖南	–	–	–	–	–	–
广东	413.0	413.0	–	–	–	–
广西	–	–	–	–	–	–
海南	–	–	–	–	–	–
重庆	131.0	56.0	75	–	–	–
四川	39.5	39.5	–	–	–	–
贵州	–	–	–	–	–	–
云南	–	–	–	–	–	–
西藏	–	–	–	–	–	–
陕西	19.9	19.9	–	–	–	–
甘肃	–	–	–	–	–	–
青海	–	–	–	–	–	–
宁夏	–	–	–	–	–	–
新疆	–	–	–	–	–	–

4-15 全国轨道交通运量

地 区	运营里程（万列公里）	客运量（万人次）
全 国	28 053	872 925
北 京	5 390	246 162
天 津	779	11 230
河 北	-	-
山 西	-	-
内蒙古	-	-
辽 宁	1 107	26 910
吉 林	563	5 225
黑龙江	-	-
上 海	5 570	227 573
江 苏	6 697	42 655
浙 江	35	561
安 徽	-	-
福 建	-	-
江 西	-	-
山 东	-	-
河 南	-	-
湖 北	367	8 288
湖 南	-	-
广 东	6 146	263 739
广 西	-	-
海 南	-	-
重 庆	959	24 363
四 川	257	10 308
贵 州	-	-
云 南	-	-
西 藏	-	-
陕 西	184	5 912
甘 肃	-	-
青 海	-	-
宁 夏	-	-
新 疆	-	-

4-16 全国城市客运轮渡船舶及航线数

地区	运营船数（艘）	运营航线条数（条）	运营航线总长度（公里）
全　国	590	222	846.0
北　京	-	-	-
天　津	-	-	-
河　北	-	-	-
山　西	-	-	-
内蒙古	-	-	-
辽　宁	-	-	-
吉　林	-	-	-
黑龙江	140	25	111.0
上　海	54	17	10.9
江　苏	19	7	31.4
浙　江	6	2	1.9
安　徽	7	1	3.4
福　建	25	10	73.5
江　西	8	4	4.5
山　东	38	15	208.0
河　南	-	-	-
湖　北	61	22	113.2
湖　南	16	12	10.6
广　东	154	64	160.2
广　西	-	-	-
海　南	18	12	22.1
重　庆	44	31	95.3
四　川	-	-	-
贵　州	-	-	-
云　南	-	-	-
西　藏	-	-	-
陕　西	-	-	-
甘　肃	-	-	-
青　海	-	-	-
宁　夏	-	-	-
新　疆	-	-	-

4-17 全国城市客运轮渡运量

地区	运量		
	客运量(万人次)	机动车运量(辆)	非机动车运量(辆)
全 国	13 135	5 781 989	29 340 841
北 京	–	–	–
天 津	–	–	–
河 北	–	–	–
山 西	–	–	–
内蒙古	–	–	–
辽 宁	–	–	–
吉 林	–	–	–
黑龙江	507	74 210	126 067
上 海	1 905	1 035 529	26 733 887
江 苏	1 004	74 880	1 970 142
浙 江	488	–	–
安 徽	284	520 451	–
福 建	2 843	28	–
江 西	63	76 115	60 220
山 东	221	228 470	–
河 南	–	–	–
湖 北	1 845	1 508 060	113 200
湖 南	135	8	11
广 东	3 363	1 584 028	337 314
广 西	–	–	–
海 南	164	680 210	–
重 庆	314	–	–
四 川	–	–	–
贵 州	–	–	–
云 南	–	–	–
西 藏	–	–	–
陕 西	–	–	–
甘 肃	–	–	–
青 海	–	–	–
宁 夏	–	–	–
新 疆	–	–	–

4-18　中心城市城市客运经营业户

单位：户

地区	公共汽电车经营业户数	国有企业	国有控股企业	私营企业	轨道交通经营业户数	城市客运轮渡经营业户数
北京	2	1	1	-	2	-
天津	12	11	-	1	2	-
石家庄	1	1	-	-	-	-
太原	7	-	1	6	-	-
呼和浩特	1	1	-	-	-	-
沈阳	17	3	7	4	1	-
长春	26	1	1	24	1	-
哈尔滨	39	2	1	36	-	5
上海	34	-	23	-	6	1
南京	10	2	6	1	1	1
杭州	6	2	1	-	1	-
合肥	5	4	1	-	-	-
福州	4	2	1	-	-	2
南昌	2	2	-	-	-	-
济南	5	5	-	-	-	-
郑州	1	1	-	-	-	-
武汉	3	2	1	-	1	1
长沙	8	1	2	5	-	-
广州	14	2	8	4	1	1
南宁	6	1	-	5	-	-
海口	8	2	-	6	-	1
重庆	7	6	1	-	1	3
成都	19	2	3	11	1	-
贵阳	179	1	-	3	-	-
昆明	10	3	3	4	-	-
拉萨	1	1	-	-	-	-
西安	23	1	5	17	1	-
兰州	4	-	1	2	-	-
西宁	6	-	3	3	-	-
银川	1	1	-	-	-	-
乌鲁木齐	3	2	-	1	-	-
大连	12	6	-	6	1	-
青岛	4	4	-	-	-	1
宁波	6	2	1	3	-	1
深圳	3	-	3	-	2	-
厦门	3	1	-	2	-	1

4-18（续表一）

单位：户

地区	出租汽车经营业户数					
	合计	车辆301辆以上的企业数	车辆101~300辆（含）的企业数	车辆50~100辆（含）的企业数	车辆50辆（含）以下的企业数	个体经营业户数
北京	1 403	27	62	55	102	1 157
天津	6 088	26	27	10	11	6 014
石家庄	27	10	9	5	3	–
太原	23	7	7	2	7	–
呼和浩特	26	4	16	4	2	–
沈阳	532	12	44	26	89	361
长春	4 251	9	16	18	24	4 184
哈尔滨	97	10	38	25	24	–
上海	3 201	27	16	29	53	3 076
南京	1 450	4	23	15	15	1 393
杭州	1 469	5	24	15	59	1 366
合肥	120	6	–	–	1	113
福州	19	7	7	3	2	–
南昌	28	4	6	10	8	–
济南	201	8	22	11	–	160
郑州	49	10	23	14	2	–
武汉	476	9	38	4	8	417
长沙	26	6	17	3	–	–
广州	64	13	29	16	6	–
南宁	10	10	–	–	–	–
海口	12	1	8	1	2	–
重庆	1 017	9	27	26	44	911
成都	128	15	18	20	75	–
贵阳	536	7	10	8	4	507
昆明	37	8	15	9	5	–
拉萨	7	–	6	–	1	–
西安	57	7	31	9	10	–
兰州	43	7	16	5	1	14
西宁	6	6	–	–	–	–
银川	22	7	10	–	5	–
乌鲁木齐	39	9	12	12	6	–
大连	3 366	1	11	26	142	3 186
青岛	25	9	13	1	2	–
宁波	957	1	12	8	11	925
深圳	82	15	38	15	14	–
厦门	13	4	1	7	1	–

4-19 中心城市城市客运从业人员

单位：人

地区	公共汽电车从业人员	出租汽车从业人员	轨道交通从业人员	客运轮渡从业人员
北　京	85 746	100 700	28 049	-
天　津	17 120	39 500	4 685	-
石家庄	11 882	15 870	-	-
太　原	9 148	17 449	-	-
呼和浩特	5 339	15 481	-	-
沈　阳	13 919	50 145	3 117	-
长　春	9 556	44 002	1 757	-
哈尔滨	16 474	29 471	-	460
上　海	62 411	129 278	28 155	1 576
南　京	19 846	20 701	4 557	333
杭　州	22 482	26 543	2 528	-
合　肥	8 860	19 775	-	-
福　州	8 380	15 795	-	19
南　昌	6 417	12 114	-	-
济　南	11 483	13 506	-	-
郑　州	12 143	24 886	-	-
武　汉	25 088	45 314	1 895	663
长　沙	9 973	16 666	-	-
广　州	31 596	41 413	15 249	314
南　宁	5 361	12 945	-	-
海　口	4 395	5 613	-	75
重　庆	29 778	47 029	10 165	161
成　都	17 452	34 099	2 836	-
贵　阳	8 246	16 508	-	-
昆　明	10 954	15 142	-	-
拉　萨	1 219	2 406	-	-
西　安	23 630	32 261	2 794	-
兰　州	10 448	12 776	-	-
西　宁	6 051	10 748	-	-
银　川	5 257	10 512	-	-
乌鲁木齐	11 402	19 446	-	-
大　连	15 899	22 084	2 820	-
青　岛	17 690	18 165	-	636
宁　波	9 335	10 247	-	73
深　圳	58 804	35 189	9 238	-
厦　门	8 247	11 967	-	350

4-20 中心城市城市客运设施

地区	公交专用车道长度（公里）	轨道交通车站数（个）	换乘站数	城市客运轮渡在用码头数（个）	公交IC卡售卡量（万张）
北京	355.1	261	36	–	5 564.3
天津	65.0	80	3	–	700.0
石家庄	26.8	–	–	–	231.6
太原	92.5	–	–	–	258.0
呼和浩特	17.0	–	–	–	66.5
沈阳	152.1	41	1	–	515.2
长春	92.8	81	1	–	156.0
哈尔滨	30.7	–	–	15	293.2
上海	161.8	289	37	38	4 719.0
南京	71.0	57	2	15	901.1
杭州	61.0	31	1	–	606.7
合肥	22.4	–	–	–	222.9
福州	38.0	–	–	5	136.5
南昌	13.2	–	–	–	28.2
济南	114.9	–	–	–	342.4
郑州	30.0	–	–	–	451.2
武汉	32.9	46	1	14	350.0
长沙	129.6	–	–	–	269.2
广州	270.0	144	14	23	2 750.0
南宁	60.0	–	–	–	98.5
海口	–	–	–	–	5.0
重庆	–	82	5	10	565.0
成都	425.0	37	1	–	617.2
贵阳	13.4	–	–	–	107.1
昆明	125.0	–	–	–	294.5
拉萨	–	–	–	–	0.6
西安	238.8	17	–	–	165.0
兰州	–	–	–	–	272.6
西宁	–	–	–	–	142.1
银川	53.0	–	–	–	9.8
乌鲁木齐	57.2	–	–	–	197.3
大连	56.0	56	1	–	312.6
青岛	79.0	–	–	3	262.8
宁波	28.5	–	–	7	325.0
深圳	612.0	129	13	–	1 800.0
厦门	63.2	–	–	9	342.6

4-21　中心城市公共汽电车数量

地区	公共汽电车数（辆）				标准运营车数（标台）
		空调车	安装卫星定位车载终端	BRT运营车辆	
北　京	22 146	14 095	8 121	367	32 585
天　津	8 405	5 056	3 471	–	9 732
石家庄	4 197	827	4 197	–	5 400
太　原	2 782	643	–	–	3 462
呼和浩特	1 564	–	–	–	1 954
沈　阳	5 470	30	2 285	–	7 069
长　春	4 575	404	273	–	5 081
哈尔滨	5 433	706	3 634	–	6 759
上　海	16 695	16 559	16 167	–	20 531
南　京	6 239	3 892	4 396	–	7 657
杭　州	7 450	7 290	7 444	160	9 152
合　肥	3 271	906	3 147	215	3 956
福　州	3 408	3 408	911	–	4 005
南　昌	3 864	1 835	3 808	–	4 799
济　南	4 518	1 524	3 737	167	5 447
郑　州	5 548	3 266	4 911	460	7 195
武　汉	7 375	5 505	7 285	–	9 823
长　沙	3 775	2 676	3 323	–	4 878
广　州	12 291	12 291	12 116	989	15 042
南　宁	2 767	556	2 655	–	3 543
海　口	1 605	1 605	1 102	–	1 797
重　庆	7 982	5 066	7 967	27	8 964
成　都	9 890	7 759	9 343	–	12 497
贵　阳	2 553	663	2 369	–	2 892
昆　明	4 906	362	3 345	–	5 598
拉　萨	355	30	355	–	448
西　安	7 685	1 159	1 048	–	8 914
兰　州	2 634	228	2 248	–	3 165
西　宁	1 867	82	1 294	–	2 103
银　川	1 615	304	1 039	80	1 901
乌鲁木齐	3 914	–	3 300	362	4 988
大　连	4 972	387	1 471	64	6 169
青　岛	5 397	893	2 500	–	6 828
宁　波	4 046	4 002	1 993	–	4 857
深　圳	14 546	14 501	7 816	–	17 132
厦　门	3 893	3 893	3 521	238	4 758

4-22 中心城市公共汽电车数量（按长度分）

地区	公共汽电车数（辆）							
	合计	≤5米	>5米且≤7米	>7米且≤10米	>10米且≤13米	>13米且≤16米	>16米且≤18米	>18米	双层车
北　京	22 146	-	-	-	14 881	4 008	2 380	-	877
天　津	8 405	1	145	4 000	4 104	-	-	-	155
石家庄	4 197	-	-	994	2 615	564	10	2	12
太　原	2 782	-	148	579	1 882	-	40	-	133
呼和浩特	1 564	-	45	215	1 283	1	-	-	20
沈　阳	5 470	-	-	490	4 787	75	40	-	78
长　春	4 575	-	80	2 780	1 690	-	-	-	25
哈尔滨	5 433	-	64	885	4 484	-	-	-	-
上　海	16 695	-	200	3 621	12 823	-	29	-	22
南　京	6 239	-	317	901	5 009	-	-	-	12
杭　州	7 450	142	365	1 282	5 328	160	160	-	13
合　肥	3 271	-	23	1 231	1 890	-	107	-	20
福　州	3 408	155	50	911	2 289	-	-	-	3
南　昌	3 864	-	82	709	2 997	40	-	-	36
济　南	4 518	-	127	1 726	2 414	-	167	-	84
郑　州	5 548	-	403	602	3 730	516	207	-	90
武　汉	7 375	-	-	932	5 569	67	45	-	762
长　沙	3 775	-	-	97	3 678	-	-	-	-
广　州	12 291	-	-	520	2 166	9 569	-	36	-
南　宁	2 767	-	-	406	2 249	-	-	-	112
海　口	1 605	-	94	826	649	36	-	-	-
重　庆	7 982	-	330	4 049	3 603	-	-	-	-
成　都	9 890	-	336	1 937	6 996	-	503	-	118
贵　阳	2 553	8	217	1 052	1 234	-	-	-	42
昆　明	4 906	34	737	1 699	2 112	-	46	-	278
拉　萨	355	-	-	51	301	-	-	-	3
西　安	7 685	-	1 456	980	5 098	-	-	-	151
兰　州	2 634	-	170	525	1 939	-	-	-	-
西　宁	1 867	-	297	506	1 054	-	-	-	10
银　川	1 615	-	33	731	789	6	50	-	6
乌鲁木齐	3 914	-	42	892	2 705	-	275	-	-
大　连	4 972	-	-	1 186	3 683	25	32	2	44
青　岛	5 397	-	31	671	4 627	46	-	-	22
宁　波	4 046	-	292	833	2 885	-	6	-	30
深　圳	14 546	-	-	1 052	4 246	9 007	86	-	155
厦　门	3 893	-	191	807	2 811	-	30	-	54

4-23 中心城市公共汽电车数量（按燃料类型分）

地区	公共汽电车数（辆）										
	合计	汽油车	乙醇汽油车	柴油车	液化石油气车	天然气车	双燃料车	无轨电车	纯电动客车	混合动力车	其他
北　京	22 146	-	-	18 242	-	3 244	-	560	100	-	-
天　津	8 405	37	-	7 714	-	559	20	-	40	35	-
石家庄	4 197	2	-	1 318	-	2 877	-	-	-	-	-
太　原	2 782	528	-	337	-	617	1 167	133	-	-	-
呼和浩特	1 564	-	-	-	-	1 564	-	-	-	-	-
沈　阳	5 470	-	151	4 401	-	530	343	-	-	45	-
长　春	4 575	-	397	2 027	-	-	2 151	-	-	-	-
哈尔滨	5 433	-	942	1 587	517	2 387	-	-	-	-	-
上　海	16 695	-	-	16 186	-	140	-	160	199	10	-
南　京	6 239	1 107	-	3 910	-	1 055	147	-	20	-	-
杭　州	7 450	202	-	5 778	-	333	-	51	8	1 078	-
合　肥	3 271	-	33	2 235	-	809	-	-	192	2	-
福　州	3 408	155	-	2 502	-	730	-	-	-	21	-
南　昌	3 864	52	-	3 555	-	-	-	-	-	257	-
济　南	4 518	-	10	2 732	-	1 130	-	140	6	500	-
郑　州	5 548	-	-	2 972	-	-	1 506	35	10	1 025	-
武　汉	7 375	97	-	4 562	327	1 502	-	207	-	680	-
长　沙	3 775	30	-	1 856	-	577	-	-	-	1 312	-
广　州	12 291	40	-	3 051	7 590	276	-	274	26	1 034	-
南　宁	2 767	144	-	2 615	-	-	-	-	8	-	-
海　口	1 605	-	-	506	-	690	-	-	30	379	-
重　庆	7 982	-	-	70	-	7 401	-	-	31	480	-
成　都	9 890	-	-	185	100	8 564	827	-	124	90	-
贵　阳	2 553	436	-	288	-	1 814	15	-	-	-	-
昆　明	4 906	1 663	-	2 767	-	76	-	-	4	396	-
拉　萨	355	30	-	325	-	-	-	-	-	-	-
西　安	7 685	-	-	258	-	3 768	3 655	-	4	-	-
兰　州	2 634	-	-	16	-	2 618	-	-	-	-	-
西　宁	1 867	-	-	-	-	1 785	82	-	-	-	-
银　川	1 615	-	-	-	-	1 615	-	-	-	-	-
乌鲁木齐	3 914	-	-	275	-	3 639	-	-	-	-	-
大　连	4 972	-	119	4 406	-	250	-	61	36	100	-
青　岛	5 397	303	-	3 445	-	1 649	-	-	-	-	-
宁　波	4 046	1	-	3 185	-	860	-	-	-	-	-
深　圳	14 546	-	-	11 886	-	585	-	-	286	1 789	-
厦　门	3 893	6	-	3 085	-	416	-	-	-	386	-

4-24 中心城市公共汽电车数量（按排放标准分）

地区	公共汽电车数（辆）				
	合计	国Ⅱ及以下	国Ⅲ	国Ⅳ	国Ⅴ及以上
北 京	22 146	-	12 567	6 004	3 575
天 津	8 405	1 304	6 600	501	-
石家庄	4 197	1 606	2 117	474	
太 原	2 782	297	568	1 917	-
呼和浩特	1 564	-	1 499	-	65
沈 阳	5 470	1 796	3 089	585	-
长 春	4 575	2 173	2 111	291	
哈尔滨	5 433	1 208	2 860	1 277	88
上 海	16 695	5 260	9 873	1 562	-
南 京	6 239	2 580	3 426	233	
杭 州	7 450	2 293	3 010	1 924	223
合 肥	3 271	1 924	1 347	-	-
福 州	3 408	1 004	1 988	416	-
南 昌	3 864	1 581	2 223	60	-
济 南	4 518	1 595	2 277	500	146
郑 州	5 548	2 878	1 645	1 015	10
武 汉	7 375	2 994	4 149	232	
长 沙	3 775	1 229	2 186	360	-
广 州	12 291	321	9 055	2 615	300
南 宁	2 767	1 915	844	-	8
海 口	1 605	375	911	289	30
重 庆	7 982	3 570	4 021	360	31
成 都	9 890	2 108	1 552	6 106	124
贵 阳	2 553	1 206	1 347	-	-
昆 明	4 906	3 034	1 632	236	4
拉 萨	355	-	93	262	
西 安	7 685	3 424	3 885	376	-
兰 州	2 634	-	386	2 248	-
西 宁	1 867	1 208	250	409	
银 川	1 615	-	764	789	62
乌鲁木齐	3 914	1 131	913	1 870	-
大 连	4 972	2 728	2 086	81	77
青 岛	5 397	992	3 602	590	213
宁 波	4 046	750	2 692	604	-
深 圳	14 546	147	13 544	682	173
厦 门	3 893	512	2 995	386	-

4-25　中心城市公共汽电车场站及线路

地　区	保养场面积 （万平方米）	停车场面积 （万平方米）	运营线路条数 （条）	运营线路总长度（公里）	BRT 线路长度	无轨电车线路长度
北　京	57.3	276.6	779	19 547	81	201
天　津	5.8	61.7	536	12 732	–	–
石家庄	–	61.6	209	3 361	–	–
太　原	–	34.0	170	2 817	–	47
呼和浩特	4.7	48.5	102	1 666	–	–
沈　阳	6.3	27.6	210	4 040	–	–
长　春	1.2	1.7	247	4 486	–	–
哈尔滨	6.8	70.4	205	4 439	–	–
上　海	43.4	125.5	1 257	23 190	–	183
南　京	26.1	59.7	455	7 317	–	–
杭　州	86.0	77.8	620	11 351	110	14
合　肥	5.2	51.1	145	2 211	22	–
福　州	2.5	29.6	199	3 249	–	–
南　昌	4.6	5.0	182	3 908	–	–
济　南	5.6	99.6	221	4 031	74	46
郑　州	–	106.8	257	3 881	208	23
武　汉	38.5	52.9	307	6 073	–	89
长　沙	11.6	29.9	140	3 263	–	–
广　州	20.4	89.2	937	14 991	23	160
南　宁	5.8	32.7	145	2 548	–	–
海　口	3.4	11.2	93	3 847	–	–
重　庆	13.2	18.6	446	8 828	30	–
成　都	13.1	107.9	422	7 236	–	–
贵　阳	9.8	12.5	201	2 939	–	–
昆　明	11.2	86.0	413	10 862	–	–
拉　萨	–	4.0	26	529	–	–
西　安	53.0	71.5	243	5 797	–	–
兰　州	1.2	4.8	114	1 262	–	–
西　宁	0.2	9.9	74	1 267	–	–
银　川	2.8	27.2	73	1 406	21	–
乌鲁木齐	3.3	59.7	129	2 265	55	–
大　连	6.4	68.3	198	3 238	14	8
青　岛	5.8	50.8	263	5 072	–	–
宁　波	4.0	57.4	358	7 847	–	–
深　圳	13.6	137.6	854	18 336	–	–
厦　门	6.5	23.5	315	5 272	92	–

4-26 中心城市公共汽电车客运量

地 区	运营里程（万公里）	客运量（万人次）		
			月票换算	使用 IC 卡
北 京	133 999	515 416	—	430 568
天 津	41 593	118 721	2 617	50 817
石家庄	39 747	63 975	20 766	7 097
太 原	14 805	57 926	—	42 808
呼和浩特	10 157	36 870	—	18 748
沈 阳	33 888	113 117	—	55 490
长 春	29 504	75 759	—	21 303
哈尔滨	50 304	116 164	—	57 328
上 海	111 377	280 360	—	217 154
南 京	43 164	105 263	1	75 460
杭 州	44 617	131 900	2 758	88 666
合 肥	19 716	66 164	—	23 650
福 州	23 675	66 637	9 975	12 433
南 昌	34 286	60 539	30	14 586
济 南	26 385	85 312	34 689	15 409
郑 州	26 583	98 474	—	47 200
武 汉	50 288	158 478	1 162	115 028
长 沙	30 640	76 606	—	30 138
广 州	94 337	262 742	—	174 500
南 宁	17 181	58 339	666	6 549
海 口	20 881	28 747	—	464
重 庆	61 801	176 968	12 535	89 723
成 都	42 501	158 006	92 534	7 597
贵 阳	15 040	65 596	1 425	11 954
昆 明	28 965	85 293	—	60 082
拉 萨	2 190	6 772	—	1 097
西 安	49 876	174 575	—	92 398
兰 州	16 899	70 720	48	39 495
西 宁	9 501	38 392	—	27 209
银 川	8 662	26 233	—	1 731
乌鲁木齐	22 300	85 871	—	34 808
大 连	26 092	106 627	490	43 788
青 岛	27 719	95 103	29	51 219
宁 波	24 390	45 174	—	33 302
深 圳	123 578	228 305	—	145 635
厦 门	27 375	87 536	—	50 340

4-27 中心城市出租汽车车辆数

单位：辆

地区	运营车数								
	合计	汽油车	乙醇汽油车	柴油车	液化石油气车	天然气车	双燃料车	纯电动车	其他
北　京	66 646	66 646	-	-	-	-	-	-	-
天　津	31 940	31 939	-	1	-	-	-	-	-
石家庄	6 823	-	-	-	-	-	6 823	-	-
太　原	8 291	4 709	-	1	-	3 108	473	-	-
呼和浩特	5 575	-	-	-	-	-	5 575	-	-
沈　阳	19 640	14 405	-	4 413	-	-	822	-	-
长　春	16 967	-	10 964	6 003	-	-	-	-	-
哈尔滨	15 519	-	11 482	4 037	-	-	-	-	-
上　海	50 683	48 811	-	725	-	-	1 147	-	-
南　京	10 195	1 099	-	2	-	-	9 094	-	-
杭　州	10 344	9 589	-	355	200	-	-	200	-
合　肥	8 395	-	25	35	-	1 651	6 684	-	-
福　州	5 445	3 177	-	1 163	-	-	1 105	-	-
南　昌	4 753	1 335	-	2 981	-	-	437	-	-
济　南	8 357	314	49	172	-	-	7 822	-	-
郑　州	10 718	-	359	-	-	111	10 248	-	-
武　汉	16 597	971	-	-	-	-	15 626	-	-
长　沙	6 280	1 146	-	1 462	-	-	3 672	-	-
广　州	19 943	50	-	-	3 624	-	16 263	6	-
南　宁	5 670	-	5 190	100	-	-	380	-	-
海　口	2 610	-	-	25	-	-	2 305	280	-
重　庆	15 520	-	-	-	-	292	15 228	-	-
成　都	14 914	2 289	-	-	-	-	12 625	-	-
贵　阳	6 722	5 876	-	846	-	-	-	-	-
昆　明	8 125	7 977	-	148	-	-	-	-	-
拉　萨	1 160	50	-	-	1 110	-	-	-	-
西　安	13 132	8	-	-	-	-	13 124	-	-
兰　州	6 996	39	-	-	-	6 957	-	-	-
西　宁	5 516	-	-	-	-	-	5 516	-	-
银　川	5 278	1 322	-	-	-	3 936	-	20	-
乌鲁木齐	10 046	-	-	-	-	10 046	-	-	-
大　连	10 592	10 592	-	-	-	-	-	-	-
青　岛	9 693	8 499	-	-	-	-	1 194	-	-
宁　波	4 101	528	-	2 383	-	-	1 190	-	-
深　圳	15 300	14 500	-	-	-	-	-	800	-
厦　门	4 960	531	-	-	-	-	4 429	-	-

4-28 中心城市出租汽车运量

地区	载客车次总数（万车次）	运营里程（万公里）	载客里程	客运量（万人次）
北京	50 460	585 056	405 773	69 862
天津	18 972	397 255	258 216	36 500
石家庄	11 556	86 431	55 931	22 940
太原	10 520	109 517	80 471	19 508
呼和浩特	8 110	66 848	49 867	9 000
沈阳	27 732	284 250	196 132	55 463
长春	24 497	235 305	196 907	71 167
哈尔滨	23 505	184 227	125 009	48 784
上海	59 503	637 739	398 401	107 507
南京	14 113	129 360	83 471	28 353
杭州	18 195	147 007	102 076	36 511
合肥	14 271	126 996	90 818	28 542
福州	9 580	84 776	58 326	21 255
南昌	8 255	63 969	40 089	19 394
济南	9 823	89 495	55 172	19 652
郑州	15 194	94 468	71 568	29 649
武汉	25 704	243 030	171 106	38 664
长沙	13 858	104 546	72 411	28 473
广州	31 743	284 981	199 214	77 004
南宁	7 698	67 493	44 235	15 458
海口	3 306	31 867	28 246	7 573
重庆	34 994	254 308	189 460	74 589
成都	22 735	203 783	129 628	35 359
贵阳	13 627	75 958	56 325	33 499
昆明	9 745	73 399	52 232	23 662
拉萨	3 179	23 591	17 689	6 307
西安	24 092	200 959	139 863	48 100
兰州	13 062	83 285	74 605	23 562
西宁	9 105	57 669	48 085	18 799
银川	10 203	68 384	51 690	19 618
乌鲁木齐	15 765	132 389	92 066	22 386
大连	22 950	151 995	136 795	44 995
青岛	16 153	153 543	99 337	23 766
宁波	7 061	59 814	43 537	11 085
深圳	27 197	245 496	154 374	40 789
厦门	9 368	82 962	56 578	18 373

4-29 中心城市轨道交通运营车辆数

地区	运营车数（辆）						标准运营车数（标台）	编组列数（列）
	合计	地铁	轻轨	单轨	有轨电车	磁悬浮		
北 京	3 685	3 685	-	-	-	-	9 213	604
天 津	626	450	152	-	24	-	1 527	121
石家庄	-	-	-	-	-	-	-	-
太 原	-	-	-	-	-	-	-	-
呼和浩特	-	-	-	-	-	-	-	-
沈 阳	252	252	-	-	-	-	630	42
长 春	380	-	351	-	29	-	490	106
哈尔滨	-	-	-	-	-	-	-	-
上 海	3 130	3 116	-	-	-	14	7 825	508
南 京	480	480	-	-	-	-	1 200	80
杭 州	168	168	-	-	-	-	420	28
合 肥	-	-	-	-	-	-	-	-
福 州	-	-	-	-	-	-	-	-
南 昌	-	-	-	-	-	-	-	-
济 南	-	-	-	-	-	-	-	-
郑 州	-	-	-	-	-	-	-	-
武 汉	312	180	132	-	-	-	780	63
长 沙	-	-	-	-	-	-	-	-
广 州	1 310	1 310	-	-	-	-	3 275	242
南 宁	-	-	-	-	-	-	-	-
海 口	-	-	-	-	-	-	-	-
重 庆	558	186	372	-	-	-	1 097	93
成 都	240	240	-	-	-	-	600	40
贵 阳	-	-	-	-	-	-	-	-
昆 明	-	-	-	-	-	-	-	-
拉 萨	-	-	-	-	-	-	-	-
西 安	108	108	-	-	-	-	270	18
兰 州	-	-	-	-	-	-	-	-
西 宁	-	-	-	-	-	-	-	-
银 川	-	-	-	-	-	-	-	-
乌鲁木齐	-	-	-	-	-	-	-	-
大 连	216	-	144	-	72	-	480	108
青 岛	-	-	-	-	-	-	-	-
宁 波	-	-	-	-	-	-	-	-
深 圳	1 050	1 050	-	-	-	-	2 625	183
厦 门	-	-	-	-	-	-	-	-

4-30　中心城市轨道交通运营线路条数

单位：条

地　区	运 营 线 路 条 数					
	合计	地铁	轻轨	单轨	有轨电车	磁悬浮
北　京	16	16	-	-	-	-
天　津	5	3	1	-	1	-
石家庄	-	-	-	-	-	-
太　原	-	-	-	-	-	-
呼和浩特	-	-	-	-	-	-
沈　阳	2	2	-	-	-	-
长　春	3	-	2	-	1	-
哈尔滨	-	-	-	-	-	-
上　海	13	12	-	-	-	1
南　京	2	2	-	-	-	-
杭　州	1	1	-	-	-	-
合　肥	-	-	-	-	-	-
福　州	-	-	-	-	-	-
南　昌	-	-	-	-	-	-
济　南	-	-	-	-	-	-
郑　州	-	-	-	-	-	-
武　汉	2	1	1	-	-	-
长　沙	-	-	-	-	-	-
广　州	8	8	-	-	-	-
南　宁	-	-	-	-	-	-
海　口	-	-	-	-	-	-
重　庆	4	2	2	-	-	-
成　都	2	2	-	-	-	-
贵　阳	-	-	-	-	-	-
昆　明	-	-	-	-	-	-
拉　萨	-	-	-	-	-	-
西　安	1	1	-	-	-	-
兰　州	-	-	-	-	-	-
西　宁	-	-	-	-	-	-
银　川	-	-	-	-	-	-
乌鲁木齐	-	-	-	-	-	-
大　连	4	-	2	-	2	-
青　岛	-	-	-	-	-	-
宁　波	-	-	-	-	-	-
深　圳	5	5	-	-	-	-
厦　门	-	-	-	-	-	-

4-31 中心城市轨道交通运营线路里程

单位：公里

地区	运营线路总长度					
	合计	地铁	轻轨	单轨	有轨电车	磁悬浮
北京	442.0	442.0	–	–	–	–
天津	138.7	78.5	52.3	–	7.9	–
石家庄	–	–	–	–	–	–
太原	–	–	–	–	–	–
呼和浩特	–	–	–	–	–	–
沈阳	49.8	49.8	–	–	–	–
长春	54.5	–	46.9	–	7.6	–
哈尔滨	–	–	–	–	–	–
上海	468.2	439.1	–	–	–	29.1
南京	85.0	85.0	–	–	–	–
杭州	48	48	–	–	–	–
合肥	–	–	–	–	–	–
福州	–	–	–	–	–	–
南昌	–	–	–	–	–	–
济南	–	–	–	–	–	–
郑州	–	–	–	–	–	–
武汉	56.1	27.7	28.4	–	–	–
长沙	–	–	–	–	–	–
广州	236.0	236.0	–	–	–	–
南宁	–	–	–	–	–	–
海口	–	–	–	–	–	–
重庆	131.0	56.0	75	–	–	–
成都	39.5	39.5	–	–	–	–
贵阳	–	–	–	–	–	–
昆明	–	–	–	–	–	–
拉萨	–	–	–	–	–	–
西安	19.9	19.9	–	–	–	–
兰州	–	–	–	–	–	–
西宁	–	–	–	–	–	–
银川	–	–	–	–	–	–
乌鲁木齐	–	–	–	–	–	–
大连	87.0	–	63.0	–	24.0	–
青岛	–	–	–	–	–	–
宁波	–	–	–	–	–	–
深圳	177.0	177.0	–	–	–	–
厦门	–	–	–	–	–	–

4-32 中心城市轨道交通运量

地 区	运营里程（万列公里）	客运量（万人次）
北 京	5 390	246 162
天 津	779	11 230
石家庄	-	-
太 原	-	-
呼和浩特	-	-
沈 阳	433	18 287
长 春	563	5 225
哈尔滨	-	-
上 海	5 570	227 573
南 京	6 554	40 060
杭 州	35	561
合 肥	-	-
福 州	-	-
南 昌	-	-
济 南	-	-
郑 州	-	-
武 汉	367	8 288
长 沙	-	-
广 州	3 798	185 610
南 宁	-	-
海 口	-	-
重 庆	959	24 363
成 都	257	10 308
贵 阳	-	-
昆 明	-	-
拉 萨	-	-
西 安	184	5 912
兰 州	-	-
西 宁	-	-
银 川	-	-
乌鲁木齐	-	-
大 连	674	8 623
青 岛	-	-
宁 波	-	-
深 圳	2 348	78 129
厦 门	-	-

4-33 中心城市客运轮渡船舶及航线数

地 区	运营船数（艘）	运营航线条数（条）	运营航线总长度（公里）
北 京	-	-	-
天 津	-	-	-
石家庄	-	-	-
太 原	-	-	-
呼和浩特	-	-	-
沈 阳	-	-	-
长 春	-	-	-
哈尔滨	45	12	45.0
上 海	54	17	10.9
南 京	19	7	31.4
杭 州	-	-	-
合 肥	-	-	-
福 州	5	3	11.0
南 昌	-	-	-
济 南	-	-	-
郑 州	-	-	-
武 汉	37	11	53.2
长 沙	-	-	-
广 州	26	17	112.7
南 宁	-	-	-
海 口	16	11	20.1
重 庆	16	8	17.3
成 都	-	-	-
贵 阳	-	-	-
昆 明	-	-	-
拉 萨	-	-	-
西 安	-	-	-
兰 州	-	-	-
西 宁	-	-	-
银 川	-	-	-
乌鲁木齐	-	-	-
大 连	-	-	-
青 岛	38	15	208.0
宁 波	3	1	0.3
深 圳	-	-	-
厦 门	20	7	62.5

4-34 中心城市客运轮渡运量

地区	运量		
	客运量（万人次）	机动车运量（辆）	非机动车运量（辆）
北　京	-	-	-
天　津	-	-	-
石家庄			
太　原			
呼和浩特			
沈　阳	-	-	-
长　春			
哈尔滨	327	-	104 092
上　海	1 905	1 035 529	26 733 887
南　京	1 004	74 880	1 970 142
杭　州	-	-	-
合　肥	-	-	-
福　州	28	28	-
南　昌			
济　南	-		
郑　州	-	-	-
武　汉	1 111	1 503 200	112 000
长　沙	-		
广　州	1 782		
南　宁			
海　口	56	-	-
重　庆	186		
成　都	-		
贵　阳			
昆　明	-		-
拉　萨			
西　安	-		
兰　州	-		-
西　宁	-		
银　川	-		-
乌鲁木齐			
大　连	-		-
青　岛	221	228 470	
宁　波	308	-	-
深　圳			
厦　门	2 815	-	-

城市客运主要统计指标解释

经营业户 指截至报告期末持有主管部门核发的有效运营资质证件，从事城市客运交通经营活动的业户。按经营类别分为公共汽电车、出租汽车、轨道交通和城市客运轮渡经营业户。计算单位：户。

从业人员数 指在本单位工作并取得劳动报酬的期末实有人员数。从业人员包括在各单位工作的外方人员和港澳台方人员、兼职人员、再就业的离退休人员、借用的外单位人员和第二职业者，但不包括离开本单位仍保留劳动关系的职工。包括公共汽电车、出租汽车、轨道交通和城市客运轮渡从业人员数。计算单位：人。

公交专用车道 指为了调整公共交通车辆与其他社会车辆的路权使用分配关系，提高公共交通车辆运营速度和道路资源利用率而科学、合理设置的公共交通优先车道、专用车道（路）、路口专用线（道）、专用街道、单向优先专用线（道）等。计算单位：公里。

轨道交通车站数 指轨道交通运营线路上供乘客候车和上下车的场所个数，包括地面、地下、高架车站。如同一个车站被多条线路共用，同站台换乘站计为一站；非同站台换乘站，按累计计算。计算单位：个。

城市客运轮渡在用码头数 指报告期末在用的、供城市客运轮渡停靠和乘客购票、候船和乘降的场所个数。计算单位：个。

公交 IC 卡累计售卡量 指截至报告期末，累计发售的主要用于乘坐城市公共交通车辆的公交 IC 卡总量。计算单位：张。

公共汽电车运营车数 指城市（县城）用于公共客运交通运营业务的全部公共汽电车车辆数。新购、新制和调入的运营车辆，自投入之日起开始计算；调出、报废和调作他用的运营车辆，自上级主管机关批准之日起不再计入。可按不同车长、不同燃料类型、不同排放标准和是否配备空调等分别统计。计算单位：辆。

公共汽电车标准运营车数 指不同类型的运营车辆按统一的标准当量折算合成的运营车数。计算单位：标台。计算公式：标准运营车数 = Σ（每类型车辆数 × 相应换算系数）。

各类型车辆换算系数标准表

类别	车长范围	换算系数
1	5 米以下（含）	0.5
2	5 ~ 7 米（含）	0.7
3	7 ~ 10 米（含）	1.0
4	10 ~ 13 米（含）	1.3

续上表

各类型车辆换算系数标准表

类别	车长范围	换算系数
5	13 ~ 16 米（含）	1.7
6	16 ~ 18 米（含）	2.0
7	18 米以上	2.5
8	双层	1.9

保养场 指主要为公共汽电车提供车辆养护、保修的场所。计算单位：平方米。

停车场 指公交企业所属或租赁的运营车辆停车场地，其中租赁的停车场是指截至报告期末，公交企业仍在正常租用的社会停车场。计算单位：平方米。

公共汽电车运营线路条数 指为运营车辆设置的固定运营线路条数，包括干线、支线、专线和高峰时间行驶的固定线路，不包括临时行驶和联营线路。计算单位：条。

运营线路总长度 指全部运营线路长度之和。单向行驶的环行线路长度等于起点至终点里程与终点下客站至起点里程之和的一半。运营线路长度不包括折返、试车、联络线等非运营线路。计算单位：公里。

公共汽电车运营里程 指报告期内运营车辆为运营而出车行驶的全部里程，包括载客里程和空驶里程。计算单位：公里。

公共汽电车客运量 指报告期内公共汽电车运送乘客的总人次，包括付费乘客和不付费乘客人次，包括在城市道路和公路完成的客运量。计算单位：人次。

载客车次总数 指企业所有出租汽车年载客运行的总次数，数据可通过计价器、车载 GPS 等车载设备采集获得。计算单位：车次。

出租车客运量 指报告期内出租汽车运送乘客的总人次。计算单位：人次。

轨道交通运营车数 指城市用于轨道交通运营业务的全部车辆数。以企业（单位）固定资产台账中已投入运营的车辆数为准；新购、新制和调入的运营车辆，自投入之日起开始计算；调出、报废和调作他用的运营车辆，自上级主管机关批准之日起不再计入。计算单位：辆。

轨道交通标准运营车数 指不同类型的运营车辆按统一的标准当量折算合成的运营车数。计算单位：标台。计算公式：标准运营车数 = Σ（每类型车辆数 ×

相应换算系数)。

各类型车辆换算系数标准表		
类别	车长范围	换算系数
1	7以下（含）	0.7
2	7~10米（含）	1.0
3	10~13米（含）	1.3
4	13~16米（含）	1.7
5	16~18米（含）	2.0
6	18米以上	2.5

编组列数　指某一城市各条轨道交通运营线路列车日均编组的数量合计数。计算单位：列。

轨道交通运营线路条数　指为运营列车设置的固定线路总条数。按规划设计为同一条线路但分期建成的线路，统计时仍按一条线路计算。计算单位：条。

轨道交通客运量　指报告期内轨道交通运送乘客的总人次，包括付费乘客和不付费乘客人次。计算单位：人次。

轨道交通运营里程　指轨道交通车辆在运营中运行的全部里程，包括载客里程和调度空驶里程。计算单位：万列公里。

运营船数　指用于城市客渡运营业务的全部船舶数，不含旅游客轮（长途旅游和市内供游人游览江、河、湖泊的船舶）。计算单位：艘。

运营航线条数　指为运营船舶设置的固定航线的总条数，包括对江航线和顺江航线。计算单位：条。

运营航线总长度　指全部运营航线长度之和。测定运营航线的长度，应按实际航程的曲线长度计算。水位变化大的对江河客渡航线长度，可通过实测计算出一个平均长度，作为常数值使用。计算单位：公里。

轮渡客运量　指报告期内城市客运轮渡运输经营业户运送乘客的总人次。计算单位：人次。

轮渡机动车运量　指报告期内城市客运轮渡运输经营业户运送机动车（如电瓶车、摩托车等）的总量。计算单位：辆。

轮渡非机动车运量　指报告期内城市客运轮渡运输经营业户运送非机动车（如自行车、三轮车等）的总量。计算单位：辆。

五、港口吞吐量

简 要 说 明

一、本篇资料反映我国港口发展的基本情况，主要包括：全国港口码头泊位拥有量、全国港口吞吐量、规模以上港口旅客吞吐量、货物吞吐量和集装箱吞吐量。

二、全国港口统计范围是在各地港口行政管理部门注册的全部港口企业和从事港口生产活动的单位。规模以上港口的统计范围为年货物吞吐量在1000万吨以上的沿海港口和200万吨以上的内河港口，其范围由交通运输部划定。2012年规模以上港口的数量为94个，其中沿海港口的数量38个，内河港口的数量56个。

三、全国港口的码头泊位拥有量为年末生产用码头泊位数，全国港口吞吐量为全年累计数，根据各港口企业和生产活动单位的资料整理，由各省（区、市）交通运输厅（局、委）提供。

四、港口吞吐量资料由各港口行政管理机构提供。

5-1 全国港口生产用码头泊位拥有量

地区	泊位长度（米）		生产用码头泊位（个）		#万吨级泊位（个）	
	总长	公用	总数	公用	总数	公用
总　计	2 143 558	975 555	31 862	11 469	1 886	1 445
沿海合计	718 211	452 703	5 623	2 558	1 517	1 221
天　津	32 630	32 630	148	148	101	101
河　北	36 948	32 095	154	130	121	114
辽　宁	68 402	56 535	366	296	187	162
上　海	74 459	35 496	612	219	152	87
江　苏	17 215	12 530	130	74	48	40
浙　江	111 039	37 440	1 064	185	185	108
福　建	66 131	44 017	472	255	137	114
山　东	86 787	67 897	501	335	221	198
广　东	178 407	103 347	1 810	739	265	215
广　西	30 624	21 571	240	122	65	57
海　南	15 569	9 145	126	55	35	25
内河合计	1 425 347	522 852	26 239	8 911	369	224
山　西	180	–	6	–	–	–
辽　宁	345	345	6	6	–	–
吉　林	1 726	1 238	31	19	–	–
黑龙江	11 725	10 071	135	116	–	–
上　海	87 972	8 145	1 845	176	–	–
江　苏	426 181	113 030	7 152	1 137	365	223
浙　江	203 168	19 968	4 398	585	–	–
安　徽	81 374	50 631	1 336	886	4	1
福　建	4 132	2 538	86	44	–	–
江　西	63 361	10 115	1 721	145	–	–
山　东	19 759	18 299	276	257	–	–
河　南	3 213	360	71	6	–	–
湖　北	148 848	63 853	1 864	633	–	–
湖　南	81 816	61 325	1 838	1 488	–	–
广　东	72 761	16 194	1 122	244	–	–
广　西	27 719	10 745	468	170	–	–
重　庆	73 632	47 051	877	522	–	–
四　川	74 816	69 130	2 014	1 932	–	–
贵　州	20 357	2 437	372	34	–	–
云　南	8 840	4 206	190	86	–	–
陕　西	10 777	10 777	255	255	–	–
甘　肃	2 645	2 394	176	170	–	–

5-2 全国港口吞吐量

地 区	旅客吞吐量（万人）	货物吞吐量（万吨）		集装箱吞吐量	
			外贸	箱量（万 TEU）	重量（万吨）
总 计	**19 405**	**1 077 604**	**305 630**	**17 747**	**198 147**
沿海合计	**7 879**	**687 975**	**278 552**	**15 797**	**175 986**
天 津	29	47 697	24 326	1 230	13 442
河 北	4	76 234	21 084	90	1 351
辽 宁	662	88 502	17 601	1 514	24 733
上 海	130	63 740	35 825	3 253	32 480
江 苏	12	20 504	9 905	504	5 012
浙 江	834	92 760	36 516	1 759	17 811
福 建	1 115	41 359	16 695	1 073	13 308
山 东	1 313	106 655	58 925	1 899	19 912
广 东	2 457	121 265	44 952	4 256	44 495
广 西	23	17 438	10 517	82	1 358
海 南	1 297	11 819	2 207	137	2 084
内河合计	**11 527**	**389 629**	**27 078**	**1 950**	**22 161**
山 西	16	18	–	–	–
辽 宁	–	50	–	–	–
吉 林	–	64	–	–	–
黑龙江	306	463	96	…	1
上 海	–	9 819	–	–	–
江 苏	–	174 913	21 485	1 096	12 555
浙 江	55	39 171	29	14	121
安 徽	70	36 097	272	46	387
福 建	329	459	–	–	–
江 西	459	25 271	191	23	256
山 东	–	6 602	–	–	–
河 南	47	236	–	–	–
湖 北	312	23 518	835	95	1 336
湖 南	1 212	21 867	312	30	402
广 东	412	19 510	3 220	507	5 277
广 西	–	9 497	166	45	748
重 庆	1 192	12 502	409	80	894
四 川	1 730	7 705	35	16	183
贵 州	3 891	1 158	–	–	–
云 南	934	390	27	–	–
陕 西	563	319	–	–	–
甘 肃	–	–	–	–	–

5-3　全国港口货物吞吐量

单位：万吨

地区	合计	液体散货	干散货	件杂货	集装箱		滚装汽车	
					（万TEU）	重量	（万辆）	重量
总　计	1 077 604	90 625	629 099	106 435	17 747	198 147	1 514	53 298
沿海合计	687 975	71 826	336 639	53 604	15 797	175 986	1 393	49 920
天　津	47 697	6 141	22 416	3 121	1 230	13 442	83	2 576
河　北	76 234	2 426	68 210	4 248	90	1 351	—	—
辽　宁	88 502	10 674	30 802	11 861	1 514	24 733	152	10 433
上　海	63 740	3 247	21 611	5 042	3 253	32 480	128	1 359
江　苏	20 504	400	13 469	1 624	504	5 012	—	—
浙　江	92 760	15 134	50 533	3 941	1 759	17 811	259	5 342
福　建	41 359	2 680	20 226	4 469	1 073	13 308	58	676
山　东	106 655	12 312	54 067	6 789	1 899	19 912	172	13 576
广　东	121 265	14 294	40 897	9 398	4 256	44 495	377	12 182
广　西	17 438	2 297	12 005	1 689	82	1 358	2	89
海　南	11 819	2 222	2 403	1 423	137	2 084	163	3 687
内河合计	389 629	18 799	292 460	52 831	1 950	22 161	120	3 378
山　西	18	—	10	8	—	—	—	—
辽　宁	50	—	30	20	—	—	—	—
吉　林	64	—	64	—	—	—	—	—
黑龙江	463	11	343	79	…	1	1	29
上　海	9 819	73	8 153	1 593	—	—	—	—
江　苏	174 913	13 417	120 789	28 139	1 096	12 555	1	14
浙　江	39 171	649	34 062	4 339	14	121	—	—
安　徽	36 097	569	30 059	5 011	46	387	7	72
福　建	459	—	368	90	—	—	—	—
江　西	25 271	272	23 684	1 059	23	256	—	—
山　东	6 602	—	6 513	89	—	—	—	—
河　南	236	—	161	75	—	—	—	—
湖　北	23 518	699	16 887	3 032	95	1 336	50	1 565
湖　南	21 867	895	18 339	2 231	30	402	—	—
广　东	19 510	1 552	9 824	2 857	507	5 277	—	—
广　西	9 497	73	7 250	1 426	45	748	—	—
重　庆	12 502	401	7 960	1 549	80	894	60	1 698
四　川	7 705	81	6 936	505	16	183	—	—
贵　州	1 158	107	431	620	—	—	—	—
云　南	390	—	309	81	—	—	—	—
陕　西	319	—	289	30	—	—	—	—
甘　肃	—	—	—	—	—	—	—	—

5-4 规模以上港口旅客吞吐量

单位：万人

港口	总计	到达量	国际航线	发送量	国际航线
总　计	8 834	4 344	518	4 489	589
沿海合计	7 120	3 502	473	3 618	544
丹　东	19	10	10	9	9
大　连	638	318	5	320	4
营　口	5	2	2	3	3
锦　州	-	-	-	-	-
秦皇岛	4	2	2	2	2
黄　骅	-	-	-	-	-
唐　山	-	-	-	-	-
#京　唐	-	-	-	-	-
曹妃甸	-	-	-	-	-
天　津	29	14	11	15	12
烟　台	429	213	4	216	4
#龙　口	-	-	-	-	-
威　海	132	64	15	68	15
青　岛	13	7	7	6	6
日　照	15	7	7	7	7
#石　臼	15	7	7	7	7
岚　山	-	-	-	-	-
上　海	130	64	18	66	18
连云港	12	6	6	6	6
嘉　兴	-	-	-	-	-
宁波-舟山	439	222	-	216	-
#宁　波	197	96	-	101	-
舟　山	241	126	-	116	-
台　州	199	100	2	99	2
温　州	196	98	-	99	-
福　州	14	6	6	7	7
#原福州	14	6	6	7	7
宁　德	-	-	-	-	-
莆　田	-	-	-	-	-
泉　州	9	5	5	4	4
厦　门	1 092	547	72	546	71

5-4 （续表一）

单位：万人

港 口	总计	到达量	国际航线	发送量	国际航线
#原厦门	1 092	547	72	546	71
漳 州	–	–	–	–	–
汕 头	–	–	–	–	–
汕 尾	–	–	–	–	–
惠 州	–	–	–	–	–
深 圳	433	192	99	241	152
#蛇 口	386	170	77	215	127
赤 湾	–	–	–	–	–
妈 湾	–	–	–	–	–
东角头	–	–	–	–	–
盐 田	–	–	–	–	–
下 洞	–	–	–	–	–
虎 门	32	9	9	23	23
#太 平	32	9	9	23	23
麻 涌	–	–	–	–	–
沙 田	–	–	–	–	–
广 州	75	36	36	39	39
中 山	119	60	60	59	59
珠 海	584	286	97	298	99
江 门	–	–	–	–	–
阳 江	–	–	–	–	–
茂 名	–	–	–	–	–
湛 江	1 215	597	–	619	–
#原湛江	–	–	–	–	–
海 安	1 215	597	–	619	–
北部湾港	23	12	–	11	–
#北 海	23	12	–	11	–
钦 州	–	–	–	–	–
防 城	–	–	–	–	–
海 口	1 262	625	–	637	–
洋 浦	–	–	–	–	–
八 所	–	–	–	–	–
内河合计	**1 714**	**843**	**46**	**871**	**45**

5-4 （续表二）

单位：万人

港口	总计	到达量		发送量	
			国际航线		国际航线
哈尔滨	–	–	–	–	–
佳木斯	–	–	–	–	–
上 海	–	–	–	–	–
南 京	–	–	–	–	–
镇 江	–	–	–	–	–
苏 州	–	–	–	–	–
#常 熟	–	–	–	–	–
太 仓	–	–	–	–	–
张家港	–	–	–	–	–
南 通	–	–	–	–	–
常 州	–	–	–	–	–
江 阴	–	–	–	–	–
扬 州	–	–	–	–	–
泰 州	–	–	–	–	–
徐 州	–	–	–	–	–
连云港	–	–	–	–	–
无 锡	–	–	–	–	–
宿 迁	–	–	–	–	–
淮 安	–	–	–	–	–
扬州内河	–	–	–	–	–
镇江内河	–	–	–	–	–
杭 州	–	–	–	–	–
嘉兴内河	–	–	–	–	–
湖 州	–	–	–	–	–
合 肥	–	–	–	–	–
亳 州	–	–	–	–	–
阜 阳	–	–	–	–	–
淮 南	–	–	–	–	–
滁 州	–	–	–	–	–
马鞍山	–	–	–	–	–
芜 湖	–	–	–	–	–
铜 陵	–	–	–	–	–
池 州	–	–	–	–	–
安 庆	–	–	–	–	–

5-4 （续表三）

单位：万人

港口	总计	到达量	国际航线	发送量	国际航线
南　昌	−	−	−	−	−
九　江	62	31	−	31	−
武　汉	−	−	−	−	−
黄　石	−	−	−	−	−
荆　州	−	−	−	−	−
宜　昌	77	27	−	50	−
长　沙	−	−	−	−	−
湘　潭	−	−	−	−	−
株　洲	−	−	−	−	−
岳　阳	14	7	−	7	−
番　禺	−	−	−	−	−
新　塘	−	−	−	−	−
五　和	−	−	−	−	−
中　山	−	−	−	−	−
佛　山	74	37	37	37	37
江　门	17	9	9	8	8
虎　门	−	−	−	−	−
肇　庆	−	−	−	−	−
惠　州	−	−	−	−	−
南　宁	−	−	−	−	−
柳　州	−	−	−	−	−
贵　港	−	−	−	−	−
梧　州	−	−	−	−	−
来　宾	−	−	−	−	−
重　庆	1 192	587	−	605	−
#原重庆	62	24	−	38	−
涪　陵	5	2	−	3	−
万　州	240	121	−	119	−
重庆航管处	84	41	−	43	−
泸　州	1	…	−	…	−
宜　宾	68	35	−	33	−
乐　山	2	1	−	1	−
南　充	40	21	−	20	−
广　安	106	55	−	51	−
达　州	61	33	−	28	−

5-5 规模以上港口货物吞吐量

单位：万吨

港 口	总计	外贸	出港	外贸	进港	外贸
总 计	977 473	303 053	416 819	80 170	560 654	222 883
沿海合计	665 245	276 221	284 076	71 987	381 170	204 234
丹 东	9 606	632	3 237	189	6 369	443
大 连	37 426	11 018	18 789	3 964	18 637	7 053
营 口	30 107	5 066	13 807	1 104	16 300	3 962
锦 州	7 355	880	5 685	171	1 670	709
秦皇岛	27 099	1 235	25 707	381	1 392	854
黄 骅	12 630	908	10 444	186	2 186	721
唐 山	36 505	18 941	16 998	406	19 507	18 535
#京 唐	17 002	7 313	9 406	323	7 595	6 990
曹妃甸	19 503	11 628	7 592	84	11 911	11 545
天 津	47 697	24 326	22 381	7 134	25 316	17 192
烟 台	20 298	7 246	6 988	1 437	13 310	5 810
#龙 口	6 656	3 974	1 382	458	5 274	3 516
威 海	3 511	1 762	1 739	854	1 772	907
青 岛	40 690	28 502	14 480	7 229	26 210	21 273
日 照	28 098	19 832	5 874	508	22 225	19 324
#石 臼	19 250	12 883	4 900	369	14 351	12 514
岚 山	8 848	6 949	974	139	7 874	6 810
上 海	63 740	35 825	27 147	15 907	36 593	19 918
连云港	17 367	9 688	6 505	1 749	10 862	7 939
嘉 兴	6 004	735	1 451	143	4 553	592
宁波-舟山	74 401	34 350	32 482	9 187	41 919	25 163
#宁 波	45 303	24 533	17 112	8 788	28 191	15 745
舟 山	29 099	9 816	15 371	399	13 728	9 417
台 州	5 358	939	840	6	4 518	934
温 州	6 997	493	1 186	54	5 811	439
福 州	11 410	5 281	3 244	1 246	8 167	4 035
#原福州	9 373	4 124	2 466	847	6 907	3 277
宁 德	2 037	1 157	778	399	1 259	759
莆 田	2 350	716	90	6	2 260	711
泉 州	10 372	2 211	2 499	90	7 873	2 121
厦 门	17 227	8 486	8 008	3 960	9 220	4 527

5-5 （续表一）

单位：万吨

港 口	总计	外贸	出港	外贸	进港	外贸
#原厦门	15 513	8 442	6 473	3 944	9 040	4 498
漳 州	1 714	44	1 534	16	180	29
汕 头	4 563	1 226	506	238	4 057	988
汕 尾	772	7	55	…	717	7
惠 州	5 118	2 320	1 008	30	4 111	2 289
深 圳	22 807	17 707	11 608	9 534	11 199	8 173
#蛇 口	7 454	4 694	3 793	2 492	3 660	2 202
赤 湾	5 742	5 460	2 868	2 623	2 874	2 837
妈 湾	1 692	370	378	-	1 314	370
东角头	111	-	69	-	42	-
盐 田	5 906	5 836	4 057	4 039	1 849	1 797
下 洞	447	293	131	129	316	164
虎 门	8 434	2 013	2 850	79	5 584	1 934
#太 平	1 045	352	9	5	1 036	347
麻 涌	3 603	1 005	1 446	5	2 157	999
沙 田	3 784	657	1 394	69	2 390	588
广 州	43 517	10 968	17 243	3 463	26 275	7 506
中 山	2 349	467	810	272	1 540	195
珠 海	7 745	1 724	2 451	456	5 295	1 268
江 门	3 629	181	1 460	77	2 169	104
阳 江	1 605	823	27	…	1 579	822
茂 名	2 390	1 259	538	100	1 852	1 159
湛 江	17 092	5 730	5 936	366	11 155	5 364
#原湛江	8 541	5 730	1 777	366	6 764	5 363
海 安	8 230	…	4 059	…	4 172	…
北部湾港	17 438	10 517	5 191	1 262	12 247	9 254
#北 海	1 757	769	868	228	889	540
钦 州	5 622	2 472	1 201	77	4 421	2 395
防 城	10 058	7 276	3 122	957	6 937	6 319
海 口	7 217	252	2 867	44	4 350	208
洋 浦	3 225	1 683	1 303	126	1 922	1 557
八 所	1 095	271	643	28	452	243
内河合计	312 228	26 831	132 743	8 183	179 485	18 649

5-5 （续表二）

单位：万吨

港 口	总计	外贸	出港	外贸	进港	外贸
哈尔滨	77	-	5	-	72	-
佳木斯	84	-	10	-	74	-
上 海	9 819	-	1 261	-	8 558	-
南 京	19 197	1 742	7 694	872	11 503	870
镇 江	13 460	2 133	5 721	459	7 740	1 674
苏 州	42 801	10 463	16 161	2 543	26 640	7 919
#常 熟	6 312	1 082	2 317	280	3 995	802
太 仓	12 262	4 344	5 017	717	7 246	3 626
张家港	24 226	5 037	8 828	1 547	15 399	3 491
南 通	18 526	3 867	7 247	507	11 280	3 361
常 州	2 667	391	972	121	1 695	270
江 阴	13 248	1 433	4 075	255	9 173	1 178
扬 州	4 841	397	1 778	107	3 063	290
泰 州	13 210	1 047	5 720	332	7 490	715
徐 州	7 208	-	2 903	-	4 305	-
连云港	1 160	-	270	-	891	-
无 锡	8 030	13	1 087	9	6 943	5
宿 迁	1 820	-	717	-	1 102	-
淮 安	4 391	-	1 225	-	3 166	-
扬州内河	2 783	-	236	-	2 547	-
镇江内河	682	-	255	-	427	-
杭 州	9 097	-	3 115	-	5 983	-
嘉兴内河	10 856	-	2 810	-	8 046	-
湖 州	17 840	29	15 271	11	2 570	17
合 肥	1 635	…	838	…	797	-
亳 州	804	-	150	-	653	-
阜 阳	682	-	122	-	560	-
淮 南	1 513	-	1 038	-	475	-
滁 州	2 774	-	2 501	-	272	-
马鞍山	6 809	66	1 950	14	4 859	52
芜 湖	8 260	156	5 214	89	3 046	67
铜 陵	5 507	19	4 467	13	1 040	6
池 州	3 488	16	2 991	16	497	…
安 庆	3 225	16	2 488	10	738	6
南 昌	1 865	49	732	38	1 133	11

5-5 （续表三）

单位：万吨

港口	总计	外贸	出港	外贸	进港	外贸
九 江	4 827	142	2 624	104	2 203	38
武 汉	7 632	496	1 788	316	5 844	180
黄 石	1 874	266	892	10	982	256
荆 州	617	33	129	24	489	9
宜 昌	682	40	442	34	240	6
长 沙	3 092	87	66	66	3 026	21
湘 潭	1 155	–	338	–	817	–
株 洲	574	–	7	–	567	–
岳 阳	10 396	226	6 772	126	3 624	100
番 禺	520	–	63	–	457	–
新 塘	550	40	71	2	479	38
五 和	472	72	224	43	248	29
中 山	2 804	172	448	112	2 356	60
佛 山	5 253	2 134	2 106	1 316	3 147	818
江 门	2 582	381	606	212	1 976	169
虎 门	794	7	149	1	645	6
肇 庆	2 729	273	1 347	87	1 382	186
惠 州	138	18	58	–	80	18
南 宁	1 070	–	490	–	581	–
柳 州	197	–	195	–	2	–
贵 港	4 512	15	2 688	9	1 824	6
梧 州	2 608	151	2 313	68	294	83
来 宾	1 048	–	1 043	–	5	–
重 庆	12 502	409	4 832	237	7 670	172
#原重庆	2 084	321	1 095	220	989	101
涪 陵	335	10	119	9	216	1
万 州	1 333	10	602	9	731	1
重庆航管处	4 989	2	1 654	…	3 336	2
泸 州	2 348	35	596	20	1 752	15
宜 宾	1 229	–	816	–	413	–
乐 山	381	–	377	–	4	–
南 充	433	–	61	–	372	–
广 安	555	–	29	–	526	–
达 州	293	–	151	–	143	–

5-6 规模以上港口分货类吞吐量

单位：万吨

货物种类	总计	外贸	出港	外贸	进港	外贸
总 计	**977 473**	**303 053**	**416 819**	**80 170**	**560 654**	**222 883**
煤炭及制品	199 607	26 319	93 399	1 165	106 208	25 153
石油、天然气及制品	73 837	33 642	23 795	2 375	50 043	31 266
#原油	39 339	25 603	7 619	473	31 720	25 130
金属矿石	149 987	90 807	32 308	53	117 679	90 753
钢铁	42 306	6 662	24 508	4 693	17 798	1 969
矿建材料	149 444	2 739	61 168	2 306	88 276	433
水泥	24 920	1 055	16 514	995	8 406	60
木材	6 612	5 192	1 060	346	5 552	4 846
非金属矿石	20 627	4 717	9 871	1 258	10 755	3 459
化学肥料及农药	3 813	2 026	2 295	1 525	1 518	501
盐	1 319	514	297	24	1 021	490
粮食	19 994	7 586	6 554	104	13 440	7 483
机械、设备、电器	19 510	11 818	10 364	6 869	9 146	4 950
化工原料及制品	18 961	7 747	7 216	1 709	11 745	6 038
有色金属	1 202	1 022	363	268	840	754
轻工、医药产品	10 003	4 586	4 925	2 276	5 077	2 310
农林牧渔业产品	4 307	2 180	1 387	348	2 920	1 832
其他	231 024	94 442	120 794	53 855	110 230	40 586

5-7　沿海规模以上港口分货类吞吐量

单位：万吨

货物种类	总计	外贸	出港	外贸	进港	外贸
总　计	665 245	276 221	284 076	71 987	381 170	204 234
煤炭及制品	138 102	24 878	74 300	1 120	63 803	23 758
石油、天然气及制品	63 157	32 710	19 652	2 116	43 506	30 595
#原油	36 817	25 594	6 857	473	29 960	25 121
金属矿石	111 045	84 389	21 176	40	89 869	84 349
钢铁	23 596	4 884	14 428	3 710	9 168	1 175
矿建材料	47 348	2 274	16 375	1 876	30 973	399
水泥	4 571	532	1 182	477	3 389	55
木材	4 728	3 979	651	308	4 077	3 672
非金属矿石	8 988	4 135	3 307	1 077	5 681	3 057
化学肥料及农药	2 236	1 776	1 486	1 333	750	444
盐	734	419	57	6	676	413
粮食	14 309	6 678	4 710	87	9 598	6 591
机械、设备、电器	18 749	11 440	9 804	6 569	8 945	4 871
化工原料及制品	10 218	4 848	3 836	1 214	6 382	3 635
有色金属	920	802	223	162	697	640
轻工、医药产品	8 270	3 905	4 061	2 037	4 209	1 868
农林牧渔业产品	2 949	1 725	913	311	2 036	1 414
其他	205 325	86 844	107 915	49 545	97 410	37 299

5-8 内河规模以上港口分货类吞吐量

单位：万吨

货物种类	总计	外贸	出港	外贸	进港	外贸
总计	312 228	26 831	132 743	8 183	179 485	18 649
煤炭及制品	61 504	1 440	19 099	45	42 405	1 395
石油、天然气及制品	10 680	931	4 143	259	6 537	672
#原油	2 522	9	762	-	1 760	9
金属矿石	38 942	6 417	11 132	13	27 810	6 404
钢铁	18 710	1 778	10 081	983	8 629	794
矿建材料	102 096	464	44 793	430	57 302	34
水泥	20 349	523	15 332	518	5 018	5
木材	1 884	1 213	409	38	1 475	1 174
非金属矿石	11 638	582	6 564	181	5 074	402
化学肥料及农药	1 577	250	809	193	768	57
盐	585	94	240	18	345	76
粮食	5 685	908	1 844	17	3 842	892
机械、设备、电器	762	379	560	300	201	79
化工原料及制品	8 744	2 899	3 380	495	5 363	2 404
有色金属	282	220	139	106	143	114
轻工、医药产品	1 732	681	864	239	868	442
农林牧渔业产品	1 358	455	474	37	884	418
其他	25 699	7 598	12 879	4 310	12 819	3 287

5-9　规模以上港口煤炭及制品吞吐量

单位：千吨

港　口	总计	外贸	出港	外贸	进港	外贸
总　计	1 996 067	263 186	933 990	11 653	1 062 077	251 533
沿海合计	1 381 024	248 784	742 999	11 200	638 025	237 585
丹　东	12 525	2 018	5 666	249	6 858	1 769
大　连	14 380	555	5 449	38	8 931	517
营　口	37 472	5 614	9 771	-	27 701	5 614
锦　州	15 369	262	14 745	10	624	253
秦皇岛	237 909	1 179	237 074	388	835	791
黄　骅	104 360	2 328	102 594	1 827	1 766	501
唐　山	144 937	22 128	121 634	1 665	23 303	20 464
#京　唐	87 658	17 856	69 673	1 665	17 985	16 192
曹妃甸	57 279	4 272	51 961	-	5 318	4 272
天　津	93 915	6 041	91 764	4 093	2 151	1 948
烟　台	23 713	8 368	3 438	286	20 274	8 083
#龙　口	15 967	5 412	1 565	33	14 402	5 379
威　海	3 896	730	643	-	3 254	730
青　岛	17 067	6 403	8 668	1 558	8 399	4 844
日　照	34 021	17 253	13 568	464	20 453	16 789
#石　臼	29 569	13 301	13 301	464	16 268	12 837
岚　山	4 452	3 952	267	-	4 186	3 952
上　海	102 183	12 623	25 828	428	76 355	12 195
连云港	27 097	7 926	13 272	191	13 826	7 735
嘉　兴	36 434	172	8 742	-	27 693	172
宁波-舟山	97 458	16 688	20 015	-	77 443	16 688
#宁　波	66 308	6 765	5 107	-	61 201	6 765
舟　山	31 149	9 923	14 908	-	16 241	9 923
台　州	15 169	7 034	1	-	15 169	7 034
温　州	20 539	2 684	81	-	20 458	2 684
福　州	33 314	16 961	3 468	-	29 847	16 961
#原福州	27 124	12 185	3 451	-	23 673	12 185
宁　德	6 190	4 776	17	-	6 174	4 776
莆　田	4 068	3 613	144	-	3 924	3 613
泉　州	13 149	5 146	236	-	12 913	5 146
厦　门	17 914	9 397	1 443	-	16 471	9 397

5-9（续表一）

单位：千吨

港口	总计	外贸	出港	外贸	进港	外贸
#原厦门	17 874	9 397	1 443	–	16 431	9 397
漳州	39	–	–	–	39	–
汕头	13 948	8 053	1	–	13 947	8 053
汕尾	6 571	–	–	–	6 571	–
惠州	6 956	709	–	–	6 956	709
深圳	4 308	1 091	–	–	4 308	1 091
#蛇口	–	–	–	–	–	–
赤湾	–	–	–	–	–	–
妈湾	4 308	1 091	–	–	4 308	1 091
东角头	–	–	–	–	–	–
盐田	–	–	–	–	–	–
下洞	–	–	–	–	–	–
虎门	42 576	12 206	13 123	–	29 454	12 206
#太平	9 520	3 013	–	–	9 520	3 013
麻涌	29 237	7 481	12 377	–	16 861	7 481
沙田	3 819	1 713	746	–	3 073	1 713
广州	77 507	18 877	23 406	1	54 102	18 876
中山	326	…	9	–	318	…
珠海	16 219	3 991	3 400	–	12 819	3 991
江门	14 046	211	231	–	13 815	211
阳江	6 417	672	4	–	6 413	672
茂名	1 751	214	5	–	1 746	214
湛江	14 745	6 420	219	–	14 526	6 420
#原湛江	13 431	6 420	219	–	13 212	6 420
海安	261	–	–	–	261	–
北部湾港	58 894	36 133	14 225	2	44 669	36 131
#北海	3 160	1 073	9	–	3 151	1 073
钦州	12 713	7 476	356	–	12 357	7 476
防城	43 020	27 584	13 860	2	29 161	27 582
海口	4 010	1 342	89	–	3 921	1 342
洋浦	1 636	1 312	45	–	1 592	1 312
八所	4 221	2 432	–	–	4 221	2 432
内河合计	615 043	14 402	190 991	453	424 051	13 948

5-9 （续表二）

单位：千吨

港口	总计	外贸	出港	外贸	进港	外贸
哈尔滨	190	–	–	–	190	–
佳木斯	103	–	103	–	–	–
上　海	8 259	–	801	–	7 458	–
南　京	54 985	488	18 805	–	36 180	488
镇　江	43 977	4 353	12 619	435	31 358	3 918
苏　州	103 521	2 185	20 368	10	83 153	2 174
#常　熟	14 615	488	2 023	–	12 592	488
太　仓	14 447	1 033	180	10	14 267	1 023
张家港	74 459	663	18 165	1	56 294	663
南　通	44 741	4 417	14 174	–	30 567	4 417
常　州	7 178	481	998	–	6 179	481
江　阴	43 851	1 241	11 544	–	32 307	1 241
扬　州	32 102	584	12 226	–	19 877	584
泰　州	59 387	634	27 847	–	31 540	634
徐　州	20 719	–	19 591	–	1 128	–
连云港	568	–	–	–	568	–
无　锡	17 315	–	114	–	17 201	–
宿　迁	2 509	–	76	–	2 433	–
淮　安	7 183	–	–	–	7 183	–
扬州内河	2 884	–	17	–	2 867	–
镇江内河	682	–	1	–	681	–
杭　州	8 942	–	442	–	8 500	–
嘉兴内河	12 226	–	3 579	–	8 647	–
湖　州	7 021	–	1 188	–	5 833	–
合　肥	741	–	16	–	725	–
亳　州	841	–	840	–	2	–
阜　阳	885	–	877	–	8	–
淮　南	7 420	–	7 251	–	169	–
滁　州	246	–	40	–	206	–
马鞍山	6 080	–	180	–	5 900	–
芜　湖	14 435	–	4 924	–	9 512	–
铜　陵	6 830	4	1 003	–	5 827	4
池　州	3 287	–	28	–	3 259	–
安　庆	4 324	–	37	–	4 287	–

5-9 （续表三）

单位：千吨

港 口	总计	外贸	出港	外贸	进港	外贸
南 昌	1 616	-	6	-	1 610	-
九 江	6 911	-	69	-	6 842	-
武 汉	5 031	-	2 324	-	2 706	-
黄 石	3 158	-	319	-	2 839	-
荆 州	1 485	-	13	-	1 472	-
宜 昌	2 105	-	1 447	-	658	-
长 沙	636	-	-	-	636	-
湘 潭	395	-	7	-	388	-
株 洲	64	-	-	-	64	-
岳 阳	8 644	-	1 934	-	6 710	-
番 禺	623	-	27	-	596	-
新 塘	1 943	-	-	-	1 943	-
五 和	364	-	-	-	364	-
中 山	2 206	-	133	-	2 072	-
佛 山	8 769	4	158	…	8 612	4
江 门	3 773	-	668	-	3 105	-
虎 门	2 366	-	23	-	2 343	-
肇 庆	5 211	2	142	-	5 068	2
惠 州	35	-	-	-	35	-
南 宁	253	-	246	-	7	-
柳 州	10	-	10	-	-	-
贵 港	4 799	-	1 595	-	3 204	-
梧 州	370	-	-	-	370	-
来 宾	1 683	-	1 683	-	-	-
重 庆	20 331	-	13 474	-	6 857	-
#原重庆	2 836	-	2 296	-	540	-
涪 陵	278	-	147	-	130	-
万 州	4 051	-	3 118	-	933	-
重庆航管处	2 478	-	1 270	-	1 208	-
泸 州	4 600	8	3 727	8	873	-
宜 宾	3 330	-	2 760	-	570	-
乐 山	184	-	177	-	7	-
南 充	17	-	-	-	17	-
广 安	-	-	-	-	-	-
达 州	702	-	359	-	343	-

5-10　规模以上港口石油、天然气及制品吞吐量

单位：千吨

港口	总计	外贸	出港	外贸	进港	外贸
总　计	738 371	336 418	237 946	23 754	500 426	312 665
沿海合计	631 575	327 105	196 520	21 159	435 055	305 946
丹　东	288	…	288	…	–	–
大　连	57 390	26 825	26 682	2 654	30 708	24 172
营　口	28 490	7 214	11 678	333	16 812	6 881
锦　州	7 672	2 558	4 203	568	3 469	1 990
秦皇岛	9 695	530	6 389	284	3 307	246
黄　骅	476	–	–	–	476	–
唐　山	13 890	13 008	150	133	13 740	12 875
#京　唐	1 023	141	150	133	873	8
曹妃甸	12 867	12 867	–	–	12 867	12 867
天　津	54 950	19 464	28 863	1 307	26 087	18 158
烟　台	13 832	7 679	2 388	1 015	11 444	6 663
#龙　口	11 734	5 948	1 375	230	10 359	5 717
威　海	248	106	55	22	194	84
青　岛	65 387	47 482	19 881	3 903	45 507	43 579
日　照	23 424	18 795	855	63	22 569	18 732
#石　臼	1 554	1 016	273	1	1 281	1 016
岚　山	21 870	17 779	582	63	21 288	17 717
上　海	26 183	9 672	9 058	1 094	17 125	8 578
连云港	1 668	114	552	31	1 117	84
嘉　兴	7 149	807	1 438	–	5 711	807
宁波－舟山	124 828	75 030	35 721	3 507	89 107	71 523
#宁　波	74 445	42 876	21 270	1 582	53 176	41 294
舟　山	50 383	32 153	14 451	1 925	35 932	30 229
台　州	1 962	–	198	–	1 763	–
温　州	3 953	–	812	–	3 141	–
福　州	2 148	136	73	–	2 075	136
#原福州	1 865	136	73	–	1 792	136
宁　德	283	–	–	–	283	–
莆　田	2 694	2 684	4	–	2 690	2 684
泉　州	15 797	11 168	3 220	–	12 577	11 168
厦　门	3 622	492	328	143	3 294	349

5-10 （续表一）

单位：千吨

港 口	总计		出港		进港	
		外贸		外贸		外贸
#原厦门	2 769	136	192	6	2 578	129
漳 州	852	356	136	136	716	220
汕 头	1 027	86	23	–	1 004	86
汕 尾	94	–	–	–	94	–
惠 州	36 188	19 039	6 803	–	29 385	19 039
深 圳	13 179	8 984	1 677	1 291	11 502	7 693
#蛇 口	302	–	15	–	287	–
赤 湾	–	–	–	–	–	–
妈 湾	1 458	111	319	–	1 139	111
东角头	208	–	33	–	175	–
盐 田	–	–	–	–	–	–
下 洞	4 467	2 931	1 309	1 291	3 159	1 639
虎 门	5 943	769	2 762	117	3 181	652
#太 平	79	…	31	–	49	…
麻 涌	971	–	595	–	375	–
沙 田	4 874	769	2 126	117	2 748	652
广 州	18 253	2 658	8 166	798	10 087	1 859
中 山	877	1	103	–	774	1
珠 海	10 495	4 633	4 255	1 671	6 240	2 962
江 门	609	12	328	–	281	12
阳 江	476	–	91	–	385	–
茂 名	14 654	11 777	1 643	772	13 011	11 005
湛 江	22 011	14 543	3 861	58	18 150	14 485
#原湛江	22 011	14 543	3 861	58	18 150	14 485
海 安	–	–	–	–	–	–
北部湾港	22 616	10 883	5 589	577	17 027	10 306
#北 海	2 422	195	2 073	3	349	192
钦 州	19 086	9 720	3 311	419	15 776	9 301
防 城	1 108	968	205	155	902	813
海 口	2 037	123	354	2	1 683	121
洋 浦	17 308	9 833	8 018	816	9 291	9 017
八 所	63	–	16	–	47	–
内河合计	**106 797**	**9 314**	**41 426**	**2 595**	**65 371**	**6 719**

5-10 （续表二）

单位：千吨

港口	总计	外贸	出港	外贸	进港	外贸
哈尔滨	50	–	50	–	–	–
佳木斯	44	–	–	–	44	–
上　海	727	–	334	–	393	–
南　京	29 646	1 232	15 221	969	14 425	264
镇　江	5 276	1 107	2 013	175	3 263	932
苏　州	3 844	916	1 635	158	2 209	758
#常　熟	1 140	49	559	–	581	49
太　仓	1 940	531	751	158	1 189	373
张家港	765	335	326	–	439	335
南　通	12 474	3 800	3 933	282	8 541	3 518
常　州	–	–	–	–	–	–
江　阴	7 320	1 316	2 642	588	4 678	728
扬　州	746	–	430	–	317	–
泰　州	4 918	934	2 465	423	2 453	511
徐　州	223	–	218	–	5	–
连云港	–	–	–	–	–	–
无　锡	1 720	–	1	–	1 719	–
宿　迁	1 117	–	553	–	563	–
淮　安	1 766	–	732	–	1 034	–
扬州内河	2 329	–	1 686	–	643	–
镇江内河	–	–	–	–	–	–
杭　州	2 848	–	500	–	2 348	–
嘉兴内河	375	–	103	–	273	–
湖　州	738	–	221	–	517	–
合　肥	263	–	…	–	263	–
亳　州	11	–	–	–	11	–
阜　阳	47	–	–	–	47	–
淮　南	13	–	–	–	13	–
滁　州	225	–	–	–	225	–
马鞍山	288	–	37	–	251	–
芜　湖	1 480	–	407	–	1 074	–
铜　陵	157	–	3	–	154	–
池　州	367	4	1	–	366	4
安　庆	2 335	–	1 923	–	413	–

5-10 （续表三）

单位：千吨

港口	总计	外贸	出港	外贸	进港	外贸
南昌	288	-	-	-	288	-
九江	1 913	-	807	-	1 107	-
武汉	1 937	-	1 181	-	756	-
黄石	263	1	…	-	263	1
荆州	147	-	51	-	96	-
宜昌	-	-	-	-	-	-
长沙	270	3	-	-	270	3
湘潭	-	-	-	-	-	-
株洲	-	-	-	-	-	-
岳阳	5 811	-	1 196	-	4 614	-
番禺	1 076	-	455	-	621	-
新塘	696	-	204	-	492	-
五和	-	-	-	-	-	-
中山	523	…	279	-	244	…
佛山	5 342	1	1 157	-	4 185	1
江门	1 614	-	416	-	1 197	-
虎门	341	…	163	-	178	…
肇庆	763	…	13	-	750	…
惠州	-	-	-	-	-	-
南宁	-	-	-	-	-	-
柳州	-	-	-	-	-	-
贵港	11	-	6	-	5	-
梧州	451	-	-	-	451	-
来宾	-	-	-	-	-	-
重庆	3 215	-	251	-	2 964	-
#原重庆	373	-	14	-	359	-
涪陵	5	-	-	-	5	-
万州	12	-	-	-	12	-
重庆航管处	2 492	-	218	-	2 274	-
泸州	588	1	15	-	573	1
宜宾	201	-	126	-	76	-
乐山	-	-	-	-	-	-
南充	-	-	-	-	-	-
广安	-	-	-	-	-	-
达州	-	-	-	-	-	-

5-11 规模以上港口原油吞吐量

单位：千吨

港口	总计	外贸	出港	外贸	进港	外贸
总　计	393 391	256 028	76 191	4 728	317 200	251 300
沿海合计	368 167	255 939	68 569	4 728	299 597	251 211
丹　东	-	-	-	-	-	-
大　连	28 722	20 197	3 275	110	25 447	20 088
营　口	9 364	6 713	751	-	8 613	6 713
锦　州	3 377	1 989	-	-	3 377	1 989
秦皇岛	8 105	37	5 863	37	2 242	-
黄　骅	471	-	-	-	471	-
唐　山	12 867	12 867	-	-	12 867	12 867
#京唐	-	-	-	-	-	-
曹妃甸	12 867	12 867	-	-	12 867	12 867
天　津	45 649	15 139	26 047	382	19 601	14 757
烟　台	3 462	397	222	180	3 240	217
#龙　口	3 065	-	42	-	3 023	-
威　海	87	-	-	-	87	-
青　岛	55 399	44 966	12 031	2 734	43 368	42 233
日　照	17 004	14 578	-	-	17 004	14 578
#石　臼	-	-	-	-	-	-
岚　山	17 004	14 578	-	-	17 004	14 578
上　海	3 759	-	-	-	3 759	-
连云港	-	-	-	-	-	-
嘉　兴	1 794	-	-	-	1 794	-
宁波-舟山	86 062	65 947	13 917	1 148	72 145	64 798
#宁　波	55 091	40 194	8 384	61	46 707	40 133
舟　山	30 971	25 753	5 533	1 088	25 438	24 665
台　州	-	-	-	-	-	-
温　州	973	-	-	-	973	-
福　州	-	-	-	-	-	-
#原福州	-	-	-	-	-	-
宁　德	-	-	-	-	-	-
莆　田	-	-	-	-	-	-
泉　州	11 089	11 078	-	-	11 089	11 078
厦　门	356	356	136	136	220	220

5-11 （续表一）

单位：千吨

港口	总计	外贸	出港	外贸	进港	外贸
#原厦门	–	–	–	–	–	–
漳州	356	356	136	136	220	220
汕头	–	–	–	–	–	–
汕尾	–	–	–	–	–	–
惠州	24 672	17 952	–	–	24 672	17 952
深圳	–	–	–	–	–	–
#蛇口	–	–	–	–	–	–
赤湾	–	–	–	–	–	–
妈湾	–	–	–	–	–	–
东角头	–	–	–	–	–	–
盐田	–	–	–	–	–	–
下洞	–	–	–	–	–	–
虎门	–	–	–	–	–	–
#太平	–	–	–	–	–	–
麻涌	–	–	–	–	–	–
沙田	–	–	–	–	–	–
广州	3 199	714	1 600	–	1 599	714
中山	–	–	–	–	–	–
珠海	–	–	–	–	–	–
江门	–	–	–	–	–	–
阳江	–	–	–	–	–	–
茂名	10 876	10 876	–	–	10 876	10 876
湛江	18 541	14 394	2 838	–	15 703	14 394
#原湛江	18 541	14 394	2 838	–	15 703	14 394
海安	–	–	–	–	–	–
北部湾港	12 977	8 720	1 804	–	11 173	8 720
#北海	1 804	–	1 804	–	–	–
钦州	11 173	8 720	–	–	11 173	8 720
防城	–	–	–	–	–	–
海口	91	–	87	–	4	–
洋浦	9 273	9 017	–	–	9 273	9 017
八所	–	–	–	–	–	–
内河合计	**25 224**	**89**	**7 621**	**–**	**17 603**	**89**

5-11 （续表二）

单位：千吨

港口	总计	外贸	出港	外贸	进港	外贸
哈尔滨	-	-	-	-	-	-
佳木斯	-	-	-	-	-	-
上 海	-	-	-	-	-	-
南 京	11 992	-	3 918	-	8 074	-
镇 江	-	-	-	-	-	-
苏 州	-	-	-	-	-	-
#常 熟	-	-	-	-	-	-
太 仓	-	-	-	-	-	-
张家港	-	-	-	-	-	-
南 通	463	78	225	-	238	78
常 州	-	-	-	-	-	-
江 阴	745	-	119	-	626	-
扬 州	-	-	-	-	-	-
泰 州	2 714	11	1 380	-	1 334	11
徐 州	-	-	-	-	-	-
连云港	-	-	-	-	-	-
无 锡	-	-	-	-	-	-
宿 迁	-	-	-	-	-	-
淮 安	1 006	-	248	-	758	-
扬州内河	1 646	-	1 515	-	132	-
镇江内河	-	-	-	-	-	-
杭 州	684	-	-	-	684	-
嘉兴内河	-	-	-	-	-	-
湖 州	-	-	-	-	-	-
合 肥	-	-	-	-	-	-
亳 州	-	-	-	-	-	-
阜 阳	-	-	-	-	-	-
淮 南	-	-	-	-	-	-
滁 州	-	-	-	-	-	-
马鞍山	-	-	-	-	-	-
芜 湖	-	-	-	-	-	-
铜 陵	-	-	-	-	-	-
池 州	-	-	-	-	-	-
安 庆	256	-	-	-	256	-

5-11 （续表三）

单位：千吨

港口	总计	外贸	出港	外贸	进港	外贸
南昌	–	–	–	–	–	–
九江	39	–	–	–	39	–
武汉	20	–	2	–	18	–
黄石	–	–	–	–	–	–
荆州	–	–	–	–	–	–
宜昌	–	–	–	–	–	–
长沙	–	–	–	–	–	–
湘潭	–	–	–	–	–	–
株洲	–	–	–	–	–	–
岳阳	2 502	–	–	–	2 502	–
番禺	33	–	11	–	22	–
新塘	398	–	204	–	194	–
五和	–	–	–	–	–	–
中山	–	–	–	–	–	–
佛山	1 817	–	–	–	1 817	–
江门	–	–	–	–	–	–
虎门	–	–	–	–	–	–
肇庆	338	–	1	–	338	–
惠州	–	–	–	–	–	–
南宁	–	–	–	–	–	–
柳州	–	–	–	–	–	–
贵港	–	–	–	–	–	–
梧州	–	–	–	–	–	–
来宾	–	–	–	–	–	–
重庆	–	–	–	–	–	–
#原重庆	–	–	–	–	–	–
涪陵	–	–	–	–	–	–
万州	–	–	–	–	–	–
重庆航管处	–	–	–	–	–	–
泸州	570	–	–	–	570	–
宜宾	–	–	–	–	–	–
乐山	–	–	–	–	–	–
南充	–	–	–	–	–	–
广安	–	–	–	–	–	–
达州	–	–	–	–	–	–

5-12　规模以上港口金属矿石吞吐量

单位：千吨

港 口	总计	外贸	出港	外贸	进港	外贸
总　计	1 499 871	908 065	323 078	535	1 176 793	907 530
沿海合计	1 110 450	843 894	211 758	404	898 691	843 490
丹　东	10 875	1 321	5 216	…	5 659	1 321
大　连	22 381	12 467	9 850	5	12 530	12 462
营　口	37 163	25 153	5 988	-	31 175	25 153
锦　州	5 201	4 139	374	-	4 827	4 139
秦皇岛	6 551	5 432	526	11	6 024	5 421
黄　骅	17 958	6 620	-	-	17 958	6 620
唐　山	151 586	149 402	123	-	151 463	149 402
#京　唐	54 063	53 153	67	-	53 997	53 153
曹妃甸	97 523	96 249	56	-	97 467	96 249
天　津	98 327	97 661	267	162	98 060	97 499
烟　台	17 816	12 694	4 885	14	12 931	12 680
#龙　口	2 874	2 311	571	14	2 303	2 297
威　海	254	137	116	-	138	137
青　岛	132 501	110 144	21 582	25	110 919	110 120
日　照	137 934	125 199	12 521	2	125 413	125 197
#石　臼	99 391	88 253	11 058	2	88 333	88 251
岚　山	38 543	36 946	1 463	-	37 080	36 946
上　海	93 876	44 682	32 506	15	61 370	44 667
连云港	69 248	52 793	14 511	49	54 737	52 744
嘉　兴	400	73	37	-	363	73
宁波-舟山	179 984	97 104	82 304	-	97 680	97 104
#宁　波	83 477	49 128	33 993	-	49 483	49 128
舟　山	96 507	47 976	48 311	-	48 196	47 976
台　州	-	-	-	-	-	-
温　州	1 767	1 017	169	-	1 598	1 017
福　州	22 492	17 703	4 176	-	18 316	17 703
#原福州	19 812	15 030	4 170	-	15 641	15 030
宁　德	2 680	2 673	5	-	2 675	2 673
莆　田	45	22	23	-	22	22
泉　州	1 279	800	38	-	1 241	800
厦　门	7 730	6 763	853	-	6 877	6 763

5-12 （续表一）

单位：千吨

港口	总计		出港		进港	
		外贸		外贸		外贸
#原厦门	7 730	6 763	853	–	6 877	6 763
漳　州	–	–	–	–	–	–
汕　头	–	–	–	–	–	–
汕　尾	–	–	–	–	–	–
惠　州	63	–	63	–	–	–
深　圳	8 412	5 369	3 043	–	5 369	5 369
#蛇　口	6 168	3 681	2 487	–	3 681	3 681
赤　湾	–	–	–	–	–	–
妈　湾	2 244	1 688	556	–	1 688	1 688
东角头	–	–	–	–	–	–
盐　田	–	–	–	–	–	–
下　洞	–	–	–	–	–	–
虎　门	167	5	74	–	93	5
#太　平	–	–	–	–	–	–
麻　涌	4	–	1	–	3	–
沙　田	163	5	73	–	90	5
广　州	5 746	3 194	108	5	5 637	3 189
中　山	7	–	4	–	3	–
珠　海	3 676	2 538	11	–	3 665	2 538
江　门	–	–	–	–	–	–
阳　江	7 852	6 669	–	–	7 852	6 669
茂　名	34	10	–	–	34	10
湛　江	30 704	26 031	4 550	96	26 153	25 935
#原湛江	30 704	26 031	4 550	96	26 153	25 935
海　安	–	–	–	–	–	–
北部湾港	32 709	28 641	2 506	19	30 202	28 622
#北　海	2 392	2 325	32	–	2 360	2 325
钦　州	6 928	5 512	385	…	6 544	5 512
防　城	23 388	20 804	2 090	19	21 299	20 785
海　口	554	112	307	1	246	110
洋　浦	1 259	–	1 125	–	134	–
八　所	3 901	–	3 901	–	–	–
内河合计	**389 421**	**64 171**	**111 320**	**131**	**278 101**	**64 040**

5-12 （续表二）

单位：千吨

港 口	总计	外贸	出港	外贸	进港	外贸
哈尔滨	-	-	-	-	-	-
佳木斯	-	-	-	-	-	-
上 海	56	-	35	-	21	-
南 京	33 722	2 787	7 509	-	26 213	2 787
镇 江	43 271	5 720	21 348	38	21 923	5 682
苏 州	97 846	31 603	28 014	13	69 832	31 590
#常 熟	457	-	229	-	229	-
太 仓	42 253	20 693	21 175	-	21 078	20 693
张家港	55 137	10 910	6 611	13	48 525	10 897
南 通	52 683	16 455	26 615	-	26 069	16 455
常 州	14 577	1 238	6 466	-	8 111	1 238
江 阴	27 700	2 924	8 908	1	18 792	2 923
扬 州	1 527	698	607	-	920	698
泰 州	7 104	101	2 621	-	4 483	101
徐 州	907	-	77	-	829	-
连云港	4 385	-	-	-	4 385	-
无 锡	125	-	9	-	116	-
宿 迁	85	-	-	-	85	-
淮 安	4 725	-	-	-	4 725	-
扬州内河	-	-	-	-	-	-
镇江内河	41	-	27	-	13	-
杭 州	1 574	-	35	-	1 539	-
嘉兴内河	401	-	366	-	35	-
湖 州	301	-	189	-	112	-
合 肥	2 297	-	733	-	1 564	-
亳 州	-	-	-	-	-	-
阜 阳	-	-	-	-	-	-
淮 南	5	-	-	-	5	-
滁 州	3	-	3	-	-	-
马鞍山	22 730	-	876	-	21 854	-
芜 湖	5 854	-	513	-	5 341	-
铜 陵	2 882	-	1 208	-	1 674	-
池 州	693	-	345	-	347	-
安 庆	970	…	450	-	520	…

5-12 (续表三)

单位：千吨

港 口	总计	外贸	出港	外贸	进港	外贸
南　昌	381	-	3	-	378	-
九　江	10 979	-	287	-	10 691	-
武　汉	21 747	-	182	-	21 565	-
黄　石	6 127	2 541	1 345	3	4 782	2 538
荆　州	40	-	-	-	40	-
宜　昌	214	7	120	5	93	2
长　沙	108	75	71	71	37	3
湘　潭	4 761	-	-	-	4 761	-
株　洲	-	-	-	-	-	-
岳　阳	6 356	-	1 342	-	5 014	-
番　禺	-	-	-	-	-	-
新　塘	5	-	-	-	5	-
五　和	-	-	-	-	-	-
中　山	1	-	1	-	-	-
佛　山	60	1	15	…	45	…
江　门	6	-	3	-	3	-
虎　门	45	-	10	-	35	-
肇　庆	130	3	104	…	26	3
惠　州	-	-	-	-	-	-
南　宁	60	-	58	-	2	-
柳　州	-	-	-	-	-	-
贵　港	874	-	49	-	825	-
梧　州	171	-	171	-	-	-
来　宾	148	-	148	-	-	-
重　庆	10 379	-	234	-	10 145	-
#原重庆	1 072	-	78	-	994	-
涪　陵	-	-	-	-	-	-
万　州	2 366	-	…	-	2 366	-
重庆航管处	1 678	-	90	-	1 587	-
泸　州	162	18	17	-	145	18
宜　宾	18	-	18	-	-	-
乐　山	188	-	188	-	-	-
南　充	-	-	-	-	-	-
广　安	-	-	-	-	-	-
达　州	-	-	-	-	-	-

5-13　规模以上港口钢铁吞吐量

单位：千吨

港 口	总计	外贸	出港	外贸	进港	外贸
总　计	423 060	66 620	245 083	46 928	177 977	19 692
沿海合计	235 961	48 844	144 277	37 097	91 684	11 748
丹　东	6 283	506	5 180	359	1 103	146
大　连	12 105	2 171	8 702	1 527	3 403	643
营　口	21 910	4 778	20 744	4 692	1 166	87
锦　州	2 904	108	2 729	106	175	3
秦皇岛	5 194	650	4 974	497	219	154
黄　骅	79	-	79	-	-	-
唐　山	33 782	1 765	33 575	1 706	207	59
#京　唐	15 489	1 064	15 380	1 006	109	58
曹妃甸	18 293	701	18 195	700	98	1
天　津	27 521	15 931	24 898	14 479	2 624	1 452
烟　台	1 991	910	669	432	1 323	478
#龙　口	262	62	90	62	172	-
威　海	92	78	9	7	83	71
青　岛	5 987	2 392	5 177	2 180	811	213
日　照	6 546	1 956	6 461	1 891	85	65
#石　臼	1 599	1 430	1 514	1 365	85	65
岚　山	4 947	526	4 947	526	-	-
上　海	38 839	7 919	15 240	6 030	23 599	1 889
连云港	2 860	1 951	2 267	1 551	593	400
嘉　兴	632	37	19	-	613	37
宁波-舟山	10 432	1 491	1 470	362	8 961	1 129
#宁　波	9 283	1 413	1 326	362	7 957	1 051
舟　山	1 149	77	144	-	1 004	77
台　州	2 671	16	300	-	2 371	16
温　州	2 064	7	53	-	2 011	7
福　州	7 124	324	2 776	1	4 348	323
#原福州	5 454	187	1 683	1	3 771	186
宁　德	1 670	138	1 093	-	577	138
莆　田	82	-	23	-	59	-
泉　州	3 117	10	42	-	3 074	10
厦　门	2 189	390	183	49	2 006	342

5-13 （续表一）

单位：千吨

港口	总计		出港		进港	
		外贸		外贸		外贸
#原厦门	2 188	390	183	49	2 005	342
漳州	2	–	–	–	2	–
汕头	626	68	149	66	477	2
汕尾	1	–	–	–	1	–
惠州	790	66	14	10	775	55
深圳	2 861	694	584	4	2 277	689
#蛇口	592	252	42	4	550	247
赤湾	11	4	…	…	11	4
妈湾	2 115	438	515	–	1 600	438
东角头	–	–	–	–	–	–
盐田	–	–	–	–	–	–
下洞	–	–	–	–	–	–
虎门	1 721	722	324	27	1 396	695
#太平	58	58	–	–	58	58
麻涌	206	55	–	–	206	55
沙田	1 457	609	324	27	1 132	582
广州	25 060	2 766	4 558	717	20 502	2 050
中山	553	140	110	45	444	95
珠海	812	15	269	4	543	11
江门	646	92	182	26	464	66
阳江	289	–	147	–	142	–
茂名	6	–	1	–	6	–
湛江	439	122	174	122	265	–
#原湛江	435	122	174	122	260	–
海安	5	–	–	–	5	–
北部湾港	3 756	513	1 744	185	2 013	328
#北海	134	10	129	5	6	5
钦州	1 864	–	441	–	1 424	–
防城	1 758	503	1 175	180	583	323
海口	3 884	251	453	22	3 432	229
洋浦	48	5	…	…	48	5
八所	64	–	…	–	64	–
内河合计	**187 099**	**17 776**	**100 805**	**9 831**	**86 293**	**7 944**

5-13 （续表二）

单位：千吨

港口	总计	外贸	出港	外贸	进港	外贸
哈尔滨	-	-	-	-	-	-
佳木斯	-	-	-	-	-	-
上　海	9 668	-	2 752	-	6 916	-
南　京	13 353	853	9 541	406	3 812	447
镇　江	687	33	158	26	529	7
苏　州	48 527	11 513	37 676	6 696	10 851	4 817
#常　熟	3 939	1 520	1 565	1 472	2 374	48
太　仓	900	559	88	2	812	558
张家港	43 688	9 434	36 022	5 222	7 666	4 212
南　通	1 693	489	429	251	1 264	238
常　州	1 097	360	538	160	559	200
江　阴	15 990	2 632	6 957	1 314	9 033	1 318
扬　州	883	1	106	1	777	-
泰　州	4 345	544	2 606	478	1 739	66
徐　州	2 401	-	2 336	-	64	-
连云港	3 440	-	2 375	-	1 065	-
无　锡	16 773	-	1 913	-	14 860	-
宿　迁	1 031	-	642	-	389	-
淮　安	2 943	-	2 347	-	595	-
扬州内河	330	-	-	-	330	-
镇江内河	71	-	1	-	69	-
杭　州	15 762	-	622	-	15 140	-
嘉兴内河	3 520	-	1 260	-	2 261	-
湖　州	2 025	-	849	-	1 176	-
合　肥	831	-	112	-	718	-
亳　州	12	-	10	-	2	-
阜　阳	1	-	1	-	…	-
淮　南	8	-	3	-	4	-
滁　州	12	-	11	-	1	-
马鞍山	4 529	145	4 033	134	496	11
芜　湖	2 169	85	1 547	-	622	85
铜　陵	846	-	784	-	62	-
池　州	283	-	19	-	263	-
安　庆	97	3	39	3	58	…

5-13 （续表三）

单位：千吨

港口	总计	外贸	出港	外贸	进港	外贸
南　昌	2 288	21	1 246	21	1 041	-
九　江	3 608	4	3 575	4	33	-
武　汉	7 082	-	4 651	-	2 432	-
黄　石	966	55	655	54	311	…
荆　州	72	-	34	-	38	-
宜　昌	275	6	110	5	165	…
长　沙	512	26	13	13	498	12
湘　潭	3 071	-	3 070	-	1	-
株　洲	-	-	-	-	-	-
岳　阳	1 622	-	717	-	905	-
番　禺	86	-	5	-	81	-
新　塘	-	-	-	-	-	-
五　和	10	-	-	-	10	-
中　山	229	40	39	4	190	36
佛　山	2 597	934	908	251	1 688	683
江　门	1 154	21	514	…	640	21
虎　门	41	…	11	…	30	…
肇　庆	60	2	10	1	50	1
惠　州	1	-	-	-	1	-
南　宁	47	-	11	-	37	-
柳　州	1 256	-	1 256	-	-	-
贵　港	184	3	162	3	21	…
梧　州	196	-	196	-	1	-
来　宾	2 675	-	2 675	-	-	-
重　庆	5 502	4	1 150	4	4 352	-
#原重庆	1 554	-	246	-	1 308	-
涪　陵	72	4	24	4	48	-
万　州	238	-	2	-	235	-
重庆航管处	2 822	-	334	-	2 488	-
泸　州	14	3	3	3	10	…
宜　宾	195	-	109	-	86	-
乐　山	-	-	-	-	-	-
南　充	-	-	-	-	-	-
广　安	-	-	-	-	-	-
达　州	30	-	16	-	15	-

5-14　规模以上港口矿建材料吞吐量

单位：千吨

港口	总计	外贸	出港	外贸	进港	外贸
总　计	1 494 443	27 386	611 683	23 059	882 759	4 327
沿海合计	473 485	22 743	163 750	18 756	309 735	3 987
丹　东	33 758	–	98	–	33 660	–
大　连	3 540	70	2 017	70	1 523	–
营　口	12 747	620	3 421	620	9 326	–
锦　州	162	–	133	–	30	–
秦皇岛	1 277	5	1 268	5	9	–
黄　骅	1 302	–	–	–	1 302	–
唐　山	8 181	344	7 834	344	347	–
#京　唐	4 641	208	4 322	208	320	–
曹妃甸	3 539	136	3 512	136	27	–
天　津	43 812	1 337	1 632	736	42 180	601
烟　台	1 673	403	687	387	986	16
#龙　口	677	–	282	–	395	–
威　海	519	–	17	–	502	–
青　岛	11 653	33	30	30	11 623	3
日　照	11 537	546	4 667	546	6 870	–
#石　臼	4 152	128	3 462	128	690	–
岚　山	7 385	419	1 205	419	6 180	–
上　海	8 426	63	232	57	8 195	6
连云港	1 384	–	105	–	1 279	–
嘉　兴	1 826	–	935	–	891	–
宁波–舟山	93 745	–	62 951	–	30 794	–
#宁　波	19 006	–	4 366	–	14 640	–
舟　山	74 739	–	58 586	–	16 153	–
台　州	15 249	–	1 958	–	13 291	–
温　州	18 605	–	2 458	–	16 146	–
福　州	11 124	4 476	8 181	4 473	2 943	3
#原福州	3 397	499	1 798	497	1 599	3
宁　德	7 727	3 977	6 383	3 977	1 344	–
莆　田	11 937	–	–	–	11 937	–
泉　州	26 339	1 948	1 960	642	24 379	1 306
厦　门	42 954	11 931	27 064	10 000	15 890	1 932

5-14 （续表一）

单位：千吨

港 口	总计	外贸	出港	外贸	进港	外贸
#原厦门	31 752	11 931	15 881	10 000	15 870	1 932
漳 州	11 202	–	11 183	–	19	–
汕 头	13 327	27	67	10	13 259	17
汕 尾	391	–	–	–	391	–
惠 州	16	–	6	–	11	–
深 圳	2 325	–	659	–	1 666	–
#蛇 口	–	–	–	–	–	–
赤 湾	–	–	–	–	–	–
妈 湾	1	–	–	–	1	–
东角头	855	–	659	–	197	–
盐 田	–	–	–	–	–	–
下 洞	–	–	–	–	–	–
虎 门	7 751	45	2 758	35	4 993	10
#太 平	227	–	–	–	227	–
麻 涌	540	–	–	–	540	–
沙 田	6 984	45	2 758	35	4 226	10
广 州	20 104	294	3 256	275	16 847	19
中 山	12 192	8	3 847	7	8 345	1
珠 海	30 232	470	10 747	419	19 485	51
江 门	10 103	5	9 372	2	731	3
阳 江	–	–	–	–	–	–
茂 名	1 936	36	1 875	28	61	8
湛 江	5 325	10	1 127	–	4 198	10
#原湛江	504	10	332	–	172	10
海 安	2 957	–	–	–	2 957	–
北部湾港	5 549	39	1 839	38	3 711	1
#北 海	161	–	20	–	141	–
钦 州	1 002	2	100	2	902	…
防 城	4 386	37	1 719	36	2 667	1
海 口	2 437	34	551	33	1 886	1
洋 浦	…	–	…	–	…	–
八 所	48	–	–	–	48	–
内河合计	1 020 958	4 644	447 933	4 303	573 025	340

5-14 （续表二）

单位：千吨

港 口	总计	外贸	出港	外贸	进港	外贸
哈尔滨	531	–	–	–	531	–
佳木斯	692	–	–	–	692	–
上 海	64 282	–	5 978	–	58 305	–
南 京	11 290	53	1 587	53	9 703	–
镇 江	12 641	–	4 776	–	7 865	–
苏 州	40 523	117	17 593	9	22 930	107
#常 熟	29 905	50	14 990	9	14 915	41
太 仓	140	66	6	–	134	66
张家港	10 478	–	2 597	–	7 881	–
南 通	32 198	5	9 756	5	22 442	–
常 州	122	–	38	–	84	–
江 阴	15 311	41	4 222	25	11 090	16
扬 州	4 653	–	62	–	4 591	–
泰 州	25 593	99	7 324	…	18 270	99
徐 州	41 256	–	619	–	40 638	–
连云港	2 668	–	304	–	2 364	–
无 锡	24 836	–	1 451	–	23 384	–
宿 迁	11 924	–	5 209	–	6 715	–
淮 安	18 448	–	4 522	–	13 927	–
扬州内河	17 541	–	154	–	17 388	–
镇江内河	5 331	–	2 028	–	3 303	–
杭 州	48 777	–	23 763	–	25 013	–
嘉兴内河	70 043	–	15 614	–	54 429	–
湖 州	147 938	–	137 280	–	10 658	–
合 肥	5 152	–	1 992	–	3 160	–
亳 州	6 368	–	1	–	6 368	–
阜 阳	5 393	–	17	–	5 376	–
淮 南	5 580	–	2 847	–	2 733	–
滁 州	23 302	–	21 154	–	2 148	–
马鞍山	24 086	–	10 365	–	13 721	–
芜 湖	12 897	–	3 968	–	8 929	–
铜 陵	12 877	101	12 370	101	507	–
池 州	7 238	–	7 098	–	140	–
安 庆	10 860	11	9 864	5	996	6
南 昌	7 043	3	5 123	–	1 919	3

5-14 （续表三）

单位：千吨

港口	总计	外贸	出港	外贸	进港	外贸
九　江	12 055	–	11 595	–	460	–
武　汉	16 080	–	1 098	–	14 982	–
黄　石	4 786	…	3 385	–	1 401	…
荆　州	2 328	–	–	–	2 328	–
宜　昌	990	26	627	25	363	1
长　沙	27 745	55	38	38	27 707	17
湘　潭	2 933	–	–	–	2 933	–
株　洲	5 301	–	–	–	5 301	–
岳　阳	75 078	–	60 001	–	15 077	–
番　禺	1 396	–	–	–	1 396	–
新　塘	25	–	–	–	25	–
五　和	1 644	–	250	–	1 394	–
中　山	18 188	1	1 608	…	16 580	1
佛　山	10 151	3 818	5 850	3 756	4 300	62
江　门	9 826	64	1 662	64	8 165	–
虎　门	228	…	34	…	193	…
肇　庆	6 166	232	3 424	212	2 743	21
惠　州	191	–	152	–	39	–
南　宁	4 999	–	932	–	4 067	–
柳　州	427	–	425	–	2	–
贵　港	14 547	2	5 100	2	9 447	…
梧　州	18 702	–	18 357	–	345	–
来　宾	1 331	–	1 331	–	–	–
重　庆	35 296	–	7 797	–	27 499	–
#原重庆	2 966	–	1 401	–	1 565	–
涪　陵	411	–	65	–	346	–
万　州	1 827	–	226	–	1 601	–
重庆航管处	18 278	–	4 362	–	13 916	–
泸　州	15 334	14	666	8	14 668	6
宜　宾	3 746	–	1 983	–	1 762	–
乐　山	2 941	–	2 932	–	9	–
南　充	4 170	–	592	–	3 578	–
广　安	5 515	–	268	–	5 246	–
达　州	1 445	–	750	–	696	–

5-15　规模以上港口水泥吞吐量

单位：千吨

港口	总计	外贸	出港	外贸	进港	外贸
总　计	249 202	10 552	165 137	9 950	84 065	602
沿海合计	45 707	5 320	11 819	4 771	33 889	549
丹　东	491	3	204	3	287	-
大　连	10	-	3	-	7	-
营　口	652	-	-	-	652	-
锦　州	527	-	18	-	509	-
秦皇岛	1 045	4	1 045	4	-	-
黄　骅	-	-	-	-	-	-
唐　山	193	1	1	-	192	1
#京　唐	145	1	-	-	145	1
曹妃甸	48	-	1	-	47	-
天　津	104	19	44	19	60	…
烟　台	3 170	2 219	2 622	2 219	548	-
#龙　口	2 205	2 128	2 205	2 128	-	-
威　海	-	-	-	-	-	-
青　岛	261	216	69	24	192	192
日　照	2 890	191	2 656	191	234	-
#石　臼	2 742	178	2 643	178	99	-
岚　山	148	13	13	13	135	-
上　海	1 928	26	27	26	1 901	-
连云港	535	525	481	481	54	44
嘉　兴	-	-	-	-	-	-
宁波－舟山	7 234	132	793	132	6 440	-
#宁　波	5 814	-	657	-	5 156	-
舟　山	1 420	132	136	132	1 284	-
台　州	2 787	-	-	-	2 787	-
温　州	2 410	-	1	-	2 410	-
福　州	7 265	80	-	-	7 265	80
#原福州	5 951	80	-	-	5 951	80
宁　德	1 314	-	-	-	1 314	-
莆　田	1 368	-	5	-	1 363	-
泉　州	878	-	-	-	878	-
厦　门	625	-	-	-	625	-

5-15 (续表一)

单位：千吨

港 口	总计	外贸	出港	外贸	进港	外贸
#原厦门	625	-	-	-	625	-
漳　州	-	-	-	-	-	-
汕　头	1 495	-	…	-	1 494	-
汕　尾	-	-	-	-	-	-
惠　州	175	-	-	-	175	-
深　圳	588	157	4	-	584	157
#蛇　口	-	-	-	-	-	-
赤　湾	-	-	-	-	-	-
妈　湾	541	157	4	-	537	157
东角头	44	-	-	-	44	-
盐　田	-	-	-	-	-	-
下　洞	-	-	-	-	-	-
虎　门	1 043	398	986	398	57	…
#太　平	-	-	-	-	-	-
麻　涌	328	44	328	44	-	-
沙　田	715	355	658	354	57	…
广　州	528	35	173	15	354	20
中　山	1 866	…	45	-	1 821	…
珠　海	1 253	-	58	-	1 195	-
江　门	330	-	143	-	186	-
阳　江	24	23	1	-	23	23
茂　名	15	15	-	-	15	15
湛　江	458	-	457	-	1	-
#原湛江	1	-	-	-	1	-
海　安	457	-	457	-	-	-
北部湾港	2 019	1 259	1 952	1 259	67	…
#北　海	57	-	2	-	55	-
钦　州	556	-	545	-	12	-
防　城	1 405	1 259	1 405	1 259	…	…
海　口	1 283	8	6	-	1 278	8
洋　浦	234	9	-	-	234	9
八　所	24	-	24	-	-	-
内河合计	203 494	5 232	153 318	5 179	50 176	53

5-15 （续表二）

单位：千吨

港 口	总计	外贸	出港	外贸	进港	外贸
哈尔滨	–	–	–	–	–	–
佳木斯	–	–	–	–	–	–
上 海	7 568	–	87	–	7 481	–
南 京	949	383	925	383	24	–
镇 江	3 652	196	3 604	191	48	5
苏 州	3 098	1 781	1 883	1 733	1 215	48
#常 熟	–	–	–	–	–	–
太 仓	64	56	8	8	56	48
张家港	3 034	1 725	1 875	1 725	1 160	–
南 通	6 852	1 781	1 782	1 781	5 069	–
常 州	14	–	1	–	12	–
江 阴	3 070	–	811	–	2 259	–
扬 州	916	…	916	…	–	–
泰 州	834	833	833	833	2	–
徐 州	671	–	624	–	47	–
连云港	513	–	–	–	513	–
无 锡	14 433	–	5 934	–	8 499	–
宿 迁	53	–	10	–	43	–
淮 安	609	–	144	–	465	–
扬州内河	2 303	–	–	–	2 303	–
镇江内河	52	–	52	–	–	–
杭 州	3 035	–	1 095	–	1 939	–
嘉兴内河	10 964	–	5 308	–	5 656	–
湖 州	11 618	–	10 526	–	1 093	–
合 肥	3 105	–	2 977	–	128	–
亳 州	–	–	–	–	–	–
阜 阳	23	–	–	–	23	–
淮 南	1 742	–	–	–	1 742	–
滁 州	1	–	–	–	1	–
马鞍山	3 290	–	3 199	–	92	–
芜 湖	23 092	–	23 023	–	70	–
铜 陵	20 087	–	20 023	–	64	–
池 州	13 359	–	13 072	–	287	–
安 庆	12 182	33	11 943	33	238	–

5-15 （续表三）

单位：千吨

港 口	总计	外贸	出港	外贸	进港	外贸
南 昌	2 810	-	20	-	2 790	-
九 江	8 291	-	7 893	-	398	-
武 汉	812	-	541	-	271	-
黄 石	2 512	-	2 512	-	-	-
荆 州	3	-	-	-	3	-
宜 昌	2	-	2	-	-	-
长 沙	32	1	1	1	32	-
湘 潭	-	-	-	-	-	-
株 洲	-	-	-	-	-	-
岳 阳	693	-	403	-	291	-
番 禺	69	-	-	-	69	-
新 塘	8	-	-	-	8	-
五 和	1 452	223	1 428	223	24	-
中 山	2 121	…	27	-	2 094	…
佛 山	1 234	…	599	…	635	-
江 门	731	-	7	-	724	-
虎 门	-	-	-	-	-	-
肇 庆	6 631	-	6 631	-	-	-
惠 州	-	-	-	-	-	-
南 宁	1 746	-	1 743	-	3	-
柳 州	15	-	15	-	-	-
贵 港	17 148	2	16 847	2	301	-
梧 州	470	-	368	-	102	-
来 宾	768	-	768	-	-	-
重 庆	7 008	-	4 434	-	2 573	-
#原重庆	41	-	38	-	3	-
涪 陵	40	-	5	-	35	-
万 州	362	-	-	-	362	-
重庆航管处	1 624	-	412	-	1 212	-
泸 州	190	-	2	-	188	-
宜 宾	50	-	-	-	50	-
乐 山	-	-	-	-	-	-
南 充	10	-	5	-	5	-
广 安	2	-	-	-	2	-
达 州	604	-	303	-	302	-

5-16 规模以上港口木材吞吐量

单位：千吨

港 口	总计	外贸	出港	外贸	进港	外贸
总　计	66 121	51 920	10 605	3 460	55 517	48 460
沿海合计	47 279	39 794	6 510	3 078	40 769	36 716
丹　东	–	–	–	–	–	–
大　连	404	212	178	…	225	211
营　口	64	49	13	…	50	49
锦　州	–	–	–	–	–	–
秦皇岛						
黄　骅	–	–	–	–	–	–
唐　山	111	95	…	–	111	95
#京　唐	111	95	…	–	111	95
曹妃甸	–	–	–	–	–	–
天　津	2 459	1 927	133	111	2 326	1 816
烟　台	3 651	3 203	–	–	3 651	3 203
#龙　口	3 080	2 632	–	–	3 080	2 632
威　海	–	–	–	–	–	–
青　岛	563	563	23	23	540	540
日　照	16 416	16 326	–	–	16 416	16 326
#石　臼	11 465	11 375	–	–	11 465	11 375
岚　山	4 951	4 951	–	–	4 951	4 951
上　海	1 625	1 427	142	4	1 483	1 423
连云港	3 355	3 348	2 600	2 600	755	747
嘉　兴	4	4	–	–	4	4
宁波-舟山	240	108	–	–	240	108
#宁　波	238	108	–	–	238	108
舟　山	2	–	–	–	2	–
台　州	35	–	1	–	34	–
温　州	64	10	–	–	64	10
福　州	27	4	8	…	19	4
#原福州	27	4	8	…	19	4
宁　德	–	–	–	–	–	–
莆　田	349	309	37	–	312	309
泉　州	674	647	–	–	674	647
厦　门	2 220	2 115	43	5	2 177	2 110

5-16 （续表一）

单位：千吨

港口	总计	外贸	出港	外贸	进港	外贸
#原厦门	2 220	2 115	43	5	2 177	2 110
漳州	–	–	–	–	–	–
汕头	120	40	53	32	67	8
汕尾	109	–	109	–	–	–
惠州	–	–	–	–	–	–
深圳	150	142	8	–	142	142
#蛇口	–	–	–	–	–	–
赤湾	–	–	–	–	–	–
妈湾	150	142	8	–	142	142
东角头	–	–	–	–	–	–
盐田	–	–	–	–	–	–
下洞	–	–	–	–	–	–
虎门	1 029	324	235	5	793	319
#太平	7	7	2	2	5	5
麻涌	18	15	–	–	18	15
沙田	1 004	301	234	3	770	298
广州	2 624	1 254	638	85	1 986	1 169
中山	129	77	16	7	113	70
珠海	2	–	–	–	2	–
江门	34	4	21	1	13	3
阳江	–	–	–	–	–	–
茂名	26	–	26	–	–	–
湛江	1 418	930	446	26	972	904
#原湛江	1 113	930	141	26	972	904
海安	96	–	96	–	–	–
北部湾港	4 084	2 685	1 366	174	2 718	2 510
#北海	56	–	41	–	15	–
钦州	1 147	38	947	–	200	38
防城	2 881	2 647	378	174	2 503	2 472
海口	664	11	412	2	252	9
洋浦	4 631	3 980	…	–	4 630	3 980
八所	–	–	–	–	–	–
内河合计	**18 842**	**12 126**	**4 094**	**382**	**14 748**	**11 744**

5-16 （续表二）

单位：千吨

港口	总计	外贸	出港	外贸	进港	外贸
哈尔滨	-	-	-	-	-	-
佳木斯	2	-	-	-	2	-
上　海	6	-	2	-	5	-
南　京	4	-	2	-	2	-
镇　江	16	3	-	-	16	3
苏　州	10 526	8 839	1 620	14	8 906	8 825
#常　熟	2 522	2 164	355	-	2 167	2 164
太　仓	3 897	3 825	64	6	3 833	3 820
张家港	4 107	2 849	1 201	8	2 906	2 841
南　通	-	-	-	-	-	-
常　州	-	-	-	-	-	-
江　阴	29	12	11	…	18	12
扬　州	1 469	1 010	454	-	1 015	1 010
泰　州	1 661	1 204	409	-	1 252	1 204
徐　州	1	-	-	-	1	-
连云港	-	-	-	-	-	-
无　锡	-	-	-	-	-	-
宿　迁	1	-	1	-	-	-
淮　安	17	-	16	-	1	-
扬州内河	121	-	-	-	121	-
镇江内河	-	-	-	-	-	-
杭　州	50	-	1	-	49	-
嘉兴内河	195	-	30	-	165	-
湖　州	1 058	-	11	-	1 047	-
合　肥	7	-	…	-	6	-
亳　州	-	-	-	-	-	-
阜　阳	-	-	-	-	-	-
淮　南	1	-	-	-	1	-
滁　州	-	-	-	-	-	-
马鞍山	-	-	-	-	-	-
芜　湖	1	-	-	-	1	-
铜　陵	…	-	…	-	-	-
池　州	11	-	-	-	11	-
安　庆	10	5	7	5	3	…

5-16（续表三）

单位：千吨

港口	总计	外贸	出港	外贸	进港	外贸
南 昌	224	–	92	–	133	–
九 江	1	–	–	–	1	–
武 汉	4	–	…	–	3	–
黄 石	–	–	–	–	–	–
荆 州	47	–	45	–	2	–
宜 昌	3	1	2	1	1	–
长 沙	17	10	8	8	8	2
湘 潭	–	–	–	–	–	–
株 洲	–	–	–	–	–	–
岳 阳	368	–	–	–	368	–
番 禺	–	–	–	–	–	–
新 塘	–	–	–	–	–	–
五 和	–	–	–	–	–	–
中 山	247	32	6	5	240	26
佛 山	801	747	124	106	677	640
江 门	41	13	35	7	6	6
虎 门	119	–	20	–	99	–
肇 庆	197	4	196	3	1	1
惠 州	–	–	–	–	–	–
南 宁	251	–	250	–	…	–
柳 州	17	–	15	–	2	–
贵 港	370	66	220	66	149	–
梧 州	287	166	287	166	–	–
来 宾	199	–	199	–	–	–
重 庆	408	–	14	–	394	–
#原重庆	2	–	–	–	2	–
涪 陵	–	–	–	–	–	–
万 州	–	–	–	–	–	–
重庆航管处	385	–	–	–	385	–
泸 州	49	17	11	2	38	15
宜 宾	–	–	–	–	–	–
乐 山	10	–	5	–	5	–
南 充	–	–	–	–	–	–
广 安	1	–	1	–	–	–
达 州	–	–	–	–	–	–

5-17　规模以上港口非金属矿石吞吐量

单位：千吨

港口	总计	外贸	出港	外贸	进港	外贸
总　计	206 265	47 170	98 714	12 579	107 551	34 591
沿海合计	89 882	41 349	33 070	10 774	56 812	30 575
丹　东	589	421	435	421	154	…
大　连	1 005	305	400	289	605	16
营　口	3 414	2 443	3 200	2 326	214	117
锦　州	299	169	209	169	90	-
秦皇岛	288	-	40	-	249	-
黄　骅	89	-	-	-	89	-
唐　山	2 074	962	90	-	1 983	962
#京　唐	195	-	-	-	195	-
曹妃甸	1 879	962	90	-	1 788	962
天　津	2 347	2 100	1 621	1 587	726	513
烟　台	27 230	21 994	5 179	122	22 052	21 872
#龙　口	19 297	17 473	1 917	122	17 380	17 351
威　海	1 758	738	1 020	-	738	738
青　岛	223	148	69	49	154	99
日　照	6 208	4 190	1 245	277	4 963	3 913
#石　臼	4 357	3 329	604	275	3 753	3 054
岚　山	1 852	862	641	2	1 210	860
上　海	5 400	59	587	59	4 812	-
连云港	1 740	1 734	168	161	1 572	1 572
嘉　兴	178	-	-	-	178	-
宁波-舟山	3 616	51	116	51	3 500	-
#宁　波	3 616	51	116	51	3 500	-
舟　山	-	-	-	-	-	-
台　州	269	-	-	-	269	-
温　州	243	13	113	13	130	-
福　州	3 007	107	348	107	2 659	-
#原福州	2 775	96	244	96	2 531	-
宁　德	233	10	105	10	128	-
莆　田	94	7	25	7	68	-
泉　州	828	63	9	5	818	58
厦　门	5 289	199	4 217	199	1 072	…

5-17（续表一）

单位：千吨

港口	总计	外贸	出港	外贸	进港	外贸
#原厦门	762	199	217	199	545	...
漳州	4 528	–	4 000	–	528	–
汕头	497	57	207	57	290	–
汕尾	440	–	440	–	–	–
惠州	–	–	–	–	–	–
深圳	67	9	56	–	11	9
#蛇口	–	–	–	–	–	–
赤湾	–	–	–	–	–	–
妈湾	67	9	56	–	11	9
东角头	–	–	–	–	–	–
盐田	–	–	–	–	–	–
下洞	–	–	–	–	–	–
虎门	1 702	37	841	9	861	28
#太平	74	–	–	–	74	–
麻涌	32	–	–	–	32	–
沙田	1 596	37	841	9	756	28
广州	1 759	775	869	730	889	45
中山	642	8	383	1	259	7
珠海	2 985	18	136	18	2 850	–
江门	3 958	49	1 513	35	2 445	14
阳江	–	–	–	–	–	–
茂名	145	–	144	–	1	–
湛江	3 220	1 595	2 152	1 118	1 067	477
#原湛江	2 636	1 595	2 152	1 118	484	477
海安	584	–	–	–	584	–
北部湾港	6 678	2 946	6 527	2 941	150	5
#北海	3 432	592	3 431	591	1	1
钦州	808	20	666	16	142	4
防城	2 438	2 335	2 430	2 334	8	1
海口	1 241	22	644	21	598	...
洋浦	221	127	–	–	221	127
八所	140	–	67	–	74	–
内河合计	116 383	5 821	65 644	1 806	50 739	4 016

5-17 （续表二）

单位：千吨

港口	总计	外贸	出港	外贸	进港	外贸
哈尔滨	–	–	–	–	–	–
佳木斯	–	–	–	–	–	–
上　海	88	–	–	–	88	–
南　京	4 156	139	677	139	3 480	–
镇　江	8 464	2 410	5 072	1 173	3 393	1 237
苏　州	1 018	150	191	92	826	59
#常　熟	610	47	32	–	578	47
太　仓	381	87	146	87	235	–
张家港	26	17	13	5	13	12
南　通	5 936	2 873	2 800	193	3 136	2 679
常　州	330	–	170	–	159	–
江　阴	551	–	122	–	429	–
扬　州	63	–	31	–	32	–
泰　州	406	20	20	–	386	20
徐　州	5 746	–	5 454	–	292	–
连云港	–	–	–	–	–	–
无　锡	137	–	74	–	63	–
宿　迁	82	–	29	–	53	–
淮　安	2 878	–	–	–	2 878	–
扬州内河	14	–	–	–	14	–
镇江内河	435	–	392	–	43	–
杭　州	5 262	–	2 950	–	2 313	–
嘉兴内河	2 545	–	92	–	2 453	–
湖　州	4 362	–	2 028	–	2 334	–
合　肥	1 457	–	1 261	–	196	–
亳　州	–	–	–	–	–	–
阜　阳	1	–	1	–	–	–
淮　南	5	–	–	–	5	–
滁　州	3 595	–	3 587	–	8	–
马鞍山	4 532	1	371	1	4 160	–
芜　湖	19 414	3	15 371	3	4 043	–
铜　陵	5 623	–	4 276	–	1 347	–
池　州	9 096	157	8 917	157	178	–
安　庆	263	2	18	…	246	2

5-17 （续表三）

单位：千吨

港 口	总计	外贸	出港	外贸	进港	外贸
南 昌	1 236	8	224	8	1 012	-
九 江	554	-	269	-	285	-
武 汉	8 261	-	169	-	8 092	-
黄 石	184	2	68	-	116	2
荆 州	255	-	249	-	6	-
宜 昌	1 577	9	1 129	5	447	4
长 沙	191	40	29	29	162	11
湘 潭	322	-	292	-	30	-
株 洲	3	-	-	-	3	-
岳 阳	520	-	160	-	360	-
番 禺	42	-	-	-	42	-
新 塘	658	-	-	-	658	-
五 和	14	-	14	-	-	-
中 山	184	…	17	…	167	…
佛 山	34	3	18	2	16	…
江 门	1 782	-	180	-	1 602	-
虎 门	131	-	15	-	116	-
肇 庆	1 631	3	1 425	2	205	1
惠 州	2	-	-	-	2	-
南 宁	391	-	388	-	2	-
柳 州	186	-	186	-	-	-
贵 港	3 204	2	1 337	2	1 866	-
梧 州	331	-	288	-	43	-
来 宾	2 179	-	2 179	-	-	-
重 庆	3 950	-	1 470	-	2 480	-
#原重庆	1 231	-	1 077	-	154	-
涪 陵	781	-	44	-	737	-
万 州	-	-	-	-	-	-
重庆航管处	679	-	309	-	370	-
泸 州	263	…	22	-	241	…
宜 宾	1 843	-	1 611	-	232	-
乐 山	1	-	1	-	-	-
南 充	-	-	-	-	-	-
广 安	-	-	-	-	-	-
达 州	-	-	-	-	-	-

5-18　规模以上港口化学肥料及农药吞吐量

单位：千吨

港口	总计	外贸	出港	外贸	进港	外贸
总　计	38 129	20 262	22 948	15 252	15 181	5 011
沿海合计	22 357	17 763	14 859	13 326	7 498	4 437
丹　东	24	24	24	24	-	-
大　连	909	162	247	162	661	-
营　口	1 810	1 528	1 217	1 213	593	314
锦　州	390	390	390	390	-	-
秦皇岛	1 295	1 295	1 132	1 132	163	163
黄　骅	5	-	5	-	-	-
唐　山	19	19	19	19	-	-
#京　唐	19	19	19	19	-	-
曹妃甸	-	-	-	-	-	-
天　津	110	80	62	52	48	28
烟　台	4 513	4 331	3 650	3 650	863	680
#龙　口	167	107	107	107	60	-
威　海	200	200	200	200	-	-
青　岛	1 579	1 569	796	796	782	772
日　照	19	19	19	19	-	-
#石　臼	19	19	19	19	-	-
岚　山	-	-	-	-	-	-
上　海	62	13	16	1	46	12
连云港	723	722	426	426	296	296
嘉　兴	-	-	-	-	-	-
宁波－舟山	94	35	35	15	60	20
#宁　波	55	15	15	15	40	-
舟　山	40	20	20	-	20	20
台　州	36	-	-	-	36	-
温　州	21	-	-	-	21	-
福　州	24	-	-	-	24	-
#原福州	15	-	-	-	15	-
宁　德	9	-	-	-	9	-
莆　田	1	-	-	-	1	-
泉　州	11	-	-	-	11	-
厦　门	190	152	105	104	85	48

5-18 （续表一）

单位：千吨

港口	总计	外贸	出港	外贸	进港	外贸
#原厦门	190	152	105	104	85	48
漳州	–	–	–	–	–	–
汕头	4	–	3	–	2	–
汕尾	–	–	–	–	–	–
惠州	–	–	–	–	–	–
深圳	993	700	348	56	645	645
#蛇口	–	–	–	–	–	–
赤湾	993	700	348	56	645	645
妈湾	–	–	–	–	–	–
东角头	–	–	–	–	–	–
盐田	–	–	–	–	–	–
下洞	–	–	–	–	–	–
虎门	589	448	97	4	492	444
#太平	–	–	–	–	–	–
麻涌	532	444	83	–	449	444
沙田	57	4	14	4	43	–
广州	182	99	79	64	103	35
中山	10	1	1	1	9	…
珠海	7	–	2	–	5	–
江门	14	–	5	–	9	–
阳江	–	–	–	–	–	–
茂名	21	–	–	–	21	–
湛江	1 691	1 514	914	836	777	678
#原湛江	1 690	1 514	914	836	775	678
海安	1	–	–	–	1	–
北部湾港	4 758	4 185	3 915	3 888	843	297
#北海	1 423	1 406	1 407	1 406	16	–
钦州	589	155	174	155	415	–
防城	2 747	2 625	2 334	2 328	412	297
海口	1 064	4	199	–	865	4
洋浦	–	–	–	–	–	–
八所	988	274	951	274	37	–
内河合计	**15 772**	**2 499**	**8 089**	**1 926**	**7 683**	**573**

5-18 （续表二）

单位：千吨

港 口	总计	外贸	出港	外贸	进港	外贸
哈尔滨	–	–	–	–	–	–
佳木斯	–	–	–	–	–	–
上 海	54	–	5	–	49	–
南 京	3 335	958	1 622	539	1 713	419
镇 江	1 662	785	815	752	847	33
苏 州	793	368	398	336	395	33
#常 熟	–	–	–	–	–	–
太 仓	69	42	19	9	51	33
张家港	724	326	379	326	345	–
南 通	928	328	483	249	445	79
常 州	154	–	73	–	81	–
江 阴	91	22	28	22	64	–
扬 州	5	–	1	–	5	–
泰 州	5	–	1	–	4	–
徐 州	–	–	–	–	–	–
连云港	–	–	–	–	–	–
无 锡	1 961	–	922	–	1 040	–
宿 迁	15	–	4	–	11	–
淮 安	217	–	155	–	62	–
扬州内河	34	–	–	–	34	–
镇江内河	60	–	–	–	60	–
杭 州	14	–	10	–	5	–
嘉兴内河	69	–	28	–	40	–
湖 州	57	–	15	–	42	–
合 肥	27	–	…	–	26	–
亳 州	59	–	40	–	18	–
阜 阳	28	–	15	–	14	–
淮 南	5	–	1	–	4	–
滁 州	15	–	2	–	13	–
马鞍山	36	–	–	–	36	–
芜 湖	16	–	1	–	15	–
铜 陵	113	–	63	–	50	–
池 州	10	–	3	–	7	–
安 庆	149	–	113	–	35	–

5-18 （续表三）

单位：千吨

港 口	总计	外贸	出港	外贸	进港	外贸
南 昌	43	–	–	–	43	–
九 江	68	–	…	–	67	–
武 汉	199	–	109	–	90	–
黄 石	100	–	91	–	8	–
荆 州	113	–	112	–	…	–
宜 昌	114	8	113	8	1	–
长 沙	1	–	–	–	1	–
湘 潭	–	–	–	–	–	–
株 洲	–	–	–	–	–	–
岳 阳	526	–	10	–	516	–
番 禺	–	–	–	–	–	–
新 塘	2	–	–	–	2	–
五 和	8	–	8	–	–	–
中 山	20	–	3	–	17	–
佛 山	7	…	…	…	7	–
江 门	63	31	20	20	42	10
虎 门	36	–	8	–	28	–
肇 庆	48	…	28	–	20	…
惠 州	–	–	–	–	–	–
南 宁	44	–	–	–	44	–
柳 州	8	–	8	–	–	–
贵 港	102	–	72	–	30	–
梧 州	31	–	29	–	2	–
来 宾	3	–	3	–	–	–
重 庆	3 349	–	2 238	–	1 111	–
#原重庆	126	–	19	–	106	–
涪 陵	24	–	…	–	24	–
万 州	412	–	225	–	187	–
重庆航管处	2 128	–	1 982	–	146	–
泸 州	392	…	391	…	1	–
宜 宾	544	–	37	–	507	–
乐 山	1	–	1	–	–	–
南 充	22	–	2	–	20	–
广 安	1	–	1	–	1	–
达 州	17	–	9	–	8	–

5-19　规模以上港口盐吞吐量

单位：千吨

港　口	总计	外贸	出港	外贸	进港	外贸
总　计	13 188	5 138	2 974	243	10 213	4 895
沿海合计	7 335	4 195	575	60	6 761	4 135
丹　东	15	–	–	–	15	–
大　连	716	286	8	–	708	286
营　口	271	…	…	…	271	–
锦　州	591	426	4	–	587	426
秦皇岛	–	–	–	–	–	–
黄　骅	117	67	38	12	79	55
唐　山	1 094	1 094	–	–	1 094	1 094
#京　唐	–	–	–	–	–	–
曹妃甸	1 094	1 094	–	–	1 094	1 094
天　津	282	236	35	2	247	234
烟　台	196	25	25	25	171	–
#龙　口	175	25	25	25	150	–
威　海	–	–	–	–	–	–
青　岛	69	69	–	–	69	69
日　照	–	–	–	–	–	–
#石　臼	–	–	–	–	–	–
岚　山	–	–	–	–	–	–
上　海	1 159	836	…	…	1 159	836
连云港	615	23	323	21	292	2
嘉　兴	287	25	–	–	287	25
宁波－舟山	1 162	687	10	–	1 152	687
#宁　波	1 152	687	–	–	1 152	687
舟　山	10	–	10	–	–	–
台　州	37	–	–	–	37	–
温　州	29	–	–	–	29	–
福　州	5	–	–	–	5	–
#原福州	–	–	–	–	–	–
宁　德	5	–	–	–	5	–
莆　田	–	–	–	–	–	–
泉　州	143	142	1	–	142	142
厦　门	5	–	2	–	3	–

5-19 （续表一）

单位：千吨

港 口	总计	外贸	出港	外贸	进港	外贸
#原厦门	3	-	-	-	3	-
漳　州	2	-	2	-	-	-
汕　头	-	-	-	-	-	-
汕　尾	-	-	-	-	-	-
惠　州	-	-	-	-	-	-
深　圳	-	-	-	-	-	-
#蛇　口	-	-	-	-	-	-
赤　湾	-	-	-	-	-	-
妈　湾	-	-	-	-	-	-
东角头	-	-	-	-	-	-
盐　田	-	-	-	-	-	-
下　洞	-	-	-	-	-	-
虎　门	13	…	7	-	7	…
#太　平	-	-	-	-	-	-
麻　涌	-	-	-	-	-	-
沙　田	13	…	7	-	7	…
广　州	14	…	…	…	14	…
中　山	17	…	-	-	17	…
珠　海	4	-	-	-	4	-
江　门	56	-	2	-	53	-
阳　江	-	-	-	-	-	-
茂　名	-	-	-	-	-	-
湛　江	112	-	92	-	20	-
#原湛江	21	-	1	-	20	-
海　安	91	-	91	-	-	-
北部湾港	229	214	11	-	219	214
#北　海	-	-	-	-	-	-
钦　州	3	-	-	-	3	-
防　城	226	214	11	-	216	214
海　口	29	…	13	-	15	…
洋　浦	65	65	-	-	65	65
八　所	4	-	4	-	-	-
内河合计	5 852	943	2 400	183	3 453	760

5-19 （续表二）

单位：千吨

港口	总计	外贸	出港	外贸	进港	外贸
哈尔滨	-	-	-	-	-	-
佳木斯	-	-	-	-	-	-
上　海	21	-	1	-	20	-
南　京	937	-	37	-	900	-
镇　江	337	157	161	12	176	145
苏　州	223	113	2	2	221	111
#常　熟	187	78	-	-	187	78
太　仓	-	-	-	-	-	-
张家港	37	35	2	2	35	33
南　通	88	-	-	-	88	-
常　州	-	-	-	-	-	-
江　阴	19	7	11	7	9	-
扬　州	-	-	-	-	-	-
泰　州	1 157	666	303	162	854	504
徐　州	-	-	-	-	-	-
连云港	-	-	-	-	-	-
无　锡	-	-	-	-	-	-
宿　迁	…	-	-	-	…	-
淮　安	1 480	-	1 325	-	154	-
扬州内河	69	-	-	-	69	-
镇江内河	7	-	-	-	7	-
杭　州	44	-	-	-	44	-
嘉兴内河	302	-	3	-	298	-
湖　州	27	-	…	-	27	-
合　肥	23	-	20	-	3	-
亳　州	-	-	-	-	-	-
阜　阳	-	-	-	-	-	-
淮　南	20	-	-	-	20	-
滁　州	1	-	-	-	1	-
马鞍山	-	-	-	-	-	-
芜　湖	42	-	…	-	42	-
铜　陵	1	-	1	-	…	-
池　州	…	-	-	-	…	-
安　庆	…	-	-	-	…	-

5-19 （续表三）

单位：千吨

港口	总计	外贸	出港	外贸	进港	外贸
南昌	…	-	…	-	-	-
九江	26	-	…	-	26	-
武汉	97	-	64	-	32	-
黄石	-	-	-	-	-	-
荆州	-	-	-	-	-	-
宜昌	-	-	-	-	-	-
长沙	11	-	-	-	11	-
湘潭	-	-	-	-	-	-
株洲	26	-	-	-	26	-
岳阳	98	-	-	-	98	-
番禺	-	-	-	-	-	-
新塘	-	-	-	-	-	-
五和	-	-	-	-	-	-
中山	-	-	-	-	-	-
佛山	-	-	-	-	-	-
江门	76	-	-	-	76	-
虎门	30	-	27	-	3	-
肇庆	10	1	…	-	9	1
惠州	-	-	-	-	-	-
南宁	-	-	-	-	-	-
柳州	-	-	-	-	-	-
贵港	-	-	-	-	-	-
梧州	-	-	-	-	-	-
来宾	-	-	-	-	-	-
重庆	555	-	333	-	222	-
#原重庆	1	-	-	-	1	-
涪陵	21	-	1	-	19	-
万州	1	-	-	-	1	-
重庆航管处	481	-	331	-	150	-
泸州	1	…	…	…	1	…
宜宾	-	-	-	-	-	-
乐山	108	-	108	-	-	-
南充	12	-	-	-	12	-
广安	…	-	…	-	-	-
达州	3	-	1	-	1	-

5-20 规模以上港口粮食吞吐量

单位：千吨

港口	总计	外贸	出港	外贸	进港	外贸
总 计	199 938	75 862	65 540	1 037	134 398	74 825
沿海合计	143 086	66 779	47 105	870	95 982	65 910
丹 东	3 649	900	2 438	27	1 211	873
大 连	15 375	5 240	10 052	463	5 323	4 777
营 口	7 975	93	7 907	30	68	63
锦 州	5 048	31	5 008	31	40	–
秦皇岛	2 134	1 362	574	13	1 560	1 350
黄 骅	653	–	653	–	–	–
唐 山	407	302	105	–	302	302
#京 唐	407	302	105	–	302	302
曹妃甸	–	–	–	–	–	–
天 津	6 997	6 029	763	75	6 234	5 955
烟 台	2 063	1 757	134	18	1 929	1 738
#龙 口	1 171	1 031	94	18	1 077	1 013
威 海	1	1	1	1	–	–
青 岛	5 298	5 141	216	106	5 082	5 036
日 照	9 121	8 811	197	2	8 924	8 810
#石 臼	5 810	5 572	156	2	5 654	5 571
岚 山	3 311	3 239	41	–	3 270	3 239
上 海	2 470	1 630	666	–	1 804	1 630
连云港	4 284	4 202	37	1	4 248	4 201
嘉 兴	470	–	–	–	470	–
宁波-舟山	9 055	4 987	3 498	–	5 558	4 987
#宁 波	1 993	1 357	136	–	1 857	1 357
舟 山	7 062	3 631	3 361	–	3 701	3 631
台 州	3	–	–	–	3	–
温 州	129	–	–	–	129	–
福 州	1 872	1 433	–	–	1 872	1 433
#原福州	1 872	1 433	–	–	1 872	1 433
宁 德	–	–	–	–	–	–
莆 田	1 148	430	2	–	1 146	430
泉 州	706	606	8	–	698	606
厦 门	4 366	1 777	46	–	4 320	1 777

5-20 （续表一）

单位：千吨

港口	总计	外贸	出港	外贸	进港	外贸
#原厦门	4 366	1 777	46	–	4 320	1 777
漳 州	–	–	–	–	–	–
汕 头	1 903	210	3	–	1 900	210
汕 尾	–	–	–	–	–	–
惠 州	50	–	3	–	47	–
深 圳	18 002	2 750	7 315	–	10 687	2 750
#蛇 口	8 083	425	3 511	–	4 572	425
赤 湾	4 108	2 325	1 554	–	2 555	2 325
妈 湾	5 811	–	2 250	–	3 561	–
东角头	–	–	–	–	–	–
盐 田	–	–	–	–	–	–
下 洞	–	–	–	–	–	–
虎 门	4 667	1 625	1 168	…	3 499	1 625
#太 平	48	48	–	–	48	48
麻 涌	3 221	1 577	615	–	2 605	1 577
沙 田	1 398	…	553	…	845	…
广 州	16 227	7 997	4 966	36	11 260	7 961
中 山	155	4	15	2	139	1
珠 海	227	19	53	–	174	19
江 门	1 797	215	293	–	1 504	215
阳 江	903	801	5	–	898	801
茂 名	1 304	25	1	–	1 303	25
湛 江	2 190	1 328	38	–	2 152	1 328
#原湛江	2 190	1 328	38	–	2 152	1 328
海 安	–	–	–	–	–	–
北部湾港	9 897	7 072	703	65	9 195	7 007
#北 海	832	705	…	–	832	705
钦 州	3 714	1 481	197	–	3 517	1 481
防 城	5 352	4 885	505	65	4 846	4 820
海 口	2 484	1	237	–	2 248	1
洋 浦	31	–	–	–	31	–
八 所	23	–	–	–	23	–
内河合计	56 852	9 083	18 435	167	38 417	8 916

5-20 （续表二）

单位：千吨

港口	总计	外贸	出港	外贸	进港	外贸
哈尔滨	-	-	-	-	-	-
佳木斯	-	-	-	-	-	-
上　海	1 085	-	312	-	773	-
南　京	1 702	723	608	-	1 093	723
镇　江	3 831	1 998	1 525	-	2 306	1 998
苏　州	4 191	2 687	622	-	3 569	2 687
#常　熟	-	-	-	-	-	-
太　仓	327	232	77	-	250	232
张家港	3 864	2 455	545	-	3 319	2 455
南　通	7 628	2 659	2 590	-	5 038	2 659
常　州	-	-	-	-	-	-
江　阴	1 929	294	900	28	1 029	266
扬　州	31	-	31	-	-	-
泰　州	14 702	580	7 085	97	7 618	483
徐　州	21	-	1	-	20	-
连云港	-	-	-	-	-	-
无　锡	1 296	-	293	-	1 003	-
宿　迁	266	-	256	-	9	-
淮　安	1 224	-	947	-	277	-
扬州内河	1 610	-	342	-	1 268	-
镇江内河	12	-	-	-	12	-
杭　州	296	-	19	-	278	-
嘉兴内河	2 403	-	611	-	1 792	-
湖　州	388	-	40	-	348	-
合　肥	1 037	-	649	-	388	-
亳　州	568	-	563	-	5	-
阜　阳	261	-	260	-	2	-
淮　南	199	-	197	-	2	-
滁　州	231	-	185	-	46	-
马鞍山	32	-	17	-	15	-
芜　湖	41	-	14	-	26	-
铜　陵	14	-	2	-	12	-
池　州	8	-	8	-	1	-
安　庆	22	4	17	…	5	3

5-20 （续表三）

单位：千吨

港　口	总计	外贸	出港	外贸	进港	外贸
南　昌	605	–	7	–	598	–
九　江	9	–	8	–	1	–
武　汉	179	–	16	–	163	–
黄　石	15	–	–	–	15	–
荆　州	128	–	3	–	125	–
宜　昌	18	1	1	…	17	1
长　沙	131	2	–	–	131	2
湘　潭	20	–	–	–	20	–
株　洲	15	–	–	–	15	–
岳　阳	397	–	31	–	366	–
番　禺	1 619	–	–	–	1 619	–
新　塘	–	–	–	–	–	–
五　和	15	–	…	–	15	–
中　山	46	4	12	…	34	4
佛　山	787	78	47	13	740	65
江　门	1 528	17	47	12	1 481	6
虎　门	1 327	…	2	–	1 325	…
肇　庆	1 054	37	23	17	1 032	20
惠　州	123	–	–	–	123	–
南　宁	863	–	15	–	848	–
柳　州	18	–	–	–	18	–
贵　港	1 714	…	66	…	1 649	–
梧　州	141	–	5	–	137	–
来　宾	–	–	–	–	–	–
重　庆	791	–	3	–	788	–
#原重庆	2	–	–	–	2	–
涪　陵	3	–	1	–	2	–
万　州	38	–	1	–	37	–
重庆航管处	618	–	–	–	618	–
泸　州	13	…	…	…	13	–
宜　宾	89	–	–	–	89	–
乐　山	–	–	–	–	–	–
南　充	103	–	14	–	89	–
广　安	13	–	9	–	4	–
达　州	61	–	32	–	29	–

5-21　规模以上港口机械、设备、电器吞吐量

单位：千吨

港　口	总计	外贸	出港	外贸	进港	外贸
总　计	**195 102**	**118 184**	**103 637**	**68 687**	**91 465**	**49 497**
沿海合计	**187 485**	**114 398**	**98 035**	**65 690**	**89 450**	**48 708**
丹　东	606	68	67	67	540	1
大　连	8 397	1 969	6 883	1 776	1 514	193
营　口	9 330	658	2 763	620	6 567	39
锦　州	10	-	5	-	5	-
秦皇岛	12	9	9	9	3	-
黄　骅	27	25	25	25	2	-
唐　山	131	40	127	40	4	-
#京　唐	129	39	126	39	3	-
曹妃甸	2	1	1	1	1	-
天　津	43 220	28 559	24 907	17 919	18 313	10 639
烟　台	319	143	213	132	106	11
#龙　口	4	4	4	4	…	-
威　海	19	14	18	13	1	1
青　岛	8 291	1 613	1 520	1 473	6 771	140
日　照	97	15	9	9	89	7
#石　臼	97	15	8	8	89	7
岚　山	…	…	…	…	-	-
上　海	68 276	58 532	35 931	31 019	32 345	27 513
连云港	2 879	2 772	2 764	2 760	116	12
嘉　兴	10	-	…	-	10	-
宁波－舟山	211	32	51	16	161	16
#宁　波	21	13	5	3	17	10
舟　山	190	18	46	12	144	6
台　州	1 671	1 657	2	-	1 668	1 657
温　州	1	…	…	-	1	…
福　州	4	2	1	1	3	1
#原福州	4	2	1	1	3	1
宁　德	-	-	-	-	-	-
莆　田	23	2	2	2	20	
泉　州	29	14	…	-	29	14
厦　门	1 701	1 619	1 037	999	664	620

5-21（续表一）

单位：千吨

港口	总计		出港		进港	
		外贸		外贸		外贸
#原厦门	1 681	1 619	1 037	999	644	620
漳州	21	–	–	–	21	–
汕头	2 545	1 312	1 270	666	1 275	646
汕尾	7	–	–	–	7	–
惠州	7	4	3	3	5	1
深圳	189	79	101	35	88	44
#蛇口	…	…	–	–	…	…
赤湾	42	40	37	35	6	5
妈湾	145	38	64	–	81	38
东角头	–	–	–	–	–	–
盐田	–	–	–	–	–	–
下洞	–	–	–	–	–	–
虎门	776	181	487	33	289	148
#太平	103	103	5	5	98	98
麻涌	349	8	348	7	1	1
沙田	324	69	134	21	190	49
广州	30 663	11 927	15 180	5 827	15 483	6 100
中山	962	920	818	783	144	137
珠海	457	271	272	115	185	156
江门	43	35	28	23	15	11
阳江	1	–	–	–	1	–
茂名	4	…	2	…	2	…
湛江	2	…	…	–	2	…
#原湛江	2	…	…	–	2	…
海安	–	–	–	–	–	–
北部湾港	1 466	1 369	1 314	1 297	152	71
#北海	14	–	2	–	13	–
钦州	116	51	58	45	57	6
防城	1 336	1 318	1 254	1 252	82	66
海口	4 568	40	2 223	29	2 345	11
洋浦	523	518	2	–	521	518
八所	5	–	–	–	5	–
内河合计	**7 617**	**3 786**	**5 602**	**2 997**	**2 015**	**789**

5-21 （续表二）

单位：千吨

港 口	总计	外贸	出港	外贸	进港	外贸
哈尔滨	-	-	-	-	-	-
佳木斯	-	-	-	-	-	-
上 海	12	-	5	-	7	-
南 京	1 142	79	1 103	78	39	1
镇 江	8	2	5	1	3	…
苏 州	651	553	568	545	83	8
#常 熟	28	20	20	19	8	1
太 仓	400	395	396	391	4	4
张家港	224	138	153	135	71	3
南 通	187	125	126	101	61	23
常 州	43	24	23	4	20	20
江 阴	330	84	228	69	102	15
扬 州	178	167	168	165	9	2
泰 州	24	17	16	11	9	6
徐 州	-	-	-	-	-	-
连云港	-	-	-	-	-	-
无 锡	-	-	-	-	-	-
宿 迁	-	-	-	-	-	-
淮 安	9	-	-	-	9	-
扬州内河	-	-	-	-	-	-
镇江内河	-	-	-	-	-	-
杭 州	94	-	74	-	20	-
嘉兴内河	…	-	…	-	…	-
湖 州	6	-	3	-	2	-
合 肥	117	1	107	1	9	-
亳 州	-	-	-	-	-	-
阜 阳	-	-	-	-	-	-
淮 南	-	-	-	-	-	-
滁 州	-	-	-	-	-	-
马鞍山	…	-	…	-	…	-
芜 湖	2	-	1	-	…	-
铜 陵	5	-	-	-	5	-
池 州	1	-	1	-	-	-
安 庆	14	8	4	3	10	5

5-21 (续表三)

单位：千吨

港口	总计	外贸	出港	外贸	进港	外贸
南 昌	96	94	71	70	25	24
九 江	27	-	24	-	2	-
武 汉	131	-	119	-	11	-
黄 石	9	8	7	7	2	1
荆 州	7	-	5	-	2	-
宜 昌	25	11	11	6	14	4
长 沙	197	114	88	88	109	26
湘 潭	-	-	-	-	-	-
株 洲	16	-	16	-	-	-
岳 阳	3	-	1	-	2	-
番 禺	-	-	-	-	-	-
新 塘	10	10	2	2	8	8
五 和	13	13	-	-	13	13
中 山	870	362	749	326	121	36
佛 山	1 799	1 463	1 306	1 097	493	366
江 门	519	454	379	331	139	123
虎 门	80	6	30	1	50	5
肇 庆	41	32	29	25	12	6
惠 州	-	-	-	-	-	-
南 宁	3	-	1	-	3	-
柳 州	-	-	-	-	-	-
贵 港	14	6	2	…	12	6
梧 州	30	30	5	5	25	25
来 宾	-	-	-	-	-	-
重 庆	464	14	119	7	345	7
#原重庆	157	-	21	-	136	-
涪 陵	130	14	59	7	71	7
万 州	-	-	-	-	-	-
重庆航管处	110	-	38	-	71	-
泸 州	240	111	123	52	118	58
宜 宾	157	-	49	-	108	-
乐 山	43	-	35	-	9	-
南 充	-	-	-	-	-	-
广 安	2	-	-	-	2	-
达 州	-	-	-	-	-	-

5-22　规模以上港口化工原料及制品吞吐量

单位：千吨

港口	总计	外贸	出港	外贸	进港	外贸
总　计	189 615	77 469	72 161	17 087	117 453	60 382
沿海合计	102 180	48 483	38 358	12 137	63 821	36 346
丹　东	2	...	...	...	2	-
大　连	5 347	674	3 909	134	1 438	540
营　口	576	55	395	34	181	22
锦　州	835	321	674	305	161	16
秦皇岛	152	34	15	-	137	34
黄　骅	33	33	-	-	33	33
唐　山	580	119	502	81	79	37
#京　唐	457	117	381	81	77	36
曹妃甸	123	2	121	-	2	2
天　津	20 311	13 241	10 648	6 846	9 663	6 395
烟　台	1 500	1 190	842	599	658	591
#龙　口	1 412	1 153	821	594	591	559
威　海	-	-	-	-	-	-
青　岛	1 593	1 102	944	527	649	575
日　照	755	555	370	181	384	374
#石　臼	-	-	-	-	-	-
岚　山	755	555	370	181	384	374
上　海	6 874	2 105	3 324	539	3 550	1 567
连云港	1 583	920	588	292	996	628
嘉　兴	4 039	2 020	400	27	3 639	1 994
宁波-舟山	14 657	8 591	2 663	56	11 994	8 535
#宁　波	13 194	8 460	1 686	56	11 508	8 404
舟　山	1 463	131	977	-	486	131
台　州	167	-	5	-	163	-
温　州	521	120	7	-	515	120
福　州	434	73	-	-	434	73
#原福州	429	73	-	-	429	73
宁　德	4	-	-	-	4	-
莆　田	266	-	-	-	266	-
泉　州	3 235	584	1 433	1	1 801	582
厦　门	4 025	1 987	1 318	644	2 707	1 343

5-22 （续表一）

单位：千吨

港口	总计	外贸	出港	外贸	进港	外贸
#原厦门	3 601	1 971	1 316	644	2 285	1 328
漳州	424	16	2	–	422	16
汕头	2 330	234	236	52	2 095	181
汕尾	–	–	–	–	–	–
惠州	2 629	309	1 947	38	682	270
深圳	40	30	–	–	40	30
#蛇口	…	…	–	–	…	…
赤湾	5	–	–	–	5	–
妈湾	34	30	–	–	34	30
东角头	–	–	–	–	–	–
盐田	–	–	–	–	–	–
下洞	–	–	–	–	–	–
虎门	6 583	1 986	1 392	27	5 191	1 959
#太平	144	114	8	8	136	106
麻涌	46	7	1	–	45	7
沙田	6 393	1 865	1 383	19	5 010	1 847
广州	5 751	3 617	1 342	727	4 408	2 890
中山	666	550	176	159	490	390
珠海	3 825	1 506	1 200	1	2 625	1 505
江门	367	138	40	9	327	129
阳江	–	–	–	–	–	–
茂名	1 240	53	310	53	930	–
湛江	1 705	1 410	105	–	1 600	1 410
#原湛江	1 704	1 410	104	–	1 599	1 410
海安	1	–	1	–	1	–
北部湾港	5 881	4 788	1 243	788	4 638	4 000
#北海	701	678	45	23	656	656
钦州	680	32	287	19	393	13
防城	4 500	4 077	911	747	3 589	3 331
海口	2 030	111	922	16	1 108	95
洋浦	242	28	2	–	240	28
八所	1 407	–	1 407	–	–	–
内河合计	**87 435**	**28 986**	**33 803**	**4 950**	**53 632**	**24 036**

5-22 （续表二）

单位：千吨

港口	总计	外贸	出港	外贸	进港	外贸
哈尔滨	-	-	-	-	-	-
佳木斯	-	-	-	-	-	-
上 海	271	-	40	-	231	-
南 京	13 710	1 941	6 948	642	6 762	1 299
镇 江	2 924	1 008	827	99	2 097	909
苏 州	19 916	13 179	5 525	1 325	14 391	11 854
＃常 熟	1 858	787	662	325	1 195	462
太 仓	5 366	3 378	1 815	464	3 551	2 914
张家港	12 692	9 013	3 048	535	9 644	8 478
南 通	3 121	1 689	1 111	101	2 010	1 587
常 州	1 081	525	159	4	921	521
江 阴	10 648	5 415	2 352	346	8 296	5 069
扬 州	610	308	226	32	385	276
泰 州	5 062	1 959	2 200	953	2 861	1 006
徐 州	2	-	2	-	-	-
连云港	30	-	20	-	11	-
无 锡	1 078	-	-	-	1 078	-
宿 迁	654	-	301	-	353	-
淮 安	1 979	-	1 914	-	65	-
扬州内河	164	-	145	-	18	-
镇江内河	115	-	53	-	62	-
杭 州	1 322	-	49	-	1 272	-
嘉兴内河	2 518	-	517	-	2 001	-
湖 州	618	-	27	-	591	-
合 肥	278	-	122	-	157	-
亳 州	29	-	29	-	-	-
阜 阳	48	-	48	-	-	-
淮 南	27	-	27	-	-	-
滁 州	64	-	12	-	52	-
马鞍山	116	2	27	2	89	-
芜 湖	650	-	573	-	76	-
铜 陵	1 776	-	1 384	-	392	-
池 州	188	-	165	-	24	-
安 庆	442	11	84	11	358	1

5-22 （续表三）

单位：千吨

港口	总计	外贸	出港	外贸	进港	外贸
南昌	230	2	93	2	136	…
九江	241	-	70	-	171	-
武汉	501	-	119	-	382	-
黄石	391	…	383	…	8	…
荆州	287	-	9	-	278	-
宜昌	829	83	403	78	426	5
长沙	245	197	178	177	67	19
湘潭	-	-	-	-	-	-
株洲	292	-	55	-	237	-
岳阳	273	-	68	-	206	-
番禺	-	-	-	-	-	-
新塘	1 292	3	121	-	1 170	3
五和	-	-	-	-	-	-
中山	411	94	63	3	349	91
佛山	1 654	1 586	888	867	766	719
江门	1 292	368	251	161	1 041	207
虎门	321	26	67	…	254	26
肇庆	482	447	29	20	453	427
惠州	1	-	-	-	1	-
南宁	111	-	107	-	3	-
柳州	-	-	-	-	-	-
贵港	414	…	337	…	77	…
梧州	199	-	174	-	25	-
来宾	328	-	328	-	-	-
重庆	5 589	50	3 145	49	2 444	1
#原重庆	256	-	185	-	71	-
涪陵	317	50	252	49	66	1
万州	1 374	-	1 374	-	-	-
重庆航管处	3 168	-	947	-	2 220	-
泸州	548	92	488	77	60	15
宜宾	1 823	-	1 306	-	517	-
乐山	244	-	235	-	8	-
南充	-	-	-	-	-	-
广安	-	-	-	-	-	-
达州	-	-	-	-	-	-

5-23　规模以上港口有色金属吞吐量

单位：千吨

港　口	总计	外贸	出港	外贸	进港	外贸
总　计	12 025	10 219	3 626	2 677	8 399	7 542
沿海合计	9 200	8 023	2 231	1 618	6 969	6 404
丹　东	27	27	…	–	27	27
大　连	2	2	…	–	2	2
营　口	–	–	–	–	–	–
锦　州	–	–	–	–	–	–
秦皇岛	3	3	–	–	3	3
黄　骅	–	–	–	–	–	–
唐　山	–	–	–	–	–	–
#京　唐	–	–	–	–	–	–
曹妃甸	–	–	–	–	–	–
天　津	3 993	3 610	1 418	1 222	2 575	2 387
烟　台	79	79	14	14	64	64
#龙　口	3	3	3	3	–	–
威　海	–	–	–	–	–	–
青　岛	154	154	72	72	81	81
日　照	372	372	–	–	372	372
#石　臼	372	372	–	–	372	372
岚　山	–	–	–	–	–	–
上　海	321	263	61	61	260	202
连云港	3 125	2 911	272	58	2 853	2 853
嘉　兴	–	–	–	–	–	–
宁波－舟山	–	–	–	–	–	–
#宁　波	–	–	–	–	–	–
舟　山	–	–	–	–	–	–
台　州	–	–	–	–	–	–
温　州	–	–	–	–	–	–
福　州	103	–	–	–	103	–
#原福州	103	–	–	–	103	–
宁　德	–	–	–	–	–	–
莆　田	–	–	–	–	–	–
泉　州	–	–	–	–	–	–
厦　门	37	36	–	–	37	36

5-23 （续表一）

单位：千吨

港口	总计	外贸	出港	外贸	进港	外贸
#原厦门	37	36	–	–	37	36
漳州	–	–	–	–	–	–
汕头	…	…	…	…	–	–
汕尾	–	–	–	–	–	–
惠州	–	–	–	–	–	–
深圳	17	17	–	–	17	17
#蛇口	17	17	–	–	17	17
赤湾	–	–	–	–	–	–
妈湾	–	–	–	–	–	–
东角头	–	–	–	–	–	–
盐田	–	–	–	–	–	–
下洞	–	–	–	–	–	–
虎门	239	17	108	4	130	13
#太平	5	5	1	1	4	4
麻涌	1	1	…	…	…	…
沙田	233	11	107	2	126	9
广州	440	338	82	50	358	288
中山	23	22	12	11	10	10
珠海	…	–	…	–	–	–
江门	11	8	2	2	9	6
阳江	–	–	–	–	–	–
茂名	–	–	–	–	–	–
湛江	84	84	84	84	–	–
#原湛江	84	84	84	84	–	–
海安	–	–	–	–	–	–
北部湾港	135	81	88	39	47	43
#北海	–	–	–	–	–	–
钦州	43	7	35	–	8	7
防城	92	74	54	39	39	36
海口	37	1	15	–	22	1
洋浦	–	–	–	–	–	–
八所	–	–	–	–	–	–
内河合计	**2 825**	**2 197**	**1 395**	**1 059**	**1 430**	**1 138**

5-23 （续表二）

单位：千吨

港 口	总计	外贸	出港	外贸	进港	外贸
哈尔滨	-	-	-	-	-	-
佳木斯	-	-	-	-	-	-
上 海	13	-	-	-	13	-
南 京	5	-	5	-	-	-
镇 江	3	-	3	-	-	-
苏 州	290	125	95	-	196	125
#常 熟	8	-	-	-	8	-
太 仓	175	82	93	-	82	82
张家港	107	43	2	-	105	43
南 通	26	26	-	-	26	26
常 州	-	-	-	-	-	-
江 阴	62	2	21	2	40	1
扬 州	1	-	1	-	…	-
泰 州	65	40	6	2	59	38
徐 州	-	-	-	-	-	-
连云港	-	-	-	-	-	-
无 锡	-	-	-	-	-	-
宿 迁	-	-	-	-	-	-
淮 安	-	-	-	-	-	-
扬州内河	-	-	-	-	-	-
镇江内河	8	-	-	-	8	-
杭 州	-	-	-	-	-	-
嘉兴内河	7	-	5	-	1	-
湖 州	5	-	…	-	4	-
合 肥	-	-	-	-	-	-
亳 州	-	-	-	-	-	-
阜 阳	-	-	-	-	-	-
淮 南	-	-	-	-	-	-
滁 州	-	-	-	-	-	-
马鞍山	-	-	-	-	-	-
芜 湖	3	-	-	-	3	-
铜 陵	23	-	17	-	6	-
池 州	36	-	27	-	9	-
安 庆	1	1	-	-	1	1

5-23 （续表三）

单位：千吨

港口	总计	外贸	出港	外贸	进港	外贸
南昌	–	–	–	–	–	–
九江	14	–	–	–	14	–
武汉	…	–	–	–	…	–
黄石	59	–	59	–	–	–
荆州	–	–	–	–	–	–
宜昌	60	–	38	–	21	–
长沙	77	29	15	15	62	14
湘潭	–	–	–	–	–	–
株洲	–	–	–	–	–	–
岳阳	–	–	–	–	–	–
番禺	–	–	–	–	–	–
新塘	–	–	–	–	–	–
五和	–	–	–	–	–	–
中山	3	2	…	…	3	2
佛山	1 703	1 684	1 046	1 027	657	657
江门	6	6	3	3	3	3
虎门	7	7	2	2	5	5
肇庆	285	274	11	8	274	266
惠州	–	–	–	–	–	–
南宁	8	–	5	–	4	–
柳州	–	–	–	–	–	–
贵港	6	…	2	–	5	…
梧州	6	–	6	–	–	–
来宾	–	–	–	–	–	–
重庆	8	–	5	–	2	–
#原重庆	5	–	5	–	–	–
涪陵	3	–	…	–	2	–
万州	–	–	–	–	–	–
重庆航管处	–	–	–	–	–	–
泸州	35	–	21	–	14	–
宜宾	–	–	–	–	–	–
乐山	–	–	–	–	–	–
南充	–	–	–	–	–	–
广安	–	–	–	–	–	–
达州	–	–	–	–	–	–

5-24　规模以上港口轻工、医药产品吞吐量

单位：千吨

港口	总计	外贸	出港	外贸	进港	外贸
总　计	100 025	45 860	49 254	22 762	50 771	23 098
沿海合计	82 704	39 052	40 613	20 373	42 091	18 680
丹　东	…	…	…	…	-	-
大　连	127	90	16	…	111	90
营　口	399	248	-	-	399	248
锦　州	114	105	2	2	113	103
秦皇岛	-	-	-	-	-	-
黄　骅	-	-	-	-	-	-
唐　山	-	-	-	-	-	-
#京　唐	-	-	-	-	-	-
曹妃甸	-	-	-	-	-	-
天　津	40 030	22 774	22 166	15 537	17 865	7 237
烟　台	448	204	-	-	448	204
#龙　口	238	-	-	-	238	-
威　海	4	-	4	-	-	-
青　岛	2 411	2 208	84	10	2 327	2 198
日　照	1 396	1 345	34	-	1 362	1 345
#石　臼	1 396	1 345	34	-	1 362	1 345
岚　山	-	-	-	-	-	-
上　海	2 339	1 225	652	17	1 687	1 208
连云港	323	240	34	-	289	240
嘉　兴	6 812	3 353	2 067	1 085	4 745	2 268
宁波-舟山	643	25	114	-	530	25
#宁　波	546	23	40	-	505	23
舟　山	98	2	73	-	25	2
台　州	49	-	-	-	49	-
温　州	38	-	2	-	36	-
福　州	86	…	4	-	82	…
#原福州	86	…	4	-	82	…
宁　德	-	-	-	-	-	-
莆　田	42	1	-	-	42	1
泉　州	208	-	-	-	208	-
厦　门	1 703	1 667	950	946	753	721

5-24 （续表一）

单位：千吨

港口	总计	外贸	出港	外贸	进港	外贸
#原厦门	1 703	1 667	950	946	753	721
漳州	–	–	–	–	–	–
汕头	2 544	304	1 767	250	778	54
汕尾	–	–	–	–	–	–
惠州	–	–	–	–	–	–
深圳	115	59	56	–	59	59
#蛇口	2	2	–	–	2	2
赤湾	113	57	56	–	57	57
妈湾	–	–	–	–	–	–
东角头	–	–	–	–	–	–
盐田	–	–	–	–	–	–
下洞	–	–	–	–	–	–
虎门	5 950	250	2 856	46	3 094	204
#太平	88	88	6	6	82	82
麻涌	39	6	10	…	29	6
沙田	5 822	155	2 839	39	2 983	116
广州	6 317	2 933	3 250	1 445	3 066	1 488
中山	1 263	1 086	869	739	394	346
珠海	97	14	9	–	88	14
江门	672	280	358	176	314	104
阳江	–	–	–	–	–	–
茂名	–	–	–	–	–	–
湛江	1 068	365	707	8	362	356
#原湛江	862	365	500	8	362	356
海安	206	–	206	–	–	–
北部湾港	2 791	198	2 375	41	416	157
#北海	73	–	73	–	–	–
钦州	2 123	5	1 909	–	214	5
防城	595	193	393	41	202	152
海口	3 427	76	1 367	71	2 060	5
洋浦	1 287	5	873	–	414	5
八所	–	–	–	–	–	–
内河合计	**17 322**	**6 808**	**8 641**	**2 389**	**8 680**	**4 418**

5-24 （续表二）

单位：千吨

港口	总计	外贸	出港	外贸	进港	外贸
哈尔滨	-	-	-	-	-	-
佳木斯	-	-	-	-	-	-
上 海	10	-	1	-	9	-
南 京	83	-	5	-	77	-
镇 江	1 007	582	97	-	911	582
苏 州	3 929	2 286	1 560	12	2 369	2 274
#常 熟	3 655	2 286	1 288	12	2 367	2 274
太 仓	271	-	268	-	2	-
张家港	3	-	3	-	-	-
南 通	409	188	131	-	277	188
常 州	-	-	-	-	-	-
江 阴	1 533	69	609	25	924	44
扬 州	-	-	-	-	-	-
泰 州	406	247	347	228	59	19
徐 州	12	-	-	-	12	-
连云港	-	-	-	-	-	-
无 锡	-	-	-	-	-	-
宿 迁	73	-	-	-	73	-
淮 安	123	-	-	-	123	-
扬州内河	-	-	-	-	-	-
镇江内河	-	-	-	-	-	-
杭 州	278	-	63	-	215	-
嘉兴内河	209	-	82	-	128	-
湖 州	101	-	9	-	92	-
合 肥	289	-	2	-	287	-
亳 州	-	-	-	-	-	-
阜 阳	-	-	-	-	-	-
淮 南	-	-	-	-	-	-
滁 州	-	-	-	-	-	-
马鞍山	7	-	7	-	-	-
芜 湖	3	-	-	-	3	-
铜 陵	2	-	-	-	2	-
池 州	7	-	1	-	6	-
安 庆	124	34	47	32	77	2

5-24（续表三）

单位：千吨

港口	总计	外贸	出港	外贸	进港	外贸
南昌	217	70	155	36	62	34
九江	142	–	10	–	131	–
武汉	460	–	400	–	59	–
黄石	38	27	34	23	4	4
荆州	63	–	50	–	13	–
宜昌	216	158	167	155	49	3
长沙	194	109	91	91	104	18
湘潭	–	–	–	–	–	–
株洲	–	–	–	–	–	–
岳阳	527	–	274	–	253	–
番禺	71	–	–	–	71	–
新塘	108	30	21	21	87	9
五和	100	100	100	100	–	–
中山	1 122	505	926	455	196	50
佛山	763	584	345	257	418	326
江门	1 842	1 577	1 041	842	801	735
虎门	379	16	288	…	91	16
肇庆	141	54	98	27	43	27
惠州	104	77	27	–	77	77
南宁	784	–	783	–	1	–
柳州	31	–	31	–	–	–
贵港	502	3	470	3	32	…
梧州	88	78	77	67	11	10
来宾	91	–	91	–	–	–
重庆	638	4	169	3	469	1
#原重庆	166	–	4	–	162	–
涪陵	350	4	153	3	197	1
万州	–	–	–	–	–	–
重庆航管处	77	–	12	–	66	–
泸州	79	13	35	11	44	2
宜宾	19	–	–	–	19	–
乐山	–	–	–	–	–	–
南充	–	–	–	–	–	–
广安	–	–	–	–	–	–
达州	–	–	–	–	–	–

5-25　规模以上港口农、林、牧、渔业产品吞吐量

单位：千吨

港口	总计	外贸	出港	外贸	进港	外贸
总　计	43 073	21 798	13 874	3 482	29 199	18 316
沿海合计	29 491	17 248	9 130	3 110	20 362	14 138
丹　东	400	18	16	16	384	2
大　连	598	444	37	2	561	441
营　口	804	475	145	-	659	475
锦　州	11	3	11	3	-	-
秦皇岛	262	187	131	104	131	83
黄　骅	2	2	-	-	2	2
唐　山	-	-	-	-	-	-
#京　唐	-	-	-	-	-	-
曹妃甸	-	-	-	-	-	-
天　津	9 406	5 984	3 768	2 148	5 638	3 836
烟　台	204	155	42	-	163	155
#龙　口	17	…	17	-	…	…
威　海	2	-	1	-	1	-
青　岛	527	526	1	-	526	526
日　照	378	366	11	-	367	366
#石　臼	318	309	9	-	309	309
岚　山	60	58	2	-	58	58
上　海	1 180	433	120	-	1 060	433
连云港	862	557	156	46	706	511
嘉　兴	113	113	-	-	113	113
宁波-舟山	705	303	193	5	512	298
#宁　波	151	40	45	1	106	39
舟　山	554	263	148	4	406	259
台　州	4	-	-	-	4	-
温　州	10	-	-	-	10	-
福　州	256	185	60	2	195	183
#原福州	254	183	59	-	195	183
宁　德	2	2	2	2	-	-
莆　田	664	-	305	-	359	-
泉　州	139	71	6	-	133	71
厦　门	705	557	144	6	561	550

5-25 （续表一）

单位：千吨

港口	总计	外贸	出港	外贸	进港	外贸
#原厦门	697	549	138	…	559	548
漳州	8	8	6	6	2	2
汕头	139	107	17	17	122	90
汕尾	93	63	–	–	93	63
惠州	–	–	–	–	–	–
深圳	1 336	661	546	1	790	660
#蛇口	17	12	–	–	17	12
赤湾	1 319	649	546	1	774	648
妈湾	–	–	–	–	–	–
东角头	–	–	–	–	–	–
盐田	–	–	–	–	–	–
下洞	–	–	–	–	–	–
虎门	56	11	21	–	35	11
#太平	–	–	–	–	–	–
麻涌	–	–	–	–	–	–
沙田	56	11	21	–	35	11
广州	3 055	2 428	483	30	2 572	2 399
中山	92	34	45	17	47	16
珠海	66	–	52	–	14	–
江门	32	17	4	1	28	16
阳江	77	62	10	2	66	60
茂名	–	–	–	–	–	–
湛江	688	612	70	5	618	607
#原湛江	688	612	70	5	618	607
海安	–	–	–	–	–	–
北部湾港	4 099	2 650	1 808	550	2 291	2 100
#北海	253	190	84	21	169	169
钦州	245	10	83	4	162	6
防城	3 601	2 450	1 641	526	1 960	1 924
海口	2 517	224	927	154	1 590	71
洋浦	10	–	–	–	10	–
八所	–	–	–	–	–	–
内河合计	**13 582**	**4 550**	**4 744**	**372**	**8 838**	**4 178**

5-25 (续表二)

单位：千吨

港口	总计	外贸	出港	外贸	进港	外贸
哈尔滨	–	–	–	–	–	–
佳木斯	–	–	–	–	–	–
上海	36	–	19	–	17	–
南京	186	6	156	–	30	6
镇江	811	319	352	–	459	319
苏州	1 783	990	648	…	1 135	990
#常熟						
太仓	…	…	…	…	–	–
张家港	1 783	990	648	–	1 135	990
南通	1 056	440	464	16	592	424
常州	–	–	–	–	–	–
江阴	391	32	203	14	189	18
扬州	–	–	–	–	–	–
泰州	4 355	2 245	1 496	–	2 859	2 245
徐州	–	–	–	–	–	–
连云港	–	–	–	–	–	–
无锡	–	–	–	–	–	–
宿迁	–	–	–	–	–	–
淮安	81	–	6	–	76	–
扬州内河						
镇江内河	–	–	–	–	–	–
杭州	–	–	–	–	–	–
嘉兴内河	133	–	45	–	87	–
湖州	68	–	20	–	48	–
合肥						
亳州	–	–	–	–	–	–
阜阳	36	–	–	–	36	–
淮南	–	–	–	–	–	–
滁州	…	–	…	–	–	–
马鞍山	–	–	–	–	–	–
芜湖	17	–	–	–	17	–
铜陵	–	–	–	–	–	–
池州	14	–	–	–	14	–
安庆	34	31	5	3	29	28

5-25 （续表三）

单位：千吨

港口	总计	外贸	出港	外贸	进港	外贸
南 昌	1 138	1	3	–	1 135	1
九 江	284	–	24	–	260	–
武 汉	273	–	6	–	267	–
黄 石	1	1	1	1	–	–
荆 州	106	–	…	–	106	–
宜 昌	31	2	2	–	30	2
长 沙	156	39	29	29	127	9
湘 潭	–	–	–	–	–	–
株 洲	–	–	–	–	–	–
岳 阳	331	–	147	–	184	–
番 禺	4	–	–	–	4	–
新 塘	32	–	2	–	30	–
五 和	6	6	–	–	6	6
中 山	54	21	29	…	25	21
佛 山	420	314	282	228	138	85
江 门	77	35	26	21	51	14
虎 门	249	…	248	–	1	…
肇 庆	126	35	74	28	52	7
惠 州	–	–	–	–	–	–
南 宁	72	–	31	–	41	–
柳 州	–	–	–	–	–	–
贵 港	35	…	22	…	13	…
梧 州	69	8	69	8	–	–
来 宾	–	–	–	–	–	–
重 庆	847	16	195	16	652	–
#原重庆	302	–	27	–	275	–
涪 陵	57	16	53	16	3	–
万 州	–	–	–	–	–	–
重庆航管处	422	–	102	–	320	–
泸 州	166	9	111	8	55	1
宜 宾	50	–	–	–	50	–
乐 山	2	–	2	–	–	–
南 充	–	–	–	–	–	–
广 安	…	–	…	–	–	–
达 州	52	–	27	–	25	–

5-26　规模以上港口其他吞吐量

单位：千吨

港 口	总计	外贸	出港	外贸	进港	外贸
总　计	2 310 236	944 416	1 207 938	538 553	1 102 298	405 864
沿海合计	2 053 251	868 439	1 079 147	495 449	974 104	372 989
丹　东	26 530	1 010	12 742	722	13 788	288
大　连	231 576	58 707	113 460	32 524	118 116	26 183
营　口	137 997	1 733	70 828	1 175	67 169	558
锦　州	34 414	292	28 346	128	6 068	163
秦皇岛	5 176	1 664	3 895	1 367	1 280	298
黄　骅	1 200	-	1 043	-	157	-
唐　山	8 065	136	5 820	77	2 245	59
#京　唐	5 679	136	3 840	77	1 839	59
曹妃甸	2 385	-	1 980	-	406	-
天　津	29 185	18 270	10 821	5 041	18 365	13 228
烟　台	100 577	7 111	45 088	5 453	55 489	1 658
#龙　口	7 277	1 455	4 742	1 242	2 535	212
威　海	28 120	15 612	15 310	8 298	12 810	7 314
青　岛	153 338	105 262	85 670	61 517	67 668	43 746
日　照	29 869	2 378	16 124	1 436	13 745	942
#石　臼	29 662	2 191	15 917	1 248	13 745	942
岚　山	207	187	207	187	-	-
上　海	276 257	216 739	147 078	119 720	129 180	97 019
连云港	51 391	16 137	26 492	8 820	24 898	7 317
嘉　兴	1 685	743	869	314	815	428
宁波－舟山	199 950	138 233	114 891	87 726	85 059	50 508
#宁　波	173 729	134 395	102 355	85 809	71 374	48 586
舟　山	26 221	3 838	12 536	1 917	13 685	1 921
台　州	13 475	685	5 934	57	7 540	628
温　州	19 575	1 074	8 166	527	11 409	547
福　州	24 818	11 327	13 341	7 874	11 476	3 453
#原福州	24 565	11 327	13 169	7 874	11 396	3 453
宁　德	253	-	172	-	81	-
莆　田	722	96	334	47	389	49
泉　州	37 184	913	18 033	250	19 151	662
厦　门	76 999	45 782	42 344	26 504	34 655	19 278

5-26（续表一）

单位：千吨

港口	总计		出港		进港	
		外贸		外贸		外贸
#原厦门	76 936	45 719	42 330	26 490	34 605	19 228
漳州	63	63	14	14	49	49
汕头	5 122	1 769	1 265	1 230	3 857	539
汕尾	11	11	2	2	9	9
惠州	4 309	3 072	1 240	253	3 069	2 819
深圳	175 488	156 325	101 686	93 953	73 802	62 373
#蛇口	59 355	42 552	31 876	24 918	27 479	17 634
赤湾	50 830	50 830	26 140	26 140	24 690	24 690
妈湾	46	…	9	–	37	…
东角头	–	–	–	–	–	–
盐田	59 061	58 360	40 570	40 386	18 491	17 974
下洞	–	–	–	–	–	–
虎门	3 531	1 110	1 262	89	2 269	1 021
#太平	94	81	39	25	56	56
麻涌	507	409	101	3	406	406
沙田	2 930	620	1 123	61	1 808	559
广州	220 945	50 490	105 866	23 821	115 079	26 669
中山	3 713	1 826	1 644	948	2 069	878
珠海	7 097	3 769	4 044	2 333	3 053	1 436
江门	3 568	743	2 076	498	1 492	245
阳江	13	…	8	–	5	…
茂名	2 765	459	1 373	144	1 392	315
湛江	85 055	2 335	44 367	1 309	40 688	1 026
#原湛江	7 334	2 333	4 631	1 309	2 703	1 024
海安	77 642	2	39 736	…	37 906	2
北部湾港	8 819	1 509	4 703	758	4 116	750
#北海	2 464	512	1 334	234	1 130	278
钦州	4 603	213	2 514	114	2 089	100
防城	1 752	783	855	410	897	372
海口	39 903	162	19 956	88	19 947	74
洋浦	4 749	949	2 965	442	1 784	507
八所	62	4	60	4	2	1
内河合计	**256 985**	**75 978**	**128 791**	**43 103**	**128 194**	**32 874**

5-26 （续表二）

单位：千吨

港口	总计	外贸	出港	外贸	进港	外贸
哈尔滨	–	–	–	–	–	–
佳木斯	2	–	1	–	1	–
上 海	6 033	–	2 242	–	3 791	–
南 京	22 766	7 779	12 186	5 513	10 580	2 266
镇 江	6 037	2 658	3 834	1 689	2 203	969
苏 州	87 326	27 226	43 209	14 492	44 117	12 735
#常 熟	4 193	3 331	1 442	960	2 751	2 371
太 仓	51 996	12 456	25 082	6 036	26 915	6 419
张家港	31 137	11 440	16 685	7 495	14 451	3 944
南 通	15 244	3 400	8 072	2 087	7 172	1 313
常 州	2 075	1 280	1 253	1 038	822	242
江 阴	3 659	237	1 184	107	2 475	130
扬 州	5 223	1 197	2 517	867	2 706	330
泰 州	2 071	345	1 622	129	449	216
徐 州	122	–	111	–	11	–
连云港	–	–	–	–	–	–
无 锡	623	130	155	85	467	45
宿 迁	389	–	90	–	298	–
淮 安	229	–	144	–	85	–
扬州内河	435	–	20	–	415	–
镇江内河	7	–	–	–	7	–
杭 州	2 674	–	1 523	–	1 151	–
嘉兴内河	2 645	–	453	–	2 192	–
湖 州	2 072	287	299	113	1 773	174
合 肥	723	…	388	…	336	–
亳 州	148	–	20	–	128	–
阜 阳	93	–	…	–	93	–
淮 南	103	–	53	–	50	–
滁 州	43	–	20	–	23	–
马鞍山	2 364	510	385	–	1 979	510
芜 湖	2 485	1 470	1 795	890	690	580
铜 陵	3 836	81	3 539	26	297	55
池 州	283	–	230	–	53	–
安 庆	425	15	325	4	100	11

5-26 （续表三）

单位：千吨

港口	总计		出港		进港	
		外贸		外贸		外贸
南 昌	436	287	276	241	160	47
九 江	3 152	1 417	1 608	1 040	1 543	377
武 汉	13 524	4 960	6 897	3 164	6 627	1 795
黄 石	128	24	59	14	70	10
荆 州	1 093	326	716	238	378	88
宜 昌	360	95	250	55	109	39
长 沙	397	171	101	101	297	70
湘 潭	50	–	10	–	40	–
株 洲	27	–	–	–	27	–
岳 阳	2 717	2 257	1 438	1 260	1 279	996
番 禺	213	–	144	–	69	–
新 塘	719	354	356	–	363	354
五 和	1 093	382	442	107	652	276
中 山	1 820	657	588	323	1 232	334
佛 山	16 409	10 120	8 313	5 551	8 096	4 569
江 门	1 493	1 225	813	658	679	567
虎 门	2 242	19	545	9	1 697	9
肇 庆	4 316	1 608	1 231	528	3 084	1 080
惠 州	929	101	401	–	528	101
南 宁	1 072	–	328	–	744	–
柳 州	–	–	–	–	–	–
贵 港	1 202	64	594	14	608	49
梧 州	4 536	1 225	3 104	434	1 432	791
来 宾	1 075	–	1 025	–	49	–
重 庆	26 696	4 006	13 294	2 295	13 402	1 711
#原重庆	9 749	3 211	5 533	2 198	4 215	1 013
涪 陵	857	15	386	9	471	6
万 州	2 647	97	1 075	87	1 572	10
重庆航管处	12 456	19	6 130	1	6 326	19
泸 州	808	64	326	29	482	34
宜 宾	227	–	159	–	67	–
乐 山	84	–	84	–	–	–
南 充	–	–	–	–	–	–
广 安	14	–	8	–	6	–
达 州	17	–	10	–	8	–

5-27　规模以上港口集装箱吞吐量

港　口	总计 （TEU）	出港 （TEU）	40英尺	20英尺	进港 （TEU）	40英尺	20英尺	重量 （万吨）	货重
总　计	176 893 119	88 974 289	27 494 774	32 701 868	87 918 830	27 383 405	31 924 628	197 419	160 908
沿海合计	157 520 053	79 651 384	24 938 984	28 538 331	77 868 669	24 394 284	27 896 548	175 455	142 873
丹　东	1 250 497	623 864	104 489	414 886	626 633	106 092	414 449	1 999	1 711
大　连	8 064 281	3 992 569	1 149 439	1 689 571	4 071 712	1 188 873	1 690 197	9 584	7 732
营　口	4 851 040	2 441 058	438 938	1 563 182	2 409 982	424 425	1 561 132	11 173	9 969
锦　州	868 965	469 103	59 209	350 685	399 862	52 722	294 418	1 746	1 473
秦皇岛	343 911	172 212	42 408	87 396	171 699	36 540	98 619	505	437
黄　骅	102 150	48 430	10 351	27 728	53 720	13 407	26 906	117	96
唐　山	454 191	208 828	18 635	171 558	245 363	28 171	189 021	728	627
#京　唐	351 858	158 354	15 759	126 836	193 504	24 687	144 130	552	473
曹妃甸	102 333	50 474	2 876	44 722	51 859	3 484	44 891	177	154
天　津	12 303 101	6 221 960	1 605 406	2 983 666	6 081 142	1 608 679	2 836 714	13 442	10 817
烟　台	1 850 479	930 379	196 103	537 534	920 100	200 265	518 978	1 528	1 135
#龙　口	406 563	202 189	51 735	98 719	204 374	52 124	100 126	554	467
威　海	557 493	285 723	98 618	88 487	271 770	92 487	86 796	494	373
青　岛	14 502 663	7 370 996	2 419 879	2 476 342	7 131 668	2 335 708	2 404 013	14 906	11 899
日　照	1 749 193	875 343	248 019	379 296	873 850	247 404	379 024	2 722	2 359
#石　臼	1 749 193	875 343	248 019	379 296	873 850	247 404	379 024	2 722	2 359
岚　山	-	-	-	-	-	-	-	-	-
上　海	32 529 437	16 478 775	5 559 058	5 118 234	16 050 662	5 414 049	4 982 744	32 480	26 133
连云港	5 020 089	2 524 881	846 894	830 175	2 495 208	838 569	817 168	4 973	3 955
嘉　兴	751 140	379 918	134 587	110 744	371 222	130 462	110 298	842	681
宁波－舟山	16 174 789	8 150 868	2 957 577	2 070 046	8 023 922	2 918 110	1 996 717	16 109	12 757
#宁　波	15 671 426	7 895 579	2 856 436	2 017 156	7 775 848	2 820 593	1 943 794	15 693	12 444
舟　山	503 363	255 289	101 141	52 890	248 074	97 517	52 923	416	312
台　州	150 947	75 973	8 794	58 385	74 974	8 905	57 164	182	148
温　州	517 483	265 366	57 331	150 677	252 117	55 941	140 203	679	575
福　州	1 825 001	907 323	211 147	468 039	917 678	211 171	480 036	2 438	2 057
#原福州	1 825 001	907 323	211 147	468 039	917 678	211 171	480 036	2 438	2 057
宁　德	-	-	-	-	-	-	-	-	-
莆　田	7 065	3 630	1 739	148	3 435	1 443	549	9	8
泉　州	1 696 954	845 980	107 852	630 276	850 974	111 107	628 420	3 343	2 980
厦　门	7 201 718	3 637 848	1 155 921	1 238 005	3 563 870	1 128 913	1 216 690	7 519	6 064

5-27 （续表一）

港 口	总计（TEU）	出港（TEU）	40英尺	20英尺	进港（TEU）	40英尺	20英尺	重量（万吨）	货重
#原厦门	7 188 148	3 631 123	1 155 921	1 231 280	3 557 025	1 128 913	1 209 845	7 513	6 062
漳 州	13 570	6 725	–	6 725	6 845	–	6 845	5	2
汕 头	1 250 238	621 076	220 471	178 152	629 162	231 552	164 512	1 185	935
汕 尾	1 719	791	309	–	928	366	–	1	1
惠 州	304 532	149 951	56 925	6 387	154 582	57 934	7 774	334	279
深 圳	22 941 325	11 734 540	4 521 558	2 165 262	11 206 785	4 300 219	2 124 291	17 542	12 910
#蛇 口	6 272 269	3 130 410	1 131 072	841 493	3 141 859	1 139 494	800 508	5 934	4 674
赤 湾	5 311 454	2 499 358	913 368	623 593	2 812 097	1 045 862	646 954	5 083	4 020
妈 湾	–	–	–	–	–	–	–	–	–
东角头	–	–	–	–	–	–	–	–	–
盐 田	10 666 759	5 776 016	2 356 696	619 436	4 890 743	1 982 786	593 366	5 906	3 736
下 洞	–	–	–	–	–	–	–	–	–
虎 门	1 103 593	528 730	109 360	309 236	574 863	129 306	315 407	1 910	1 689
#太 平	47 029	19 255	5 723	7 667	27 774	9 052	9 490	47	38
麻 涌	4 124	1 644	578	488	2 480	588	1 304	4	3
沙 田	1 052 440	507 831	103 059	301 081	544 609	119 666	304 613	1 859	1 648
广 州	14 547 400	7 362 573	2 003 122	3 329 978	7 184 827	1 940 519	3 275 408	21 173	18 246
中 山	770 045	386 372	149 915	73 953	383 673	149 010	73 530	513	359
珠 海	812 840	403 828	138 552	125 351	409 013	140 220	127 155	716	542
江 门	328 399	211 692	44 531	89 141	116 707	27 342	61 393	373	307
阳 江	290	154	72	10	136	63	10	…	…
茂 名	83 543	40 708	7 996	24 716	42 835	9 131	24 573	126	110
湛 江	412 085	208 755	54 633	99 463	203 330	54 142	95 021	621	535
#原湛江	411 837	208 695	54 603	99 463	203 142	54 048	95 021	621	535
海 安	248	60	30	–	188	94	–	…	…
北部湾港	824 304	408 467	69 701	267 829	415 837	71 319	272 265	1 358	1 183
#北 海	80 200	40 374	11 230	17 914	39 826	11 189	17 448	91	74
钦 州	473 866	233 695	36 812	160 071	240 171	37 771	164 627	867	763
防 城	270 238	134 398	21 659	89 844	135 840	22 359	90 190	400	346
海 口	1 000 110	499 441	82 269	334 862	500 670	82 530	335 567	1 613	1 396
洋 浦	366 991	183 283	47 176	88 931	183 708	47 163	89 382	471	394
八 所	54	–	–	–	54	25	4	…	…
内河合计	19 373 065	9 322 905	2 555 790	4 163 537	10 050 161	2 989 121	4 028 080	21 965	18 034

5-27 (续表二)

港 口	总计 （TEU）	出港 （TEU）	40英尺	20英尺	进港 （TEU）	40英尺	20英尺	重量 （万吨）	货重
哈尔滨	–	–	–	–	–	–	–	–	–
佳木斯	–	–	–	–	–	–	–	–	–
上 海	–	–	–	–	–	–	–	–	–
南 京	2 300 344	713 028	191 271	326 419	1 587 316	627 315	329 059	2 192	1 727
镇 江	375 359	201 045	25 119	150 769	174 313	23 132	128 020	557	483
苏 州	5 863 479	2 938 587	834 326	1 267 363	2 924 892	854 384	1 214 342	7 218	6 033
#常 熟	346 481	173 216	58 877	55 275	173 265	60 912	51 250	391	322
太 仓	4 014 617	2 000 954	572 242	855 437	2 013 663	590 936	830 956	5 189	4 368
张家港	1 502 381	764 417	203 207	356 651	737 964	202 536	332 136	1 638	1 344
南 通	504 306	287 200	67 587	145 325	217 106	53 720	108 874	642	541
常 州	142 602	75 363	16 966	41 431	67 239	13 926	39 387	207	179
江 阴	1 153 768	583 174	158 336	266 502	570 594	153 963	262 668	1 039	808
扬 州	400 997	238 378	60 679	117 020	162 619	41 245	80 129	397	310
泰 州	136 557	67 494	17 075	33 344	69 063	17 845	33 373	177	148
徐 州	7 003	3 813	13	3 787	3 190	1	3 188	12	11
连云港	–	–	–	–	–	–	–	–	–
无 锡	16 103	7 750	2 147	3 456	8 353	2 540	3 273	20	17
宿 迁	3 469	1 823	206	1 411	1 646	218	1 165	4	3
淮 安	55 173	27 430	765	24 759	27 744	792	24 940	89	78
扬州内河	–	–	–	–	–	–	–	–	–
镇江内河	–	–	–	–	–	–	–	–	–
杭 州	–	–	–	–	–	–	–	–	–
嘉兴内河	92 630	45 922	18 064	9 794	46 708	18 553	9 602	92	74
湖 州	47 397	22 385	11 114	157	25 012	12 429	154	29	19
合 肥	71 111	35 648	9 322	17 004	35 463	9 118	17 227	104	90
亳 州	–	–	–	–	–	–	–	–	–
阜 阳	–	–	–	–	–	–	–	–	–
淮 南	–	–	–	–	–	–	–	–	–
滁 州	–	–	–	–	–	–	–	–	–
马鞍山	89 189	42 924	18 236	6 452	46 265	20 175	5 915	76	59
芜 湖	250 326	125 625	51 438	22 749	124 701	46 785	31 131	149	99
铜 陵	8 857	4 572	783	3 006	4 285	773	2 739	11	9
池 州	10 500	5 390	312	4 766	5 110	318	4 474	12	10
安 庆	25 836	12 871	2 758	7 355	12 965	2 743	7 479	35	29

5-27 (续表三)

港口	总计 (TEU)	出港 (TEU)	40英尺	20英尺	进港 (TEU)	40英尺	20英尺	重量 (万吨)	货重
南昌	66 134	33 230	8 546	16 138	32 904	8 411	16 082	80	66
九江	160 060	79 588	19 874	39 840	80 472	20 236	40 000	176	144
武汉	765 073	380 020	89 636	195 769	385 053	89 480	201 170	1 090	937
黄石	23 042	11 577	1 803	7 971	11 465	1 734	7 997	31	27
荆州	86 898	43 864	5 930	32 004	43 034	5 714	31 606	109	92
宜昌	76 260	37 393	6 535	24 323	38 867	7 359	24 149	105	88
长沙	89 299	43 414	11 156	21 091	45 885	12 080	21 711	118	98
湘潭	–	–	–	–	–	–	–	–	–
株洲	–	–	–	–	–	–	–	–	–
岳阳	200 687	103 682	27 049	49 584	97 005	22 822	51 361	261	224
番禺	37 041	37 041	14 417	8 207	–	–	–	7	–
新塘	39 296	3 329	1 440	449	35 967	17 730	507	40	32
五和	119 817	60 237	15 984	28 269	59 580	13 233	33 114	117	90
中山	470 394	235 427	96 841	39 124	234 967	96 570	39 212	319	225
佛山	2 667 134	1 318 734	374 723	560 299	1 348 401	380 072	578 442	2 843	2 299
江门	504 418	253 160	83 763	79 854	251 258	89 244	70 902	456	355
虎门	350 040	175 123	76 963	21 197	174 917	76 680	21 557	332	262
肇庆	707 193	343 262	59 564	213 370	363 931	63 834	225 102	911	766
惠州	52 681	26 046	2 638	20 770	26 635	2 934	20 767	78	69
南宁	7 161	3 480	75	3 330	3 681	69	3 543	12	10
柳州	–	–	–	–	–	–	–	–	–
贵港	100 847	50 279	7 202	35 875	50 568	7 292	35 984	176	154
梧州	306 835	150 121	22 849	104 423	156 714	25 292	106 130	521	455
来宾	31 754	15 511	61	15 389	16 243	73	16 097	39	32
重庆	795 518	398 565	115 147	168 152	396 952	116 488	158 027	894	729
#原重庆	559 851	284 506	89 762	104 865	275 345	87 289	94 820	655	539
涪陵	34 367	17 563	–	17 563	16 804	–	16 804	67	60
万州	90 104	43 805	1 662	40 481	46 299	2 300	41 699	74	56
重庆航管处	10 027	4 661	357	3 947	5 366	1 011	3 344	18	15
泸州	135 191	69 136	23 087	22 955	66 055	25 476	15 103	161	133
宜宾	25 289	10 265	3 990	2 285	15 024	6 323	2 378	23	19
乐山	–	–	–	–	–	–	–	–	–
南充	–	–	–	–	–	–	–	–	–
广安	–	–	–	–	–	–	–	–	–
达州	–	–	–	–	–	–	–	–	–

5-28 规模以上港口集装箱吞吐量（重箱）

港口	总计 （TEU）	出港 （TEU）	40英尺	20英尺	进港 （TEU）	40英尺	20英尺
总　计	116 622 089	70 068 376	21 746 557	25 557 533	46 553 712	13 205 007	19 933 537
沿海合计	104 889 979	63 688 511	20 115 450	22 455 083	41 201 469	11 761 811	17 496 467
丹　东	855 706	469 464	62 833	343 798	386 242	55 178	275 886
大　连	5 053 743	2 723 188	775 995	1 168 109	2 330 554	683 055	962 642
营　口	4 300 513	2 245 233	380 627	1 483 979	2 055 280	403 303	1 248 674
锦　州	572 670	383 171	52 208	278 755	189 499	26 365	136 769
秦皇岛	189 010	153 799	39 028	75 743	35 211	9 839	15 533
黄　骅	41 397	39 208	6 410	26 388	2 189	623	943
唐　山	254 516	186 672	15 251	156 170	67 844	8 328	51 188
#京　唐	194 342	138 234	12 641	112 952	56 108	6 572	42 964
曹妃甸	60 174	48 438	2 610	43 218	11 736	1 756	8 224
天　津	6 924 146	3 996 768	948 964	2 081 126	2 927 378	875 990	1 155 602
烟　台	852 374	519 827	149 893	219 544	332 547	93 946	144 495
#龙　口	210 053	140 720	24 890	90 940	69 333	7 569	54 195
威　海	304 834	191 570	68 247	55 076	113 264	36 450	40 364
青　岛	9 234 871	5 713 663	1 829 864	2 019 359	3 521 208	1 166 505	1 176 239
日　照	1 215 809	644 104	179 306	285 492	571 705	150 808	270 071
#石　臼	1 215 809	644 104	179 306	285 492	571 705	150 808	270 071
岚　山	–	–	–	–	–	–	–
上　海	24 127 828	14 702 624	5 066 302	4 368 245	9 425 204	3 042 337	3 298 027
连云港	1 970 555	1 028 914	145 046	738 259	941 641	100 467	740 318
嘉　兴	487 088	159 880	56 224	47 432	327 208	118 188	90 832
宁波–舟山	9 824 985	6 943 675	2 657 509	1 493 547	2 881 310	930 367	1 008 691
#宁　波	9 546 329	6 796 767	2 596 013	1 469 635	2 749 562	876 385	984 912
舟　山	278 656	146 909	61 496	23 912	131 748	53 982	23 779
台　州	74 191	12 604	5 234	2 136	61 587	4 457	52 673
温　州	293 525	110 207	35 088	40 026	183 318	28 194	126 930
福　州	1 269 736	759 056	191 188	360 030	510 680	113 886	279 571
#原福州	1 269 736	759 056	191 188	360 030	510 680	113 886	279 571
宁　德	–	–	–	–	–	–	–
莆　田	6 236	3 431	1 678	71	2 805	1 129	547
泉　州	1 434 908	734 908	78 647	577 614	700 000	99 338	500 984
厦　门	4 718 695	3 059 086	961 522	1 060 238	1 659 610	425 801	798 751

5-28 （续表一）

港 口	总计（TEU）	出港（TEU）	40英尺	20英尺	进港（TEU）	40英尺	20英尺
#原厦门	4 711 970	3 058 503	961 522	1 059 655	1 653 468	425 801	792 609
漳 州	6 725	583	–	583	6 142	–	6 142
汕 头	759 959	432 238	180 484	69 864	327 720	95 601	136 462
汕 尾	928	–	–	–	928	366	–
惠 州	155 245	13 979	4 921	4 078	141 267	53 207	3 913
深 圳	15 088 420	10 923 753	4 272 593	1 891 502	4 164 667	1 431 690	1 261 167
#蛇 口	4 450 341	2 885 933	1 068 088	726 351	1 564 408	482 781	595 012
赤 湾	3 732 399	2 142 777	796 512	512 080	1 589 622	553 895	468 001
妈 湾	–	–	–	–	–	–	–
东角头	–	–	–	–	–	–	–
盐 田	6 468 303	5 632 479	2 305 863	599 885	835 825	337 199	139 786
下 洞	–	–	–	–	–	–	–
虎 门	881 203	358 445	62 749	232 870	522 759	109 658	302 761
#太 平	29 879	2 143	622	899	27 736	9 037	9 482
麻 涌	2 527	64	24	16	2 463	580	1 303
沙 田	848 797	356 238	62 103	231 955	492 560	100 041	291 976
广 州	10 952 811	5 357 778	1 397 055	2 550 888	5 595 033	1 454 134	2 679 563
中 山	489 824	368 660	145 138	65 919	121 164	39 100	42 516
珠 海	503 177	332 591	118 392	94 527	170 585	47 466	75 471
江 门	155 542	79 157	18 967	40 854	76 385	13 450	49 443
阳 江	174	124	62	–	50	20	10
茂 名	58 195	27 518	4 193	19 132	30 677	7 601	15 475
湛 江	297 722	186 574	49 211	88 149	111 148	24 301	62 521
#原湛江	297 534	186 574	49 211	88 149	110 960	24 207	62 521
海 安	188	–	–	–	188	94	–
北部湾港	522 581	342 176	61 461	218 018	180 405	28 071	124 261
#北 海	47 083	30 968	10 319	10 330	16 115	2 775	10 565
钦 州	305 246	190 645	32 045	126 555	114 601	19 640	75 319
防 城	170 252	120 563	19 097	81 133	49 689	5 656	38 377
海 口	787 378	331 637	53 841	223 953	455 741	66 160	323 380
洋 浦	229 434	152 830	39 319	74 192	76 604	16 407	43 790
八 所	54	–	–	–	54	25	4
内河合计	11 732 110	6 379 866	1 631 107	3 102 450	5 352 244	1 443 196	2 437 070

5-28 （续表二）

港 口	总计 （TEU）	出港 （TEU）	40 英尺	20 英尺	进港 （TEU）	40 英尺	20 英尺
哈尔滨	-	-	-	-	-	-	-
佳木斯	-	-	-	-	-	-	-
上 海	-	-	-	-	-	-	-
南 京	982 482	647 870	177 410	289 490	334 613	54 250	225 602
镇 江	254 097	173 040	16 936	139 143	81 057	15 197	50 647
苏 州	4 111 128	2 000 210	516 261	966 858	2 110 917	622 993	863 957
#常 熟	203 259	69 087	9 208	50 648	134 172	58 691	16 599
太 仓	2 963 486	1 426 406	388 639	648 541	1 537 080	439 192	658 032
张家港	944 383	504 718	118 414	267 669	439 665	125 110	189 326
南 通	332 787	177 824	44 529	88 613	154 963	37 529	79 180
常 州	90 656	58 891	14 144	30 603	31 765	3 409	24 947
江 阴	382 777	186 248	36 180	113 888	196 529	36 523	123 483
扬 州	213 151	136 519	32 879	70 761	76 632	17 519	41 594
泰 州	91 800	59 508	16 245	27 018	32 292	3 277	25 738
徐 州	3 850	3 727	1	3 725	123	-	123
连云港	-	-	-	-	-	-	-
无 锡	10 574	7 353	2 035	3 283	3 221	1 037	1 147
宿 迁	1 749	1 004	127	750	745	67	611
淮 安	27 828	20 908	642	18 485	6 921	274	6 242
扬州内河	-	-	-	-	-	-	-
镇江内河	-	-	-	-	-	-	-
杭 州	-	-	-	-	-	-	-
嘉兴内河	52 314	6 204	1 979	2 246	46 110	18 553	9 004
湖 州	32 487	21 297	10 570	157	11 190	5 595	-
合 肥	45 617	32 427	9 022	14 383	13 190	212	12 766
亳 州	-	-	-	-	-	-	-
阜 阳	-	-	-	-	-	-	-
淮 南	-	-	-	-	-	-	-
滁 州	-	-	-	-	-	-	-
马鞍山	46 768	6 152	-	6 152	40 616	20 175	266
芜 湖	168 317	116 775	48 235	20 305	51 542	17 071	17 400
铜 陵	4 980	1 619	138	1 343	3 361	718	1 925
池 州	5 342	4 329	264	3 801	1 013	60	893
安 庆	16 633	10 776	1 935	6 906	5 857	1 552	2 753

5-28 （续表三）

港口	总计（TEU）	出港（TEU）	40英尺	20英尺	进港（TEU）	40英尺	20英尺
南昌	47 174	31 872	8 007	15 858	15 302	3 460	8 382
九江	89 637	64 609	16 156	32 297	25 028	4 739	15 550
武汉	604 949	349 394	82 329	179 887	255 555	54 292	146 834
黄石	14 195	7 755	1 673	4 409	6 440	389	5 662
荆州	54 770	37 065	3 770	29 525	17 705	3 308	11 089
宜昌	45 348	31 438	3 782	23 874	13 910	2 251	9 408
长沙	61 349	36 915	10 618	15 668	24 434	3 969	16 496
湘潭	–	–	–	–	–	–	–
株洲	–	–	–	–	–	–	–
岳阳	145 428	78 602	21 298	36 006	66 826	13 746	39 334
番禺	–	–	–	–	–	–	–
新塘	37 058	2 517	1 161	195	34 541	17 042	457
五和	69 612	31 768	10 068	11 632	37 844	5 441	26 962
中山	265 863	227 533	94 637	35 734	38 330	11 257	15 762
佛山	1 555 613	961 318	241 777	476 886	594 295	191 115	202 955
江门	305 509	206 184	72 121	60 744	99 325	31 713	35 643
虎门	204 823	39 847	14 024	11 799	164 976	73 774	17 428
肇庆	395 017	93 228	7 504	78 197	301 789	57 461	175 914
惠州	38 150	19 681	2 386	14 909	18 469	839	16 791
南宁	3 899	3 213	60	3 093	686	6	674
柳州	–	–	–	–	–	–	–
贵港	68 981	38 647	6 686	25 275	30 334	2 080	26 174
梧州	181 212	127 981	13 713	100 555	53 231	13 374	26 483
来宾	16 083	15 511	61	15 389	572	28	516
重庆	546 696	246 134	73 724	98 672	300 563	79 152	136 343
#原重庆	407 788	213 894	71 914	70 052	193 895	51 619	84 741
涪陵	25 923	17 563	–	17 563	8 360	–	8 360
万州	50 806	10 320	1 314	7 692	40 486	674	39 138
重庆航管处	7 841	2 945	43	2 859	4 896	991	2 914
泸州	94 011	47 268	12 626	22 016	46 743	16 744	13 255
宜宾	11 398	8 708	3 394	1 920	2 690	1 005	680
乐山	–	–	–	–	–	–	–
南充	–	–	–	–	–	–	–
广安	–	–	–	–	–	–	–
达州	–	–	–	–	–	–	–

主要统计指标解释

码头泊位长度 指报告期末用于停系靠船舶,进行货物装卸和上下旅客地段的实际长度,包括固定的、浮动的各种型式码头的泊位长度。计算单位:米。

泊位个数 指报告期末泊位的实际数量。计算单位:个。

旅客吞吐量 指报告期内经由水路乘船进、出港区范围的旅客数量,不包括免票儿童、船员人数、轮渡和港内短途客运的旅客人数。计算单位:人次。

货物吞吐量 指报告期内经由水路进、出港区范围并经过装卸的货物数量,包括邮件、办理托运手续的行李、包裹以及补给的船舶的燃料、物料和淡水。计算单位:吨。

集装箱吞吐量 指报告期内由水路进、出港区范围并经装卸的集装箱数量。计算单位:箱、TEU、吨。

六、交通固定资产投资

简 要 说 明

一、本篇资料反映我国交通固定资产投资完成的基本情况。

二、公路和水运建设投资的统计范围为全社会固定资产投资，由各省（区、市）交通运输厅（局、委）提供，其他投资的统计范围为交通部门投资，交通运输部所属单位、主要港口和有关运输企业的数据由各单位直接报送。

6-1　交通固定资产投资额（按地区和使用方向分）

单位：万元

地区	总计	公路建设	沿海建设	内河建设	其他建设
总计	145 124 851	127 139 515	10 041 362	4 896 829	3 047 145
东部地区	54 789 642	41 607 011	9 101 485	1 905 743	2 175 403
中部地区	36 332 578	34 262 326	–	1 697 259	372 993
西部地区	54 002 631	51 270 178	939 877	1 293 827	498 749
北京	1 118 606	844 656	–	–	273 950
天津	2 336 004	940 613	1 391 060	–	4 331
河北	8 709 866	6 775 595	1 846 416	–	87 855
山西	5 896 145	5 852 610	–	–	43 535
内蒙古	5 595 692	5 590 612	–	–	5 080
辽宁	3 407 533	2 598 377	766 673	1 055	41 428
吉林	1 163 910	1 163 471	–	439	–
黑龙江	2 277 058	2 226 159	–	29 533	21 366
上海	1 730 781	977 801	154 958	46 080	551 942
江苏	6 251 030	4 165 330	532 636	1 519 266	33 798
浙江	8 729 117	6 397 281	1 218 293	186 505	927 038
安徽	3 743 956	3 339 674	–	392 381	11 901
福建	8 561 830	7 477 290	1 055 346	4 800	24 394
江西	3 604 423	3 445 541	–	154 868	4 014
山东	5 654 899	4 505 302	997 862	103 299	48 436
河南	4 882 023	4 766 762	–	91 070	24 191
湖北	6 633 296	5 646 881	–	733 213	253 202
湖南	8 131 767	7 821 228	–	295 755	14 784
广东	7 183 695	6 305 266	791 572	44 738	42 119
广西	7 253 030	5 813 477	939 877	457 838	41 838
海南	1 106 281	619 500	346 669	–	140 112
重庆	4 026 726	3 668 701	–	283 775	74 250
四川	11 957 893	11 267 152	–	470 840	219 901
贵州	6 123 305	6 079 150	–	41 190	2 965
云南	4 648 276	4 623 751	–	24 125	400
西藏	1 009 738	1 009 088	–	–	650
陕西	3 661 699	3 656 190	–	4 002	1 507
甘肃	3 606 463	3 503 116	–	6 457	96 890
青海	1 703 620	1 650 522	–	3 500	49 598
宁夏	729 420	727 320	–	2 100	–
新疆	3 686 769	3 681 099	–	–	5 670
#兵团	407 851	407 851	–	–	–

6-2 公路建设投资完成额

单位：万元

地 区	总 计	重点项目	其他公路	农村公路
总 计	127 139 515	64 653 588	41 035 754	21 450 173
东部地区	41 607 011	17 188 627	15 961 081	8 457 303
中部地区	34 262 326	20 621 561	8 709 100	4 931 665
西部地区	51 270 178	26 843 400	16 365 573	8 061 205
北 京	844 656	329 428	301 921	213 307
天 津	940 613	625 338	308 835	6 440
河 北	6 775 595	4 083 409	1 856 003	836 183
山 西	5 852 610	4 706 155	591 704	554 751
内蒙古	5 590 612	2 088 446	2 430 840	1 071 326
辽 宁	2 598 377	1 619 939	686 971	291 467
吉 林	1 163 471	266 496	485 303	411 672
黑龙江	2 226 159	701 975	1 157 841	366 343
上 海	977 801	252 473	207 640	517 688
江 苏	4 165 330	1 716 602	1 578 169	870 559
浙 江	6 397 281	1 889 680	2 446 017	2 061 584
安 徽	3 339 674	1 507 577	1 092 936	739 161
福 建	7 477 290	4 586 305	2 094 291	796 694
江 西	3 445 541	2 138 107	906 708	400 726
山 东	4 505 302	1 056 245	1 696 392	1 752 665

6-2 （续表一）

单位：万元

地 区	总 计	重点项目	其他公路	农村公路
河 南	4 766 762	2 724 942	1 412 264	629 556
湖 北	5 646 881	3 044 465	1 441 739	1 160 677
湖 南	7 821 228	5 531 844	1 620 605	668 779
广 东	6 305 266	498 359	4 728 724	1 078 183
广 西	5 813 477	2 509 803	2 779 515	524 159
海 南	619 500	530 849	56 118	32 533
重 庆	3 668 701	1 913 906	991 395	763 400
四 川	11 267 152	7 540 046	1 979 635	1 747 471
贵 州	6 079 150	2 997 335	2 520 596	561 219
云 南	4 623 751	1 830 971	1 813 261	979 519
西 藏	1 009 088	308 755	200 362	499 971
陕 西	3 656 190	1 914 890	1 242 530	498 770
甘 肃	3 503 116	2 015 340	1 150 070	337 706
青 海	1 650 522	930 905	561 705	157 912
宁 夏	727 320	145 100	246 890	335 330
新 疆	3 681 099	2 647 903	448 774	584 422
#兵团	407 851	289 263	8 970	109 618

6-3 公路建设投资

地 区	总 计	国 道		省 道	县 道	乡 道
			国家高速公路			
总 计	**127 139 515**	**34 850 644**	**22 931 180**	**61 039 169**	**8 320 078**	**3 696 413**
东部地区	**41 607 011**	**10 467 928**	**5 896 713**	**17 987 353**	**5 108 470**	**1 013 376**
中部地区	**34 262 326**	**7 429 734**	**5 047 742**	**20 428 777**	**1 829 461**	**907 116**
西部地区	**51 270 178**	**16 952 982**	**11 986 725**	**22 623 039**	**1 382 147**	**1 775 921**
北 京	844 656	506 365	427 528	119 417	122 027	87 390
天 津	940 613	427 755	203 115	473 135	–	–
河 北	6 775 595	2 037 934	1 586 000	3 783 325	247 592	260 687
山 西	5 852 610	480 561	367 853	4 752 957	305 453	125 271
内蒙古	5 590 612	2 389 198	1 483 097	1 837 746	38 926	158 278
辽 宁	2 598 377	694 975	672 996	1 449 497	169 731	66 978
吉 林	1 163 471	371 325	150 624	351 044	23 249	–
黑龙江	2 226 159	990 603	–	776 684	60 555	64 079
上 海	977 801	–	–	358 665	516 564	1 124
江 苏	4 165 330	665 172	385 081	1 843 435	769 422	26 177
浙 江	6 397 281	955 689	255 563	2 795 146	1 678 897	125 197
安 徽	3 339 674	301 424	78 627	1 925 479	374 587	167 874
福 建	7 477 290	3 086 914	1 283 120	3 205 301	693 745	41 832
江 西	3 445 541	1 117 074	979 417	1 750 216	75 185	46 546
山 东	4 505 302	671 855	516 442	1 263 345	445 338	146 847
河 南	4 766 762	959 642	467 850	2 990 109	250 133	223 502
湖 北	5 646 881	547 742	504 447	3 583 090	510 494	161 606
湖 南	7 821 228	2 661 363	2 498 924	4 299 198	229 805	118 238
广 东	6 305 266	1 398 545	566 868	2 192 563	438 116	257 144
广 西	5 813 477	1 188 067	854 316	2 310 317	116 422	66 987
海 南	619 500	22 724	–	503 524	27 038	–
重 庆	3 668 701	213 338	107 896	2 519 232	12 746	44 962
四 川	11 267 152	2 864 605	1 795 223	6 247 004	94 889	413 612
贵 州	6 079 150	2 232 155	2 125 687	3 132 616	39 535	64 940
云 南	4 623 751	1 735 103	1 485 444	1 826 116	163 123	544 655
西 藏	1 009 088	284 955	–	205 096	500	1 500
陕 西	3 656 190	1 310 153	1 143 818	1 697 446	137 086	52 837
甘 肃	3 503 116	1 758 844	1 276 095	1 266 280	46 503	274 732
青 海	1 650 522	941 010	342 174	537 972	–	33 804
宁 夏	727 320	233 000	78 000	84 790	153 140	–
新 疆	3 681 099	1 802 554	1 294 975	958 424	579 277	119 614
# 兵团	407 851	–	–	1 020	340 316	3 683

六、交通固定资产投资

完成额（按设施分）

单位：万元

村 道	专用公路	农村公路渡口改造、渡改桥	独立桥梁	独立隧道	客运站	货运站	停车场
8 616 831	3 481 013	167 942	3 673 617	103 896	1 735 968	1 450 237	3 707
1 903 414	1 276 264	59 864	2 117 396	13 319	790 648	865 272	3 707
1 759 254	33 367	24 210	1 080 257	5 625	419 721	344 804	—
4 954 163	2 171 382	83 868	475 964	84 952	525 599	240 161	—
—	5 181	—	3 237	130	909	—	—
6 440	1 950	—	25 480	—	5 853	—	—
276 617	27 362	—	50 365	8 750	35 694	47 269	—
92 340	256	770	65 453	3 475	16 327	9 747	—
855 192	241 647	1 800	38 769	—	29 056	—	—
39 440	6 484	—	115 578	—	55 694	—	—
377 262	—	—	22 864	2 150	15 577	—	—
213 695	3 352	—	56 851	—	35 503	24 837	—
—	—	—	101 448	—	—	—	—
33 062	107 236	—	408 296	—	230 390	82 140	—
141 446	33 941	13 891	271 427	4 439	166 479	209 900	829
77 937	—	3 109	381 001	—	56 907	51 356	—
—	—	35 550	302 948	—	72 301	38 699	—
240 186	1 186	5 814	161 639	—	29 695	18 000	—
1 099 592	—	—	211 744	—	180 796	485 322	463
32 700	—	—	246 155	—	63 021	1 500	—
465 376	—	3 836	55 421	—	104 695	214 621	—
259 758	28 573	10 681	90 873	—	97 996	24 743	—
298 682	1 093 860	10 423	572 161	—	41 830	1 942	—
302 553	1 676 063	5 172	93 300	—	30 495	24 101	—
8 135	250	—	54 712	—	702	—	2 415
687 643	22 493	10 379	84 383	500	66 496	6 529	—
1 186 011	500	44 040	79 533	84 452	136 404	116 102	—
422 509	105 946	6 000	49 920	—	25 517	12	—
284 775	—	2 920	26 734	—	39 991	334	—
491 771	—	—	25 266	—	—	—	—
287 443	20 259	12 720	24 563	—	90 628	23 055	—
881	5 418	400	11 918	—	79 612	58 528	—
113 049	13 289	—	9 339	—	2 059	—	—
163 070	54 200	—	21 120	—	6 500	11 500	—
159 266	31 567	437	11 119	—	18 841	—	—
53 025	—	437	4 200	—	5 170	—	—

主要统计指标解释

交通固定资产投资额 是以货币形式表现的在一定时期内建造和购置固定资产活动的工作量以及与此有关的费用的总称。它是反映交通固定资产投资规模、结构、使用方向和发展速度的综合性指标，又是观察工程进展和考核投资效果的重要依据。交通固定资产投资一般按以下分组标志进行分类。

按照建设性质，分为新建、扩建、改建、迁建和恢复。

按照构成，分为建筑、安装工程，设备、器具购置，其他。

重点项目 仅指交通运输部年度计划中的重点公路项目。

农村公路 包括县、乡、村公路建设项目以及农村客运站点、渡改桥项目。

其他公路 是指公路建设中非重点项目和非农村项目，包括"路网改造"、"枢纽场站"等。

七、交通运输科技

简 要 说 明

一、本篇资料反映交通运输系统科研机构、人员、基础条件建设、科研项目、科技成果基本情况。

二、从 2012 年起，本篇资料统计数据来源于《交通运输科技统计报表制度》，与 2011 年及之前来源于科技部相关统计报表制度的数据不具可比性。

三、交通运输科技活动人员、科研建设投资、实验室及工程技术中心统计范围是纳入统计的交通运输科技机构所拥有的科技活动人员、为科研投入的资金、所拥有的实验室及工程技术中心。

四、交通运输科技项目包括列入各级交通运输部门科技计划的科技项目、列入其他行业管理部门科技计划但纳入交通运输部门管理的科技项目、列入重点交通运输企事业单位科技计划的交通运输科技项目。

五、本篇资料由交通运输部科技司提供。

7-1 交通运输科技机构数量（按地区分）

计量单位：个

省　　区	合计	交通运输部直属科研机构	省、自治区、直辖市属科研机构	市属科研机构	直属及联系紧密高等院校	事业、企业单位属科研机构
合　计	**125**	**6**	**33**	**6**	**14**	**66**
东部地区	**68**	**6**	**12**	**2**	**8**	**40**
北　京	25	5	3	-	1	16
天　津	8	1	1	-	-	6
河　北	-	-	-	-	-	-
辽　宁	3	-	1	-	2	-
上　海	14	-	2	-	1	11
江　苏	6	-	2	-	2	2
浙　江	3	-	1	1	-	1
福　建	1	-	1	-	-	-
山　东	3	-	1	-	2	-
广　东	5	-	-	1	-	4
海　南	-	-	-	-	-	-
中部地区	**22**	**-**	**9**	**2**	**1**	**10**
山　西	1	-	1	-	-	-
吉　林	2	-	1	-	-	1
黑龙江	1	-	1	-	-	-
安　徽	1	-	1	-	-	-
江　西	1	-	1	-	-	-
河　南	1	-	1	-	-	-
湖　北	12	-	2	2	-	8
湖　南	3	-	1	-	1	1
西部地区	**35**	**-**	**12**	**2**	**5**	**16**
内蒙古	2	-	1	1	-	-
广　西	9	-	1	-	1	7
重　庆	3	-	-	-	1	2
四　川	3	-	1	-	1	1
贵　州	2	-	1	-	-	1
云　南	3	-	2	-	-	1
西　藏	1	-	1	-	-	-
陕　西	6	-	-	1	2	3
甘　肃	2	-	1	-	-	1
青　海	1	-	1	-	-	-
宁　夏	1	-	1	-	-	-
新　疆	2	-	2	-	-	-

7–2 交通运输科技活动人员数量（按机构性质分）

计量单位：人

		总计	交通运输部直属科研机构	省、自治区、直辖市属科研机构	市属科研机构	直属及联系紧密高等院校	事业、企业单位属科研机构
合　计		**38 288**	**3 577**	**3 742**	**447**	**6 883**	**23 639**
按编制分类	事业编制	11 045	1 603	1 111	66	6 831	1 434
	企业编制	27 243	1 974	2 631	381	52	22 205
按性别分类	女性	9 655	1 136	998	120	2 571	4 830
	男性	28 633	2 441	2 744	327	4 312	18 809
按学位分类	博士	2 822	332	109	17	1 834	530
	硕士	10 802	1 076	936	155	2 704	5 931
	其他	24 664	2 169	2 697	275	2 345	17 178
按学历分类	研究生	13 406	1 357	1 064	150	4 192	6 643
	大学本科	17 927	1 528	1 853	196	2 151	12 199
	大专及其他	6 955	692	825	101	540	4 797
按职称分类	高级	11 019	849	1 023	74	3 012	6 061
	中级	13 732	780	1 237	140	2 896	8 679
	初级及其他	13 537	1 948	1 482	233	975	8 899

7-3 交通运输科研实验室及研究中心数量（按地区分）

计量单位：个

省　区	实验室和研究中心数量总计	机构内设交通科研实验室数量					机构内设交通工程技术（研究）中心数量				
		合计	省部级以上实验室数量				合计	省部级以上工程技术（研究）中心数量			
			小计	国家级	行业级	省级		小计	国家级	行业级	省级
合　计	**254**	**160**	**107**	**8**	**40**	**59**	**94**	**60**	**10**	**4**	**46**
交通运输部直属科研机构	**27**	**24**	**11**	**1**	**10**	**–**	**3**	**2**	**2**	**–**	**–**
省、自治区、直辖市属科研机构	**45**	**25**	**25**	**1**	**8**	**16**	**20**	**15**	**1**	**–**	**14**
市属科研机构	**8**	**6**	**1**	**–**	**–**	**1**	**2**	**–**	**–**	**–**	**–**
直属及联系紧密高等院校	**102**	**70**	**52**	**3**	**12**	**37**	**32**	**28**	**3**	**3**	**22**
事业、企业单位属科研机构	**72**	**35**	**18**	**3**	**10**	**5**	**37**	**15**	**4**	**1**	**10**
东部地区	**128**	**80**	**54**	**3**	**24**	**27**	**48**	**33**	**6**	**–**	**27**
北　京	32	24	10	–	7	3	8	3	2	–	1
天　津	8	8	6	1	4	1	–	–	–	–	–
河　北	–	–	–	–	–	–	–	–	–	–	–
辽　宁	33	23	20	–	3	17	10	8	1	–	7
上　海	21	7	5	–	4	1	14	11	2	–	9
江　苏	22	9	8	2	3	3	13	9	1	–	8
浙　江	–	–	–	–	–	–	–	–	–	–	–
福　建	2	1	1	–	–	1	1	1	–	–	1
山　东	6	6	3	–	2	1	–	–	–	–	–
广　东	4	2	1	–	1	–	2	1	–	–	1
海　南	–	–	–	–	–	–	–	–	–	–	–
中部地区	**39**	**24**	**22**	**1**	**4**	**17**	**15**	**7**	**–**	**2**	**5**
山　西	5	4	4	–	1	3	1	1	–	–	1
吉　林	2	2	2	–	1	1	–	–	–	–	–
黑龙江	2	2	2	–	1	1	–	–	–	–	–
安　徽	–	–	–	–	–	–	–	–	–	–	–
江　西	1	1	1	–	–	1	–	–	–	–	–
河　南	2	–	–	–	–	–	2	2	–	–	2
湖　北	12	3	1	–	–	1	9	1	–	1	–
湖　南	15	12	12	1	1	10	3	3	–	1	2
西部地区	**87**	**56**	**31**	**4**	**12**	**15**	**31**	**20**	**4**	**2**	**14**
内蒙古	–	–	–	–	–	–	–	–	–	–	–
广　西	15	12	–	–	–	–	3	2	–	–	2
重　庆	34	23	18	4	4	10	11	9	2	–	7
四　川	1	–	–	–	–	–	1	–	–	–	–
贵　州	–	–	–	–	–	–	–	–	–	–	–
云　南	7	–	–	–	–	–	7	4	1	–	3
西　藏	–	–	–	–	–	–	–	–	–	–	–
陕　西	26	18	10	–	6	4	8	4	–	2	2
甘　肃	–	–	–	–	–	–	–	–	–	–	–
青　海	3	2	2	–	1	1	1	1	1	–	–
宁　夏	–	–	–	–	–	–	–	–	–	–	–
新　疆	1	1	1	–	1	–	–	–	–	–	–

7-4 交通运输科技成果、效益及影响情况

指标	计算单位	数量	指标	计算单位	数量
形成研究报告数	篇	1 939	出版著作数	篇	72
发表科技论文数	篇	3 356		万字	1 590
其中：核心期刊	篇	1 484	形成新产品、新材料、新工艺、新装置数	项	224
向国外发表	篇	454	其中：国家级重点新产品	项	12
SCI、EI、ISTP收录	篇	648	省级重点新产品	项	48
科技成果鉴定数	项	529	政府科技奖获奖数	项	46
其中：国际领先	项	40	其中：国家级	项	4
国际先进	项	151	省部级	项	38
国内领先	项	224	社会科技奖获奖数	项	318
国内独有	项	1	其中：公路学会奖	项	163
国内先进	项	80	航海学会奖	项	47
行业领先	项	15	港口协会奖	项	60
科技成果登记数	项	409	水运建设协会奖	项	44
软件产品登记数	项	46			
软件著作权登记数	项	88			
专利申请受理数	项	666	专利授权数	项	415
其中：发明专利	项	269	其中：发明专利	项	128
实用新型	项	390	实用新型	项	285
外观设计	项	7	外观设计	项	2
其中：国外申请受理数	项	2	其中：国外授权数	项	—
建立试验基地数	个	39	建立数据库数	个	87
形成示范点数	个	290	建设网站数	个	24
制定标准数	个	250	出台规章制度数	项	97
其中：国家标准	个	30	出台政策建议数	项	116
行业标准	个	57	培养人才数	人	1 788
地方标准	个	59	其中：博士	人	353
企业标准	个	74	硕士	人	1 087
成果转让合同数	项	18	成果转让合同金额	万元	5 390
推广应用科技成果数量	个	560			

八、救助打捞

简 要 说 明

一、本篇资料反映交通运输救助打捞系统执行救助和抢险打捞任务，完成生产，以及救助打捞系统装备的基本情况。

二、填报范围：交通运输部各救助局、各打捞局、各救助飞行队。

三、本篇资料由交通运输部救助打捞局提供。

8-1　救助任务执行情况

项　目	计算单位	总　计
一、船舶值班待命艘天	艘天	22 128
二、应急救助任务	次	1 489
三、救捞力量出动	次	1 857
救捞船舶	艘次	451
救助艇	艘次	430
救助飞机	架次	699
应急救助队	队次	263
四、飞机救助飞行时间	小时	1 430
五、获救遇险人员	人	3 382
中国籍	人	3 039
外国籍	人	343
六、获救遇险船舶	艘	219
中国籍	艘	199
外国籍	艘	20
七、获救财产价值	万元	1 017 776
八、抢险打捞任务	次	398
其中：打捞沉船	艘	8
中国籍	艘	5
外国籍	艘	3
打捞沉物	件/吨	7 981/32 397
打捞遇难人员	人	225
其他抢险打捞任务	次	6
九、应急清污任务	次	4

8-2 救捞系统船舶情况

项　　目	计算单位		总　　计
救捞船舶合计	艘数	艘	194
	总吨位	吨	788 980
	功率	千瓦	768 325
	起重能力	吨	7 450
	载重能力	吨	43 717
一、海洋救助船	艘数	艘	38
	总吨位	吨	131 876
	功率	千瓦	250 866
二、近海快速救助船	艘数	艘	6
	总吨位	吨	1 750
	功率	千瓦	28 470
三、沿海救生艇	艘数	艘	28
	总吨位	吨	732
	功率	千瓦	14 159
四、救捞拖轮	艘数	艘	78
	总吨位	吨	230 445
	功率	千瓦	444 470
五、救捞工程船	艘数	艘	28
	总吨位	吨	210 618
	功率	千瓦	33 640
六、起重船	艘数	艘	7
	总吨位	吨	181 682
	起重量	吨	7 450
七、货船	艘数	艘	10
	总吨位	吨	34 294
	载重量	吨	43 717

8-3　救助飞机飞行情况

项　目	计算单位	总　计
一、飞机飞行次数	架次	5 958
救助（任务）飞行次数	架次	430
训练飞行次数	架次	5 528
二、飞机飞行时间	小时	4 989:45:00
其中：海上飞行时间	小时	2 899:08:00
夜间飞行时间	小时	218:47:00
救助（任务）飞行时间	小时	1 430:10:00
训练飞行时间	小时	3 559:35:00

8-4　捞、拖完成情况

项　目	计算单位	总　计
一、打捞业务	次	28
其中：抢险打捞	次	28
内:（一）打捞沉船	艘	4
（二）救助遇险船舶	艘	18
（三）打捞货物	吨	32 397
二、拖航运输	次	64
三、海洋工程船舶服务	艘天	17 261
拖轮	艘天	13 815
工程船	艘天	3 446
四、大件吊装	次	28
五、其他综合业务	次	73

主要统计指标解释

救捞力量 指交通运输部各救助局、打捞局、救助飞行队的救捞船舶、救助艇、救助飞机、应急救助队等。

应急清污任务 指各救助局、打捞局、飞行队执行海上应急清污、油污监测及航拍等任务的次数合计。

海洋救助船 指交通运输部各救助局拥有航速在30节以下的专业海洋救助船。

近海快速救助船 指各救助局拥有航速在30节以上的专业近海救助船。

沿海救生艇 指各救助局拥有的船长小于16米的专业小型沿海救生艇。

救捞拖轮 指各打捞局拥有的拖轮，包括救助拖轮、三用拖轮、平台供应船、港作拖轮等。

救捞工程船 指各打捞局拥有起重能力在300吨以下的各类用于海洋工程、抢险打捞等工作的船舶（含起重驳船）。

起重船 指各打捞局拥有起重能力在300吨以上的起重船舶。

货船 指各打捞局拥有用于货物运输的船舶，包括货船、集装箱船、滚装船、甲板驳、半潜（驳）船、油船等。

小型直升机 指各救助飞行队自有、租用的最大起飞重量在4吨及以下的直升飞机。

中型直升机 指各救助飞行队自有、租用的最大起飞重量在4吨（不含）至9吨（含）的直升飞机。

大型直升机 指各救助飞行队自有、租用的最大起飞重量在9吨（不含）以上的直升飞机。

固定翼飞机 指各救助飞行队自有、租用的CESSNA208机型或相当于该机型的飞机。

附录　交通运输历年主要指标数据

简 要 说 明

本篇资料列示了 1978 年以来的交通运输主要指标的历史数据。

主要包括：公路总里程、公路密度及通达情况、内河航道里程、公路水路客货运输量、沿海内河规模以上港口及吞吐量、交通固定资产投资。

附录1-1 全国公路总里程（按行政等级分）

单位：公里

年份	总计	国道	省道	县道	乡道	专用公路	村道
1978	890 236	237 646		586 130		66 460	–
1979	875 794	249 167		311 150	276 183	39 294	–
1980	888 250	249 863		315 097	281 000	42 290	–
1981	897 462	250 966		319 140	285 333	42 023	–
1982	906 963	252 048		321 913	290 622	42 380	–
1983	915 079	254 227		322 556	295 485	42 811	–
1984	926 746	255 173		325 987	302 485	43 101	–
1985	942 395	254 386		331 199	313 620	43 190	–
1986	962 769	255 287		341 347	322 552	43 583	–
1987	982 243	106 078	161 537	329 442	343 348	41 838	–
1988	999 553	106 290	162 662	334 238	353 216	43 147	–
1989	1 014 342	106 799	163 562	338 368	362 444	43 169	–
1990	1 028 348	107 511	166 082	340 801	370 153	43 801	–
1991	1 041 136	107 238	169 352	340 915	379 549	44 082	–
1992	1 056 707	107 542	173 353	344 227	386 858	44 727	–
1993	1 083 476	108 235	174 979	352 308	402 199	45 755	–
1994	1 117 821	108 664	173 601	364 654	425 380	45 522	–
1995	1 157 009	110 539	175 126	366 358	454 379	50 607	–
1996	1 185 789	110 375	178 129	378 212	469 693	49 380	–
1997	1 226 405	112 002	182 559	379 816	500 266	51 762	–
1998	1 278 474	114 786	189 961	383 747	536 813	53 167	–
1999	1 351 691	117 135	192 517	398 045	589 886	54 108	–
2000	1 679 848	118 983	212 450	461 872	800 681	85 861	–
2001	1 698 012	121 587	213 044	463 665	813 699	86 017	–
2002	1 765 222	125 003	216 249	471 239	865 635	87 096	–
2003	1 809 828	127 899	223 425	472 935	898 300	87 269	–
2004	1 870 661	129 815	227 871	479 372	945 180	88 424	–
2005	1 930 543	132 674	233 783	494 276	981 430	88 380	–
2006	3 456 999	133 355	239 580	506 483	987 608	57 986	1 531 987
2007	3 583 715	137 067	255 210	514 432	998 422	57 068	1 621 516
2008	3 730 164	155 294	263 227	512 314	1 011 133	67 213	1 720 981
2009	3 860 823	158 520	266 049	519 492	1 019 550	67 174	1 830 037
2010	4 008 229	164 048	269 834	554 047	1 054 826	67 736	1 897 738
2011	4 106 387	169 389	304 049	533 576	1 065 996	68 965	1 964 411
2012	4 237 508	173 353	312 077	539 519	1 076 651	73 692	2 062 217

注：自2006年起，村道纳入公路里程统计。

附录 1-2 全国公路总里程（按技术等级分）

单位：公里

年份	总计	等级公路 合计	高速	一级	二级	三级	四级	等外公路
1978	890 236	–	–	–	–	–	–	–
1979	875 794	506 444	–	188	11 579	106 167	388 510	369 350
1980	888 250	521 134	–	196	12 587	108 291	400 060	367 116
1981	897 462	536 670	–	203	14 434	111 602	410 431	360 792
1982	906 963	550 294	–	231	15 665	115 249	419 149	356 669
1983	915 079	562 815	–	255	17 167	119 203	426 190	352 264
1984	926 746	580 381	–	328	18 693	124 031	437 329	346 365
1985	942 395	606 443	–	422	21 194	128 541	456 286	335 952
1986	962 769	637 710	–	748	23 762	136 790	476 410	325 059
1987	982 243	668 390	–	1 341	27 999	147 838	491 212	313 853
1988	999 553	697 271	147	1 673	32 949	159 376	503 126	302 282
1989	1 014 342	715 923	271	2 101	38 101	164 345	511 105	298 419
1990	1 028 348	741 104	522	2 617	43 376	169 756	524 833	287 244
1991	1 041 136	764 668	574	2 897	47 729	178 024	535 444	276 468
1992	1 056 707	786 935	652	3 575	54 776	184 990	542 942	269 772
1993	1 083 476	822 133	1 145	4 633	63 316	193 567	559 472	261 343
1994	1 117 821	861 400	1 603	6 334	72 389	200 738	580 336	256 421
1995	1 157 009	910 754	2 141	9 580	84 910	207 282	606 841	246 255
1996	1 185 789	946 418	3 422	11 779	96 990	216 619	617 608	239 371
1997	1 226 405	997 496	4 771	14 637	111 564	230 787	635 737	228 909
1998	1 278 474	1 069 243	8 733	15 277	125 245	257 947	662 041	209 231
1999	1 351 691	1 156 736	11 605	17 716	139 957	269 078	718 380	194 955
2000	1 679 848	1 315 931	16 285	25 219	177 787	305 435	791 206	363 916
2001	1 698 012	1 336 044	19 437	25 214	182 102	308 626	800 665	361 968
2002	1 765 222	1 382 926	25 130	27 468	197 143	315 141	818 044	382 296
2003	1 809 828	1 438 738	29 745	29 903	211 929	324 788	842 373	371 090
2004	1 870 661	1 515 826	34 288	33 522	231 715	335 347	880 954	354 835
2005	1 930 543	1 591 791	41 005	38 381	246 442	344 671	921 293	338 752
2006	3 456 999	2 282 872	45 339	45 289	262 678	354 734	1 574 833	1 174 128
2007	3 583 715	2 535 383	53 913	50 093	276 413	363 922	1 791 042	1 048 332
2008	3 730 164	2 778 521	60 302	54 216	285 226	374 215	2 004 563	951 642
2009	3 860 823	3 056 265	65 055	59 462	300 686	379 023	2 252 038	804 558
2010	4 008 229	3 304 709	74 113	64 430	308 743	387 967	2 469 456	703 520
2011	4 106 387	3 453 590	84 946	68 119	320 536	393 613	2 586 377	652 796
2012	4 237 508	3 609 600	96 200	74 271	331 455	401 865	2 705 809	627 908

附录1-3 全国公路密度及通达情况

年份	公路密度		不通公路乡（镇）		不通公路村（队）	
	以国土面积计算 （公里/百平方公里）	以人口总数计算 （公里/万人）	数量 （个）	比重 （%）	数量 （个）	比重 （%）
1978	9.27	9.25	5 018	9.50	213 138	34.17
1979	9.12	8.98	5 730	10.74	227 721	32.60
1980	9.25	9.00	5 138	9.37	-	-
1981	9.35	8.97	5 474	9.96	-	-
1982	9.45	8.92	5 155	9.35	-	-
1983	9.53	8.88	4 710	8.54	-	-
1984	9.65	8.88	5 485	9.16	265 078	36.72
1985	9.82	8.90	4 945	8.27	228 286	31.72
1986	10.03	8.96	4 039	6.79	218 410	30.17
1987	10.23	8.99	3 214	5.64	234 206	32.43
1988	10.41	9.00	6 500	9.70	197 518	28.92
1989	10.57	9.00	3 180	5.56	181 825	25.01
1990	10.71	8.99	2 299	4.02	190 462	25.96
1991	10.85	8.99	2 116	3.72	181 489	24.57
1992	11.01	9.02	1 632	3.27	169 175	22.93
1993	11.29	9.14	1 548	3.10	159 111	21.70
1994	11.64	9.33	1 455	3.00	150 253	20.50
1995	12.05	9.55	1 395	2.90	130 196	20.00
1996	12.35	9.69	1 335	2.70	120 048	19.00
1997	12.78	9.92	709	1.50	105 802	14.20
1998	13.32	10.24	591	1.30	92 017	12.30
1999	14.08	10.83	808	1.80	80 750	11.00
2000	17.50	13.00	341	0.80	67 786	9.20
2001	17.70	13.10	287	0.70	59 954	8.20
2002	18.40	13.60	184	0.50	54 425	7.70
2003	18.85	13.97	173	0.40	56 693	8.10
2004	19.49	14.44	167	0.40	49 339	7.10
2005	20.11	14.90	75	0.20	38 426	5.70
2006	36.01	26.44	672	1.70	89 975	13.60
2007	37.33	27.41	404	1.04	77 334	11.76
2008	38.86	28.53	292	0.80	46 178	7.10
2009	40.22	29.22	155	0.40	27 186	4.20
2010	41.75	30.03	13	0.03	5 075	0.79
2011	42.77	30.62	11	0.03	3 986	0.62
2012	44.14	31.45	12	0.03	2 869	0.45

附录1-4 全国内河航道里程及构筑物数量

年 份	内河航道里程（公里）		通航河流上永久性构筑物（座）		
		等级航道	水利闸坝	船闸	升船机
1978	135 952	57 408	4 163	706	35
1979	107 801	57 472	2 796	756	40
1980	108 508	53 899	2 674	760	41
1981	108 665	54 922	2 672	758	41
1982	108 634	55 595	2 699	768	40
1983	108 904	56 177	2 690	769	41
1984	109 273	56 732	3 310	770	44
1985	109 075	57 456	3 323	758	44
1986	109 404	57 491	2 590	744	44
1987	109 829	58 165	3 134	784	44
1988	109 364	57 971	3 136	782	55
1989	109 040	58 131	3 187	825	46
1990	109 192	59 575	3 208	824	45
1991	109 703	60 336	3 193	830	45
1992	109 743	61 430	3 184	798	43
1993	110 174	63 395	3 063	790	44
1994	110 238	63 894	3 177	817	51
1995	110 562	64 323	3 157	816	48
1996	110 844	64 915	3 154	823	50
1997	109 827	64 328	3 045	823	48
1998	110 263	66 682	3 278	872	56
1999	116 504	60 156	1 193	918	59
2000	119 325	61 367	1 192	921	59
2001	121 535	63 692	1 713	906	60
2002	121 557	63 597	1 711	907	60
2003	123 964	60 865	1 813	821	43
2004	123 337	60 842	1 810	821	43
2005	123 263	61 013	1 801	826	42
2006	123 388	61 035	1 803	833	42
2007	123 495	61 197	1 804	835	42
2008	122 763	61 093	1 799	836	42
2009	123 683	61 546	1 809	847	42
2010	124 242	62 290	1 825	860	43
2011	124 612	62 648	1 827	865	44
2012	124 995	63 719	1 826	864	44

注：等级航道里程数，1973年至1998年为水深1米以上航道里程数；自2004年始，内河航道里程为内河航道通航里程数。

附录1-5 公路客、货运输量

年 份	客运量 (万人)	旅客周转量 (亿人公里)	货运量 (万吨)	货物周转量 (亿吨公里)
1978	149 229	521.30	151 602	350.27
1979	178 618	603.29	147 935	350.99
1980	222 799	729.50	142 195	342.87
1981	261 559	839.00	134 499	357.76
1982	300 610	963.86	138 634	411.54
1983	336 965	1 105.61	144 051	462.68
1984	390 336	1 336.94	151 835	527.38
1985	476 486	1 724.88	538 062	1 903.00
1986	544 259	1 981.74	620 113	2 117.99
1987	593 682	2 190.43	711 424	2 660.39
1988	650 473	2 528.24	732 315	3 220.39
1989	644 508	2 662.11	733 781	3 374.80
1990	648 085	2 620.32	724 040	3 358.10
1991	682 681	2 871.74	733 907	3 428.00
1992	731 774	3 192.64	780 941	3 755.39
1993	860 719	3 700.70	840 256	4 070.50
1994	953 940	4 220.30	894 914	4 486.30
1995	1 040 810	4 603.10	939 787	4 694.90
1996	1 122 110	4 908.79	983 860	5 011.20
1997	1 204 583	5 541.40	976 536	5 271.50
1998	1 257 332	5 942.81	976 004	5 483.38
1999	1 269 004	6 199.24	990 444	5 724.31
2000	1 347 392	6 657.42	1 038 813	6 129.39
2001	1 402 798	7 207.08	1 056 312	6 330.44
2002	1 475 257	7 805.77	1 116 324	6 782.46
2003	1 464 335	7 695.60	1 159 957	7 099.48
2004	1 624 526	8 748.38	1 244 990	7 840.86
2005	1 697 381	9 292.08	1 341 778	8 693.19
2006	1 860 487	10 130.85	1 466 347	9 754.25
2007	2 050 680	11 506.77	1 639 432	11 354.69
2008	2 682 114	12 476.11	1 916 759	32 868.19
2009	2 779 081	13 511.44	2 127 834	37 188.82
2010	3 052 738	15 020.81	2 448 052	43 389.67
2011	3 286 220	16 760.25	2 820 100	51 374.74
2012	3 557 010	18 467.55	3 188 475	59 534.86

注：2008年进行了全国公路水路运输量专项调查。

附录1-6 水路客、货运输量

年 份	客运量（万人）	旅客周转量（亿人公里）	货运量（万吨）	货物周转量（亿吨公里）
1978	23 042	100.63	47 357	3 801.76
1979	24 360	114.01	47 080	4 586.72
1980	26 439	129.12	46 833	5 076.49
1981	27 584	137.81	45 532	5 176.33
1982	27 987	144.54	48 632	5 505.25
1983	27 214	153.93	49 489	5 820.03
1984	25 974	153.53	51 527	6 569.44
1985	30 863	178.65	63 322	7 729.30
1986	34 377	182.06	82 962	8 647.87
1987	38 951	195.92	80 979	9 465.06
1988	35 032	203.92	89 281	10 070.38
1989	31 778	188.27	87 493	11 186.80
1990	27 225	164.91	80 094	11 591.90
1991	26 109	177.20	83 370	12 955.40
1992	26 502	198.35	92 490	13 256.20
1993	27 074	196.45	97 938	13 860.80
1994	26 165	183.50	107 091	15 686.60
1995	23 924	171.80	113 194	17 552.20
1996	22 895	160.57	127 430	17 862.50
1997	22 573	155.70	113 406	19 235.00
1998	20 545	120.27	109 555	19 405.80
1999	19 151	107.28	114 608	21 262.82
2000	19 386	100.54	122 391	23 734.18
2001	18 645	89.88	132 675	25 988.89
2002	18 693	81.78	141 832	27 510.64
2003	17 142	63.10	158 070	28 715.76
2004	19 040	66.25	187 394	41 428.69
2005	20 227	67.77	219 648	49 672.28
2006	22 047	73.58	248 703	55 485.75
2007	22 835	77.78	281 199	64 284.85
2008	20 334	59.18	294 510	50 262.74
2009	22 314	69.38	318 996	57 556.67
2010	22 392	72.27	378 949	68 427.53
2011	24 556	74.53	425 968	75 423.84
2012	25 752	77.48	458 705	81 707.58

注：2008 年进行了全国公路水路运输量专项调查。

附录2-1　沿海规模以上港口泊位及吞吐量

年份	生产用泊位数（个）	万吨级	旅客吞吐量（千人）	离港	货物吞吐量（千吨）	外贸	集装箱吞吐量（TEU）
1978	311	133	5 035	5 035	198 340	59 110	-
1979	313	133	6 850	6 850	212 570	70 730	2 521
1980	330	139	7 480	7 480	217 310	75 220	62 809
1981	325	141	15 970	8 010	219 310	74 970	103 196
1982	328	143	16 290	8 140	237 640	81 490	142 614
1983	336	148	17 560	8 790	249 520	88 530	191 868
1984	330	148	17 990	8 950	275 490	104 190	275 768
1985	373	173	22 220	11 060	311 540	131 450	474 169
1986	686	197	38 660	19 170	379 367	140 487	591 046
1987	759	212	40 409	20 038	406 039	146 970	588 046
1988	893	226	57 498	28 494	455 874	161 288	900 961
1989	905	253	52 890	26 195	490 246	161 688	1 090 249
1990	967	284	46 776	23 288	483 209	166 515	1 312 182
1991	968	296	51 231	24 726	532 203	195 714	1 896 000
1992	1 007	342	62 596	31 134	605 433	221 228	2 401 692
1993	1 057	342	69 047	34 204	678 348	242 869	3 353 252
1994	1 056	359	60 427	27 957	743 700	270 565	4 008 173
1995	1 263	394	65 016	31 324	801 656	309 858	5 515 145
1996	1 282	406	58 706	29 909	851 524	321 425	7 157 709
1997	1 330	449	57 548	29 026	908 217	366 793	9 135 402
1998	1 321	468	60 885	30 746	922 373	341 366	11 413 127
1999	1 392	490	64 014	31 798	1 051 617	388 365	15 595 479
2000	1 455	526	57 929	29 312	1 256 028	523 434	20 610 766
2001	1 443	527	60 532	30 423	1 426 340	599 783	24 700 071
2002	1 473	547	61 363	30 807	1 666 276	710 874	33 821 175
2003	2 238	650	58 593	29 231	2 011 256	877 139	44 548 747
2004	2 438	687	71 398	35 742	2 460 741	1 047 061	56 566 653
2005	3 110	769	72 897	36 524	2 927 774	1 241 655	69 888 051
2006	3 291	883	74 789	37 630	3 421 912	1 458 269	85 633 771
2007	3 453	967	69 415	34 942	3 881 999	1 656 307	104 496 339
2008	4 001	1 076	68 337	34 190	4 295 986	1 782 712	116 094 731
2009	4 516	1 214	76 000	38 186	4 754 806	1 979 215	109 908 156
2010	4 661	1 293	66 886	33 814	5 483 579	2 269 381	131 122 248
2011	4 733	1 366	73 255	37 128	6 162 924	2 523 176	145 955 734
2012	4 811	1 453	71 195	36 179	6 652 454	2 762 213	157 520 053

注：①旅客吞吐量一栏1980年及以前年份为离港旅客人数。
②2008年规模以上港口口径调整。

附录 2-2 内河规模以上港口泊位及吞吐量

年 份	生产用泊位数（个）	万吨级	旅客吞吐量（千人）	离港	货物吞吐量（千吨）	外贸	集装箱吞吐量（TEU）
1978	424	-	-	-	81 720	-	-
1979	432	-	-	-	85 730	-	-
1980	462	-	-	-	89 550	-	-
1981	449	4	-	-	87 860	834	-
1982	456	4	-	-	96 000	1 286	-
1983	482	6	-	-	106 580	1 802	6 336
1984	464	7	-	-	109 550	2 781	14 319
1985	471	16	-	-	114 410	5 913	28 954
1986	1 436	20	44 380	22 130	165 920	6 483	39 534
1987	2 209	20	41 943	21 518	236 203	8 616	42 534
1988	1 880	25	73 642	36 210	238 466	8 498	63 943
1989	2 984	23	59 659	29 773	249 041	8 792	86 605
1990	3 690	28	48 308	23 631	232 888	9 363	115 044
1991	3 439	28	49 899	24 552	246 196	10 893	153 000
1992	3 311	30	58 367	28 291	273 064	13 695	193 754
1993	3 411	39	51 723	26 439	277 437	18 104	280 373
1994	4 551	42	43 415	23 447	295 172	15 596	359 726
1995	4 924	44	38 874	20 124	313 986	19 336	574 828
1996	5 142	44	63 210	33 649	422 711	22 484	555 807
1997	7 403	47	40 235	20 373	401 406	28 702	701 700
1998	8 493	47	45 765	22 804	388 165	28 993	1 023 558
1999	7 826	52	34 280	16 346	398 570	37 547	1 884 731
2000	6 184	55	27 600	13 538	444 516	43 968	2 021 689
2001	6 982	57	26 470	12 669	490 019	50 861	1 986 468
2002	6 593	62	23 364	11 800	567 008	59 530	2 361 163
2003	5 759	121	17 926	9 191	662 243	72 650	2 810 798
2004	6 792	150	16 369	8 557	864 139	84 577	3 625 749
2005	6 833	186	13 224	6 602	1 014 183	100 630	4 542 438
2006	6 880	225	11 056	5 568	1 175 102	120 597	6 356 928
2007	7 951	250	10 169	5 470	1 382 084	140 086	8 086 212
2008	8 772	259	8 794	4 625	1 594 806	142 882	9 641 322
2009	13 935	293	25 479	12 979	2 216 785	182 965	12 170 563
2010	14 065	318	21 539	11 014	2 618 223	210 246	14 586 422
2011	14 170	340	18 804	9 537	2 955 216	239 667	17 251 325
2012	14 014	369	17 140	8 712	3 122 277	268 314	19 373 065

注：①旅客吞吐量一栏 1980 年及以前年份为离港旅客人数。
②2008 年规模以上港口口径调整。

附录 3-1 交通固定资产投资（按使用方向分）

单位：亿元

年 份	合 计	公路建设	内河建设	沿海建设	其他建设
1978	24.85	5.76	0.69	4.31	14.09
1979	25.50	6.04	0.72	4.39	14.34
1980	24.39	5.19	0.70	6.11	12.38
1981	19.82	2.94	0.84	5.80	10.25
1982	25.74	3.67	0.76	9.41	11.91
1983	29.98	4.05	1.37	12.37	12.19
1984	52.42	16.36	1.95	16.17	17.94
1985	69.64	22.77	1.58	18.26	27.03
1986	106.46	42.45	3.68	22.81	37.51
1987	122.71	55.26	3.38	27.42	36.66
1988	138.57	74.05	5.07	23.12	36.33
1989	156.05	83.81	5.32	27.32	39.60
1990	180.53	89.19	7.13	32.05	52.17
1991	215.64	121.41	6.68	33.77	53.77
1992	360.24	236.34	9.39	43.83	70.68
1993	604.64	439.69	14.47	57.55	92.92
1994	791.43	584.66	22.51	63.06	121.20
1995	1 124.78	871.20	23.85	69.41	160.32
1996	1 287.25	1 044.41	29.35	80.33	133.16
1997	1 530.43	1 256.09	40.54	90.59	143.21
1998	2 460.41	2 168.23	53.93	89.80	148.45
1999	2 460.52	2 189.49	53.34	89.44	128.26
2000	2 571.73	2 315.82	54.46	81.62	119.83
2001	2 967.94	2 670.37	50.50	125.19	121.88
2002	3 491.47	3 211.73	39.95	138.43	101.36
2003	4 136.16	3 714.91	53.79	240.56	126.90
2004	5 314.07	4 702.28	71.39	336.42	203.98
2005	6 445.04	5 484.97	112.53	576.24	271.30
2006	7 383.82	6 231.05	161.22	707.97	283.58
2007	7 776.82	6 489.91	166.37	720.11	400.44
2008	8 335.42	6 880.64	193.85	793.49	467.44
2009	11 142.80	9 668.75	301.57	758.32	414.16
2010	13 212.78	11 482.28	334.53	836.87	559.10
2011	14 464.21	12 596.36	397.89	1 006.99	462.97
2012	14 512.49	12 713.95	489.68	1 004.14	304.71